Maximilian Edelbacher | Georg Herrnstadt

Sie haben das Recht zu schweigen

Maximilian Edelbacher | Georg Herrnstadt

Sie haben das Recht zu schweigen

Wie Lügner überführt werden

GOLDEGG VERLAG

Im Sinne der Lesefreundlichkeit und im Bestreben sowohl die weibliche als auch die männliche Schreibweise miteinzubeziehen, hat sich der Verlag entschlossen, die männliche und weibliche Schreibweisen abwechselnd zu verwenden.

Der Verlag und seine Autoren sind für Reaktionen, Hinweise oder Meinungen dankbar. Bitte wenden Sie sich diesbezüglich an verlag@goldegg-verlag.at.

ISBN: 978-3-902729-26-2

Mommsengasse 4/2 • A-1040 Wien
Telefon: +43 (0) 1 5054376-0
E-Mail: office@goldegg-verlag.com
http://www.goldegg-verlag.com
Herstellung: Goldegg Verlag GmbH, Wien
Druck: CPI Moravia Books

Vorwort

Alle Eltern sind stolz, wenn ihre Kinder die ersten Worte sagen. Sie nehmen begierig jede neue Wortkreation auf, die ihr Sprössling zustandebringt. Die Freude über die Fähigkeit sprechen zu können, ist verständlich, ist sie doch unser grundlegendstes Ausdrucksmittel. Sprache und mit ihr die Abstraktionsfähigkeit zeichnen uns unter allen Lebewesen als etwas Besonderes aus und verbinden uns Menschen in allen Bereichen des Lebens miteinander. Auch im polizeilichen Bereich bilden das Gespräch und die Befragung das Fundament menschlicher Begegnung und zeigen sich als unsere wichtigsten Verständigungsinstrumente. Als Polizist habe ich das Verhör als das spannendste Ereignis polizeilicher Tätigkeit erlebt. Verhör bedeutet primär die Fähigkeit, zuhören zu können. Dabei kommt es auf das feine Verstehen, Erkennen und Interpretieren verbaler und nonverbaler Kommunikation an. Polizeiliche Tätigkeit besteht hauptsächlich darin, sich mit Menschen zu beschäftigen. Polizei sollte ja primär für die Menschen da sein. Im neuen Leitbild der Polizei identifiziert sie sich mit den Schlagwörtern „Sicherheit und Hilfe".

Das alte Leitbild der Polizei betonte meiner Meinung nach die menschliche Komponente viel deutlicher. Im neuen Leitbild kann man dic Veränderung zu einem abstrakteren Selbstbild als Synonym für das Sich-Entfernen vom Menschen sehen. Früher sagte man: „Die Polizei, dein Freund und Helfer."

Heute, nach der Umsetzung der Polizeireform 2005, bleibt die Tatsache bestehen, dass ein militärisches, zentralistisches Modell geschaffen wurde, das sich von den Menschen eher distanziert hat. Die Interpretation und Analyse des neuen Leitbildes könnten das nicht trefflicher zeigen.

Eine Erfahrung, die ich als Polizist des alten Systems gemacht habe, ist jene, dass sich bei der Polizeiarbeit immer etwas verändern wird. Vor allem Wissenschaft und Technik haben die polizeiliche Arbeit massiv beeinflusst. Besonders die technische Entwicklung hat die Polizeiarbeit stark beeinflusst, versachlicht und modernisiert, aber auch komplizierter gemacht. Informationsgewinnung, Informationsauswertung und die forensische Methodik haben sich so spezialisiert, dass ein hochtechnologisches „Know-how" nötig ist, um überhaupt in einen Funkwagen einsteigen und diesen bedienen zu können.

Trotz all dieser Modernisierungen bleibt aber die persönliche Konfrontation der Kern polizeilicher Arbeit. Polizisten und Polizistinnen müssen mit Menschen umgehen können, sollen dem Opfer und dem Täter zuhören, sich in deren Situation und Lage hineindenken und hineinfühlen können. Es bedarf des persönlichen, direkten Gesprächs, um sich mit dem Geschehenen auseinandersetzen zu können. Betrachtet man das Ergebnis moderner Polizei derzeit, scheint eine Reduktion des Einfühlungsvermögens erkennbar zu sein. Junge Polizisten und Polizistinnen handhaben oft überragend die ihnen zur Verfügung gestellte Technik, aber kaum müssen Befragungen, Einvernahmen oder Gespräche zur Informationsgewinnung geführt werden, treten Defizite zutage, die früher, vor der Reform der Polizei in Österreich, nicht in diesem Ausmaß vorhanden waren.

Ich hatte zu meiner Zeit das Glück, bei der Polizei hervorragende Lehrer, Kriminalisten, Polizisten, „Kieberer" und Polizeijuristen kennenzulernen, die auch lehrten, wie man Einvernahmen durchführt. Während meiner Zeit als Polizeijurist und Referent für die Sachbereiche Diebstahl, Betrug, Fälschung hatte ich die Gelegenheit, dieses Wissen in die Praxis umzusetzen, und konnte etliche Erfolge verbuchen. Dieses Wissen und meine Praxis haben sich in einer wissenschaftlichen Betrachtungsweise erweitert, deren Wichtigkeit und zentrale Bedeutung mir im Zuge meiner Lehrtätigkeit immer stärker bewusst wurden. Taktik, Strategie und Kunst der Einvernahme haben sehr viel mit anderen Wissengebieten, wie der Medizin, Psychologie, Kommunikation und dem Marketing, gemeinsam.

Dieses Buch soll die Wichtigkeit der menschlichen verbalen und nonverbalen Kommunikation in den Mittelpunkt der Betrachtung rücken. Es soll deutlich gezeigt werden, dass all die technische Entwicklung und die Neuerungen nicht darüber hinwegtäuschen können, dass persönliche Begegnung, das Gespräch, die Konfrontation mit dem anderen Menschen wichtiger Bestandteil unseres Lebens und unserer Arbeit sind. Man hat in Zeiten des Computers und der Internetkommunikation die Fähigkeit, Briefe zu schreiben, verlernt. Man sollte nicht auch die Fähigkeit, miteinander zu sprechen und zuzuhören, verlernen. Das gilt für das Berufs- wie für das Privatleben. Geprägt vom Polizeiberuf schließt sich der Kreis der Lebenserfahrung in der Erkenntnis, dass das Miteinander, das Sprechen und Zuhören die Grundlage unseres Lebens und Überlebens darstellen. Strategie und Technik des Verhörs lehren, wie man gezielt zu Informationen gelangt, auf die man im Bereich der Aufklärung von Straftaten erpicht sein muss.

Max Edelbacher

Inhaltsverzeichnis

Einleitung

Als mir Max Edelbacher vorschlug, an einem Buch über Wahrheitssuche im Zuge des polizeilichen Verhörs mitzuarbeiten, schloss sich bei aller anfänglichen Skepsis meinerseits, ob ich Qualifiziertes zu dieser Thematik beitragen werde können, ein Kreis. Denn biografisch und inhaltlich sind Max Edelbacher und ich in einer eigenartigen, fast „magischen" Weise verbunden, ohne dass wir je darüber gesprochen hätten oder es uns überhaupt bewusst gewesen wäre. Besonders augenscheinlich wurde für mich dieses geistige Band, als ich begann, die Geschichten, die uns Max Edelbacher erzählt, zu lesen. Es war ein Déjà-vu, denn in ähnlicher Weise, mit ähnlich lautenden Erzählungen pflegte mein Vater Paul Herrnstadt am Abend unsere Familie zu unterhalten. Die spannendsten, oft auch kuriosen Begegnungen mit klugen Betrügern, exzentrischen alten Damen, ideenreichen Heiratsschwindlern und vielen mehr verstand mein Vater vergnüglich darzubieten. Wir Kinder lauschten stets gespannt. Oft berichtete er von kniffligen Kriminalfällen und beteiligte uns, indem er nach unserer Meinung fragte und uns mögliche Lösungswege finden ließ. Viele Fälle, die er uns schilderte, waren noch nicht abgeschlossen, wir wussten alle den Ausgang nicht, insofern waren manche Erzählungen wie Fortsetzungsgeschichten und erst Tage später erfuhren wir, ob unsere kindlichen (jugendlichen) Einschätzungen und Vermutungen der „Wahrheit" halbwegs entsprachen.

Ich schreibe das Wort Wahrheit unter Anführungszeichen, denn es wird noch darüber zu sprechen sein, inwieweit in der polizeilichen oder gerichtlichen Einvernahme ein Ergebnis als Wahrheit bezeichnet werden kann und soll oder einfach als Übereinkunft: „So könnte es wohl gewesen sein, das scheint plausibel."

Die Erzählungen meines Vaters enthielten, ähnlich den Erzählungen Max Edelbachers, neben der kriminalistischen Story auch soziologische Betrachtungen zum Umfeld und zu den Lebensbedingungen der Täter und Opfer. Es zeigte sich, dass viele Täter auch Opfer waren und sind, Opfer ihrer Erziehung, Opfer gesellschaftlicher Ungerechtigkeit oder Opfer unverschuldeter Schicksalsschläge. Ebenso manifestieren sich Tätereigenschaften in Opfern. Manche polizeilichen Anzeigen erfolgten aus Missgunst, Rache, Ressentiment oder Kleinlichkeit. Wir verstanden sehr bald, dass das kriminelle Milieu ein Teil unserer gegenwärtigen Gesellschaft ist, so wie das sogenannte „Böse" Teil unseres Menschseins ist. Vor allem machte er uns klar, dass das, was als Böse gilt oder was als ein strafbarer Tatbestand angesehen wird, einem historischen und kulturellen Wandel unterworfen und keine menschliche Konstante ist. Ich verweise etwa auf den Handel mit und den Konsum von Drogen oder den Umgang mit Prostitution und ihren Nebenerscheinungen sowie auf den Begriff der „Erregung öffentlichen Ärgernisses" usw.

Mein Vater erzählte auch von Übergriffen der Polizei, von prügelnden Wachebeamten, von Kleinkorruption und auch er wünschte sich eine bürgernahe, sozial kompetente Polizei – ohne sich allzu große Illusionen zu machen. Es war auch für ihn nicht immer leicht, die Verfehlungen in der eigenen Organisation zu entdecken. Mit krimineller Intelligenz verstanden es manche Polizisten, ihre Fehltritte zu verbergen. Die Milieus lernten offensichtlich von einander. (Über die Nähe von Polizei und Kriminal schreibe ich noch an anderer Stelle.) Jedenfalls erzählte man sich in meiner Jugend: „Wenn man zu blöd für das Verbrechen ist, geht man zur Polizei." Manche Polizisten waren allerdings bei der Vertuschung ihrer Prügeleien recht erfinderisch. Ich entsinne mich einer diesbezüglichen Erzählung meines Vaters. Einen Delinquenten wollte man, um ihn zu demütigen oder aus purer Freude am Schlagen, nach dem Verhör verprügeln. Für diese Aktion kamen extra Beamte mit einer Funkstreife aus einem anderen Bezirk. Als der Geschlagene Anzeige erstattete, wurden ihm alle Polizisten jenes Kommissariats, in dem er verhört wurde, zur Gegenüberstellung vorgeführt. Klarerweise konnte er keinen jener Polizisten wiedererkennen, die ihn übel zugerichtet hatten. Ich weiß nicht, ob diese Sache jemals aufgeklärt wurde, jedenfalls war mein Vater keiner, der sich mit der Organisation, in der er gerne und erfolgreich arbeitete, bedingungslos identifizierte.

Mein Vater musste aus familiären Gründen nach der vierten Klasse des Gymnasiums die Schule verlassen, lebte in einem Lehrlingsheim und war Lehrling bei einem Goldschmied. Zusätzliches Geld verdiente er sich als „Falschspieler" beim Kartenspielen in Gasthäusern. In der Nazizeit musste er aus Österreich flüchten und konnte die Matura und zwei Studien erst nach dem Krieg nachholen bzw. absolvieren. Auf ihn trifft zu, was ich mir unter anschlussfähigem Kommunikationsverhalten vorstelle. Er konnte mit einfachen Menschen, Gaunern, Prostituierten ebenso erfolgreich kommunizieren – deren Sprache und habituellen Codes beherrschen – wie mit Hofräten, Juristinnen und als „gesprächiger" Mensch auch mit vielen Journalisten. Vielleicht waren die Sozialisationsbedingungen, die meinen Vater prägten, ähnlich wie bei Max Edelbacher.

Der Kreis wird immer enger, denn ungefähr in meiner Jugend- und Studentenzeit begann mir mein Vater auch von einem interessanten jungen Kollegen zu erzählen, den er im Sicherheitsbüro, wo er als Betrugsspezialist arbeitete, kennengelernt hatte. Offenbar gab es schon einige Fälle, bei denen Max Edelbacher und mein Vater zusammenarbeiteten, Fälle, die sie gemeinsam der Aufklärung zuführten. Umgekehrt erfuhr ich später von Max Edelbacher, dass er meinen Vater als „Lehrer“ recht verehrt hat, was mich in einer gewissen Weise „stolz“ machte – obwohl ich für die Leistungen meines Vaters nichts getan habe, außer vielleicht, dass ich ein recht pflegeleichtes Kind war. Stolz ist übrigens ein Gefühl, über das man nicht allzu laut sprechen sollte, wenn man ihn überhaupt empfindet. Das Wort kommt aus dem Lateinischen *stultus* und das heißt *dumm.*

Die ausgeprägten kommunikativen Fähigkeiten meines Vaters machten aus ihm einen speziellen Kenner von Techniken des Verhörs. Und immer wieder erfuhr ich, dass es ihm gelang, schier unlösbar scheinende Fälle dadurch zu lösen, dass er Verdächtige zu einem Geständnis verführte, überredete, überzeugte, erleichterte, …

Hier wären viele Prädikate angebracht und möglich, denn tatsächlich spielen alle kognitiven und emotionalen Einflussnahmen eine bedeutende Rolle bei erfolgreichen Einvernahmen. Auch davon berichtet Max Edelbacher.

Verschiedene Techniken der Wahrheitsfindung wurden von meinem Vater auch im familiären Umfeld zur Anwendung gebracht. Er behauptete stets – immer mit Humor und Augenzwinkern – jeder Lüge von uns Kindern auf die Spur kommen zu können. Das war gewiss auch verbunden mit seinem Hang, Problemen rational auf den Grund zu kommen. Dazu dienten auch ausgefeilte Fragetechniken, durch die wir uns in unauflösbare Widersprüche verwickelten. Dann folgte ein Geständnis. Aber es gab auch andere Tricks, von denen ich noch berichten möchte. Ich konnte also im Umgang mit ihm – und gegen ihn – viel lernen. Das Gelernte fand Eingang im

Umgang mit meinen Kindern und in meinem beruflichen Alltag. Ich arbeite unter anderem als Trainer mit Richtern und Staatsanwälten beiderlei Geschlechts an Themen wie Glaubhaftigkeit, Wahrheitsfindung und Fragetechniken. Einige Erfahrungen aus diesen Seminaren und Wissen, das ich mir in Vorbereitung darauf angeeignet habe, fließen in meine Beiträge in diesem Buch ein.

Eine frühe Technik der Lügenaufdeckung, die mein Vater bei uns Kindern, als wir noch klein waren, anwendete, war die „Nasenprüfung". Das war ein äußerst raffinierter Trick, den wir aber im Laufe der Zeit durchschauten. So musste mein Vater später davon Abstand nehmen. In jenen Monaten, in denen wir den Trick schon „verstanden" hatten, ohne dass mein Vater dies wusste, konnten wir Vorteile daraus ziehen und ihn überrumpeln. Dies zeigt schon die ganze Problematik der Verhör- und Fragetechnik. Denn sie ist nur wirksam, wenn die fragende Person darin überlegen ist. Ist die verhörte Person ebenso geschult, also „mit allen Wassern gewaschen", wird es ein sehr schwieriges Verhör – oder auch ein „sportiver Wettkampf", wie Max Edelbacher schreibt: „Die Einvernahme wird gewissermaßen ein Wettstreit (…) wer von beiden der Geschicktere, Klügere, Raffiniertere (…) sei."

Die „Nasenprüfung", die ich gleich beschreiben werde, ist auch philosophisch interessant, weil sie zeigt, wie innerhalb eines kommunikativen Geschehens eine Lüge wahr wird. Und sie wird dadurch wahr und dann wieder unwahr, dass die Beteiligten über die Frage „Lüge oder nicht" nachdenken und wissen, dass alle darüber nachdenken.

Mein Vater erzählte uns also, dass er an der Härte bzw. Weichheit unserer Nasenspitze erkennen könne, ob wir logen oder die Wahrheit erzählten. Nach einer von uns vorgetragenen Geschichte drückte er mit dem Zeige-

oder Mittelfinger auf unsere Nasenspitze und gab seine Prognose ab. Natürlich war es vorerst eine Lüge, dass er an unserer Nasenspitze etwas erkennen könne. Was aber passierte in Wirklichkeit? Wenn wir ihm eine Lüge auftischen wollten, machten wir extra, etwa durch Verspannen der Oberlippe oder Nasenflügel, unsere Nasenspitzen hart. Alleine daraus konnte er schon erkennen, dass wir etwas zu verbergen hatten. Er war also tatsächlich in der Lage an unseren Nasenspitzen Lüge und Wahrheit zu erkennen. Unser Verhalten, das eine Reaktion auf seine Lüge war, machte seine Lüge „wahr". Für mich war das eine sehr lehrreiche Erfahrung, die die verschlungenen Wege kommunikativer Interaktion recht deutlich macht. Wie gesagt, ab dem Moment, wo wir den Mechanismus dieser reflexiven Schleife durchschaut hatten, war der „Zauber" vernichtet.

In der Zeit meiner Pubertät, die bei mir nicht sehr „heftig" ausfiel, verhielt sich mein Vater in Bezug auf Wahrheitsfindung ganz anders – fast gegenteilig. Er spürte *nicht* der Lüge nach, er fragte nie, ob eine Erzählung wahr sei, sondern schenkte uns uneingeschränktes Vertrauen. Er wusste, dass einer geschickten, gefinkelten Lüge nicht auf die Spur zu kommen war, thematisierte diese Tatsache auch, gab aber deutlich zu verstehen, dass ein vertrauensvolles Eltern-Kind-Verhältnis ohne Lüge auskommen könne. Insbesondere dann, wenn es, wie es bei uns in der Familie der Fall war, kaum Verbote und daher auch kaum etwas zu verheimlichen gab. Selbstverständlich belogen wir unseren Vater immer wieder. Niemals wussten wir, ob er nicht etwas ahnte.

Als ich in meiner Studentenzeit zu rauchen begann, was meinen nicht rauchenden Vater sehr störte, schloss er mit mir einen Vertrag. Er wolle mir eine gewisse Summe Geldes monatlich bezahlen, wenn ich vom Zigarettenkonsum abließe. Die Vereinbarung wurde „rechtskräftig“, ich bezog das Geld und – rauchte weiter! Mein Vater hat mich nie gefragt, ob ich den Vertrag auch einhielt. Ohne Prüfung überreichte er mir meine Taschengeldaufbesserung. Heute bin ich sicher, dass er sowohl an meinem Mundgeruch – wir waren eine Küsserfamilie – oder an der Raumluft, trotz des schnell geöffneten Fensters (oder eben gerade daran!), erkannte, dass ich vertragsbrüchig geworden war.

Letztlich war seine Methode aber wirksam, denn ich rauchte mit immer größeren Schuldgefühlen ihm gegenüber. Die Schuldgefühle und auch die Kraft seiner seinerzeit vorgebrachten medizinischen Antiraucher-Argumente übertrafen bald den Genuss des Rauchens. Ich rauche seit vielen Jahren nicht mehr und ich bin der festen Überzeugung, dass gerade diese Erfahrung einer verletzenden Vater-Sohn-Beziehung mir bei der endgültigen Entsorgung der Glimmstängel sehr geholfen hat.

Menschen, denen man Vertrauen entgegenbringt, wollen dieses nicht gerne enttäuschen. (Mit diesem Phänomen hat mein Vater im „Zigarettenexperiment“ gearbeitet.) Ich setze dabei eine durchschnittliche Sozialisation voraus. Diese Tatsache ist ebenfalls empirisch gut untersucht.

In einem Experiment in den USA legte man eine volle Geldbörse in eine Telefonzelle, nachdem man darin eine versteckte Videokamera installiert hatte. Wenn nun jemand die Telefonzelle betrat und nach dem Telefonieren die Börse vermeintlich unentdeckt einsteckte, wurde die Person von einem Passanten, der Teil der Versuchsanordnung war, gefragt, ob er eine vergessene Brieftasche gefunden hätte. Diese Begegnung zwischen Passant und Brieftaschenfinder wurde auf zwei unterschiedliche Arten organisiert: Entweder stellte der Passant bloß die Frage oder während der Frage fand eine leichte, fast unmerkliche körperliche Berührung statt. Man weiß, dass körperliche Berührungen zu einer Ausschüttung von Oxytozin führen. Oxytozin ist ein körpereigenes Hormon, das etwa beim Sex eine wichtige Rolle spielt. Dieses Hormon ist entspannend, beziehungsstiftend, unterdrückt das Stresshormon Cortisol – und stellt Vertrauen her. Dies brachte im geschilderten Experiment die entscheidende Wirkung. Es zeigte sich nun, dass jene Personen, bei denen eine Berührung erfolgt war, signifikant häufiger die Geldbörse zurückgaben als jene, die *nur* gefragt worden waren.

Auch vom Gegenteil kann man sich überzeugen. Menschen, denen möglicherweise grundsätzlich Misstrauen entgegengebracht wird, haben keinen Anlass dazu, ehrlich zu sein.

Die Kenntnis dieser Phänomene ist bei Befragungen und anderen Interaktionen, die der Wahrheitsfindung dienen, von nicht zu unterschätzender Bedeutung. Selbstverständlich werden auch im Familienkreis „Miss- und Vertrauensspielchen" gespielt. Im Anschluss an die Erfahrungen meines Vaters habe ich solche Spiele auch mit meinen beiden Buben erprobt. Wenn ich sie fragte, ob sie sich schon die Zähne geputzt hätten, antworteten sie ungeniert mit der Lüge „Ja". Ich ging dann ins Badezimmer und betastete die beiden Zahnbürsten. Sie waren trocken. Meinen Buben zeigte ich die trockenen Zahnbürsten, welche die beiden der Lüge überführten. Anschließend putzten sie sich – ich glaube nicht sehr reuig – die Zähne.

Was aber passierte am nächsten Abend? Clevere Kinder, die sie waren, putzten sie sich *nicht* die Zähne, sondern – erraten – sie befeuchteten die Zahnbürsten. Auch der Test mit dem Zahnpastageruch war nur einen Abend erfolgreich. Denn am nächsten Abend schmierten sie sogar Zahnpasta auf die Bürsten, um mich zu täuschen.

Spätestens zu diesem Zeitpunkt muss man die Strategie ändern, denn die Kinder werden an diesen immer anstrengender werdenden Spielen letztendlich mehr Vergnügen haben und die Sieger bleiben.

Meine Strategieänderung war an das „Zigarettenexperiment" meines Vaters angelehnt. Ich schenkte ihnen nun uneingeschränktes Zutrauen. Anfänglich logen mich meine Kinder weiter unverblümt an und ich tat so, als würde ich alles glauben. Nach einigen Tagen konnten sie aber mit meiner ans Blöde grenzenden Gutgläubigkeit nicht mehr leben. Als ich ihnen wieder einmal glaubte, obwohl sie offensichtlich logen – sie hatten das Badezimmer gar nicht betreten –, brachen sie in Gelächter aus und gingen freiwillig Zähne putzen. Das Spiel und die Diskussion über das leidige Thema hatten damit ein Ende.

Die Begegnungen mit meinem Vater haben uns beide, Max Edelbacher und mich, geprägt und auf die nun vorliegende, spannende Aufgabe, ein Buch über Verhör, Fragetechniken und Wahrheitsfindung zu schreiben, gut vorbereitet. Max Edelbacher konnte in einem sehr reichen Berufsleben direkt an seine Erfahrungen mit Paul Herrnstadt anschließen. Ich komme, wie in einem weiten Kreis zurückkehrend, zu ehemaligen Erfahrungen und Erlebnissen an einem Punkt mit Max Edelbacher zusammen, wo sich unsere Lebenswege wieder kreuzen und wir thematisch an einem gemeinsamen „Buch-Strang" ziehen, ich hoffe zum lehrreichen Vergnügen unserer Leserinnen und Leser. Max Edelbachers Anliegen einer demokratischen, bürgernahen Polizei, mein Anliegen einer demokratischen, bürgernahen Justiz werden wir in unserer alltäglichen Praxis weiterverfolgen.

Georg Herrnstadt

VON DER FOLTER ZUM TATORTKOFFER

Von 1963 bis 1968 war ich als Student der juridischen Fakultät an der Universität Wien inskribiert. Mit angenehmem Schaudern erinnere ich mich auch heute noch gut an die Ausführungen von Professor Dr. Lenze, der zur Deutschen Rechtsgeschichte ausführlich, mit intensivem persönlichen Engagement über die peinliche Halsgerichtsordnung dozierte und schilderte, wie im Mittelalter vorgegangen wurde, um Geständnisse über Straftaten zu provozieren. Die „Peinliche Halsgerichtsordnung", die „Constitutio Criminalis Carolina", aus dem Jahr 1532 ist übrigens das erste allgemeine deutsche Strafgesetzbuch, das unter Kaiser Karl V. geschaffen wurde. „Peinlich" bezieht sich auf das lateinische Wort „poena", übersetzt bedeutet es „Strafe" und gemeint waren damit Leibes- und Lebensstrafen. Im Mittelalter zählten vor allem das Geständnis und der Zeugenbeweis, z.B. die sogenannte „Übersiebnung", eine Aussage von sieben Zeugen hatte maßgebliche Beweiskraft. Folter war zu dieser Zeit natürlich erlaubt und eine gängige Methode der „Vernehmung".

Die Erinnerungen an solche Vorträge, wie beispielsweise von Dr. Lenze, können jederzeit im Wiener Kriminalmuseum aufgefrischt werden, wo gleich in den ersten Schauräumen ausführliche und detailreiche Darstellungen über die Entwicklung des Sicherheits- und Justizwesens im Mittelalter und im Barock zu sehen sind. Dem Justizwesen in Wien wird durch die Darstellung des Wiener Kriminalgerichtes „Schranne" sowie einer Anzahl von Leib-, Hand- und Fußfesseln Rechnung getragen. In Wien war die Schranne über Jahrhunderte der Sitz des Stadt-

und Landgerichtes und befand sich im 14. Jahrhundert am Hohen Markt. Da die Folter ein wesentlicher Teil der Einvernahme war, waren Hand- und Fußfesseln wichtige Instrumente und Arbeitsbehelfe. Die Grausamkeit des Strafvollzuges wird durch das Narrenköttel, einen kleinen Käfig, dokumentiert.

Im 18. Jahrhundert hat sich das Justizwesen Österreichs gewaltig verändert. Folter und Leibesstrafen wurden eingeschränkt. Bis dahin war es erlaubt gewesen, beides uneingeschränkt anzuwenden. 1766 wurde der Codex Theresianus schriftlich festgehalten, er war der Vorschlag einer allgemeinen Gerichtsordnung für alle österreichischen und Deutschen Erblande. Im Codex wurden Regeln für die peinliche Befragung und Sicherung von Beweisen festgelegt. Wurde beispielsweise zu einem Mordfall ermittelt, dann stellte man die Tatwaffe, mit der das Opfer getötet wurde, also ein Messer, eine Hacke oder Ähnliches, sicher. Der Täter musste dann, wenn er dazu befragt wurde, aussagen, ob er mit dieser Waffe den Mord verübt hatte, und dann wurde die Tatwaffe als Beweisstück dem Aktenvorgang beigegeben. Damit wurde erstmals der Weg vom Personen- zum Sachbeweis beschritten. Die ersten Tatwerkzeuge wurden zur Beweissicherung aufbewahrt und im Zuge von Strafverfahren verwertet.

Folter und Todesstrafe wurden zwar nicht abgeschafft, aber es herrschte eine humanere und tolerantere Weltanschauung. Man wandte Folter z.B. nur noch als „ultima ratio“ an, also dann, wenn man auf keine andere Art und Weise zu einer Aussage bzw. zu einem Geständnis gelangte. Voraussetzung dafür war, dass man seitens des Gerichts von der Schuld des Verdächtigen überzeugt war.

Sherlock Holmes wurde in Sir Arthur Conan Doyles Buch „The Valley of Fear“ folgendes Zitat zugeschrieben: „Die plumpe Beschuldigung, das brutale Auf-die-Schulter-Klopfen, was soll so eine Lösung? Hingegen die rasche Folgerung, die raffinierte Falle, das scharfsinnige Erfassen künftiger Ereignisse, die triumphale Bestätigung kühner Hypothesen, ist das nicht der Stolz und die Rechtfertigung unseres Lebenswerkes?" (nachzulesen im Buch „Vernehmungskunde" von Theodor Gösswein-Saiko). Das verdeutlicht den zunehmenden Einfluss der kriminalistischen Arbeit als eine Kombination von Indizien und Fakten sowie die Bedeutung des Erstellens von Arbeitshypothesen zur Analyse des Tathergangs. Die „modernen" Kriminalisten dachten sich in den Täter hinein und versuchten, sein Handeln rational zu erfassen.

Der berühmte österreichische Kriminologe und Universitätsprofessor Dr. Hans Gross schuf zwischen 1893 und 1912 die Grundlage der modernen Österreichischen Kriminologie – in Form eines Handbuchs. Christian Bachhiesl, der Leiter des Grazer Kriminalmuseums, schreibt in seinem Werk „Räuber, Mörder, Sittenstrolche": „Hans Gross kam bei seiner langjährigen Tätigkeit am Gericht zu der Überzeugung, dass ein Untersuchungsrichter für seine Arbeit mehr brauche, als er auf der Universität lernen und aus den Gesetzbüchern entnehmen kann. Aus diesem Grund verfasste er 1893 sein Hauptwerk, das ‚Handbuch für Untersuchungsrichter'. Es behandelt alle Arten des Verbrechens, das Wesen der Verbrecher, deren Arbeitsmethoden, und gibt praktische Ratschläge für das Vorgehen des Untersuchungsrichters. Die von ihm konzipierte ‚Kommissionstasche', welche alle Utensilien enthält, die der Untersuchungsrichter am Tatort benötigt, ist ebenfalls Inhalt dieses Buches. (Daraus entwickelte man den Tatortkoffer, der heute Standardausrüstung, natürlich in moderner Form, für Kriminalbeamte darstellt, die die Spuren auf Tatorten aufnehmen). Bereits einige Jahre später war das Werk des Grazers Hans Gross in fast allen

Kultursprachen übersetzt worden und erweckte weltweit großes Interesse. Sogar das amerikanische FBI verwendete das Handbuch des Steirers. 1898 veröffentlichte Hans Gross seine ‚Kriminalpsychologie', ein Werk, das sich eingehend mit der Erforschung der Täterpersönlichkeit befasst. Anerkannte Psychologen, wie z.B. William Stern, beurteilten dieses Buch als für die junge Disziplin der Kriminologie sehr wertvoll."

Gross kritisierte die juristische Ausbildung an den Universitäten, indem er verglich: „Was würde man sagen, wenn man einen Arzt heranbildet und auf die Menschheit loslassen würde, ohne ihm einen Kranken, das Innere eines Menschen gezeigt zu haben, wenn man ihm viel erzählt, ihm aber nichts davon gezeigt hätte, wenn ihm Medikamente und ihre Wirkung ebenso wenig vorgeführt worden wären als alle Erscheinungen am gesunden und kranken Organismus – kurz, wenn man ihn so unterrichtet hätte, wie man einen Juristen erzieht, mit Büchern und Vorlesungen? So geschieht es in der Tat – auch heute noch. Der Jurist absolviert seine Studien, macht seine Prüfungen und tritt die praktische Tätigkeit an, ohne einen Verbrecher oder das gesehen zu haben, was ein Verbrecher macht und tut."

Hans Gross war davon überzeugt, dass ein rein normatives Jusstudium durch eine realwissenschaftliche Lehre vom Verbrechen und von „dem Verbrecher" ergänzt werden müsse. Er strebte mit dem „Handbuch für Untersuchungsrichter" seine Habilitation an der Rechts- und Staatswissenschaftlichen Fakultät der Universität Graz an, scheiterte allerdings zunächst, weil man ihn nicht verstand. Erst nachdem er an der Universität Czernowitz und an der Deutschen Universität in Prag lehrte, gelang ihm der Durchbruch. Im Jahr 1905 wurde Hans Gross als Ordinarius für Strafrecht an die Universität seiner Heimatstadt Graz berufen. Sieben Jahre später, im Jahr 1912, kam es zur Eröffnung des „k.k. Kriminalmuseums" an der Universität Graz.

Hans Gross kann daher als Vater der Grazer Schule der Kriminologie, die weltweit Anerkennung fand, bezeichnet werden. Heute wird in Deutschland für herausragende Forschungsergebnisse sogar der „Hans Gross Preis" verliehen. Auf dieser Grundlage entstand die Wiener Schule der Kriminalistik, die insofern einen Quantensprung darstellt, als das Wissen der Kriminalisten und das der Gerichtsmedizin hier gebündelt wurde.

Die tägliche Vernehmungsarbeit ist der notwendige Ausgangspunkt aller kriminal- und vernehmungspsychologischen Untersuchungen. Die Praxis der Vernehmung hat laut Theodor Gösswein-Saiko viel mit wissenschaftlicher Psychologie zu tun, unabhängig davon, ob sich das sogenannte Vernehmungsorgan dessen bewusst ist oder nicht. Im letzten Fall wird es mit Routine, Erfahrung und einem gesunden Hausverstand „arbeiten", wobei es unter Umständen mehr erzielen kann als ein wissenschaftlich geschulter Psychologe. Die Technik und Strategie der Einvernahme erfordern sowohl wissenschaftlich angewandte Psychologie als auch eine stimmige Persönlichkeit des Einvernehmers, der ja von seinem Gegenüber „angenommen" und akzeptiert werden muss. Persönlichkeit, sogar Charisma und Professionalität sind daher die wesentlichen Essenzen eines Erfolges der Einvernahme.

Ein zweiter Österreicher sei in diesem Zusammenhang angeführt: Johann Schober, Polizeipräsident in Wien – er wurde noch in der k.k. Österreichisch-Ungarischen Monarchie 1916 ernannt und lud im September 1923 aus zwanzig Ländern 131 Repräsentanten der jeweiligen Polizeieinrichtungen nach Wien ein und gründete die INTERPOL. Diese Einrichtung war bis 1938 in Wien beheimatet und wurde von Hitler nach Berlin übersiedelt. Noch heute steht eine Büste von Dr. Johann Schober im Gebäude der INTERPOL in Lyon. Es haben also gleich zwei Österreicher im Bereich der Kriminologie Weltgeschichte geschrieben.

Meine ersten Erlebnisse mit Einvernahmen hatte ich in Polizeikommissariaten. Es handelte sich dabei durchwegs um kleinere Kriminalfälle. Später, in der Zentralstelle zur Kriminalitätsbekämpfung, machte ich meine Erfahrungen zuerst im Diebstahlsreferat und danach im Referat für Menschenhandel und Prostitutionswesen. Die größeren Erfolge und interessanteren Erlebnisse ergaben sich dann in den Tätigkeitsfeldern der Bekämpfung von Fälschungen und der Betrugsaufklärung. Sehr viel erreichte ich auch bei der Ermittlung im Bereich des Versicherungsbetrugs.

Als Leiter der Mordkommission und als Vorstand des Sicherheitsbüros habe ich selten selbst Einvernahmen durchgeführt. Natürlich war ich entweder am Tatort oder im Zuge der Ermittlungen durch die Kriminalbeamten bei den Mord- und Raubgruppen, um die Vorgangsweise bezüglich schwieriger und großer Amtshandlungen zu besprechen. Serienmorde, wie jene in Lainz (die Morde der Krankenschwestern an sterbenskranken, alten Menschen), der Serienmörder Jack Unterweger, die Kindermorde in Favoriten, die verschiedenen Geisellagen, bei deren Ermittlungsphasen ich dabei war und Weisungen gab, Besprechungen abhielt, selbst den führenden Köpfen der Polizeiorganisation und des Innenministeriums Bericht erstatten musste oder den Medien Rede und Antwort stehen sollte, waren Erfahrungen, die zwar nicht immer direkt mit Einvernahmen in Zusammenhang gestanden sind, aber ebenso intensivste Kommunikation in alle Richtung hin bedeuteten und oft sehr fordernd waren.

All diese Erfahrungen möchte ich nicht missen. Sie

waren in meinem Leben enorm wichtig und haben sowohl mich als auch mein Handeln sehr geprägt. Einige dieser Erkenntnisse durfte ich im Zuge meiner Lehrtätigkeit an Studenten, Studentinnen und Interessierte weitergeben. Die Lehrtätigkeit brachte mich an die Wirtschaftsuniversität Wien, die Donau-Universität Krems, verschiedene in- und ausländische juridische Fakultäten, Institute für Kriminologie und Soziologie und ich konnte mit der Erzählung meiner persönlichen Erfahrungen Interesse bei den jungen Menschen wecken. Das ist eigentlich eine angenehme und erfüllende Erfahrung, die die Hoffnung erweckt, dass der eine oder andere, der eine ähnliche Berufslaufbahn anstrebt, mit Bedacht und Erinnerung an unsere Gespräche in sein Berufsfeld geht.

Schlussendlich möchte ich noch ein Thema ansprechen, das heute mehr Bedeutung denn je zu haben scheint. Nach dem Ende des Zweiten Weltkrieges wurden internationale Standards der Menschenrechte geschaffen. Die UNO-Konvention für Menschenrechte und die Europäische Konvention für Menschenrechte sollen die Grundstandards für die rechtliche Ausrichtung aller Staaten dieser Welt sein.

Durch die Terrorereignisse rund um 9/11 und die andauernden kriegerischen Auseinandersetzungen in Israel und Palästina fürchtet man aber einen Rückschritt dieser Entwicklung der Achtung, des Respekts vor der menschlichen Würde und Freiheit. Heute wird wieder ernsthaft darüber diskutiert, ob Folter, wie beispielsweise durch das bekannt gewordene „Waterboarding“ (Folter mit dem Wasserkübel: der Vernommene wird dabei gewaltsam mit dem Kopf unter Wasser getaucht, bis er keine Luft mehr bekommt – dadurch werden Todesängste ausgelöst, die meist zu einem „Geständnis“ führen), erlaubt werden soll, um den terroristischen Bestrebungen Herr zu werden.

Die Vereinigten Staaten und Israel haben die Menschenrechtskonventionen gar nicht unterzeichnet, um scheinbar nicht in Verlegenheit zu kommen. Im „Krieg gegen den Terror“ nehmen sich diese Staaten das Recht heraus, Folter und die Anhaltung, also Inhaftierung von verdächtigen Personen, anzuordnen und auszuüben. Barack Obama, der derzeitige Präsident der Vereinigten Staaten, will das Anhaltelager Guantanamo zwar schließen, aber dieser Prozess wird nur sehr zögerlich vorangetrieben und die amerikanischen Geheimdienste haben schon längst andere Lösungen (andere Lager, die medial nicht bekannt sind) für „dieses Problem“ gefunden. Nach wie vor ist man nicht „zimperlich“ bei der Anwendung von Mitteln zur Bekämpfung des Terrorismus und schert sich offenbar recht wenig um die Wahrung der Menschenrechte. Eine Lösung dieser Differenzen zeichnet sich meiner Meinung nach derzeit nicht ab.

Die Vision der Freiheit des Menschen und die Realität des Terrorismus klaffen wohl zu weit auseinander. Es scheint die Tragik der Geschichte der Menschenrechte zu sein, dass diese nach dem Ende zweier Weltkriege einen enormen Stellenwert für unsere Lebensqualität erlangten. Die Vereinten Nationen und der Europarat schafften Konventionen zur Einhaltung der Menschenrechte, deren runde Geburtstage wir erst kürzlich feierten. Unter dem Druck der Terrorismusgefahr sind diese Errungenschaften neuerlich gefährdet. In einem Seminar der Internationalen Police Association Ende 2010 wurde diese Thematik sehr treffend angesprochen. Man stellte die Frage: „Kapituliert die Zivilgesellschaft infolge von Terrorismus, Kriminalität und Verfall der Werte oder wandelt sie sich zu einer Überwachungsgesellschaft?“ Es liegt an uns, diese Entwicklungen aufzuhalten. Eine moderne, wissenschaftliche Polizei kann dazu beitragen, dass die Menschenrechte gewahrt werden.

Die Suche nach Wahrheit in Philosophie und Kriminal – Gedankensplitter zu einer eigentümlichen Beziehung

Das Wort „Wahrheit" ist einer der bedeutenden und „schwer beladenen" Grundbegriffe philosophischen Denkens. Die Suche nach ihr ist eine der wichtigsten Aufgaben, die sich die Philosophie gestellt hat. Das kann man guten Gewissens auch von der Kriminalistik und von der Gerichtsbarkeit behaupten. Insbesondere dann, wenn sich das Bemühen um Gerechtigkeit von autoritärer Willkür und dem Recht „des Stärkeren" emanzipiert hat. Das Wort Wahrheit hat einen etwas hehren Beigeschmack und der Forderung nach Wahrheit haftet etwas Ehrfürchtiges an. Etymologisch lässt sich das Wort *Wahrheit* höchstwahrscheinlich auf eine Stammsilbe „Ver" (Wer) zurückführen, die so viel wie Vertrauen, Treue, Zustimmung bedeutet. Wahr ist, woran ich vertrauensvoll glauben kann. Der Begriff der *Wirklichkeit* ankert eher im Praktischen. Man erkennt den Wahrheitsgehalt des Wirklichen eben an der Wirkung. Wir beteuern, etwas habe sich *wirklich* zugetragen oder etwas sei *wirklich wahr*. In der Sprache der alten Griechen ist Wahrheit „Aletheia" und das bedeutet ursprünglich das „Unverdeckte" oder das „Offensichtliche".

Das Offensichtliche oder Augenscheinliche klingt – im Gegensatz zu Wahrheit – recht profan. Man bemerkt hier schon einen Unterschied, denn Vertrauen, Treue und Zustimmung haben mehr mit *Glauben* zu tun. Hier wirkt die christlich-jüdische Tradition Europas in unserer Sprache nach. „*Ja, mein Herr und Gott, du bist der einzige Gott, und deine Worte sind wahr*", heißt es im Alten Testament, und: „*Denn wenn du dich an die Wahrheit hältst, wirst du bei allem, was du tust, erfolgreich sein.*"

Die Suche nach Wahrheit – in der Philosophie wie in

der Kriminalistik – beginnt mit dem Zweifel und der Skepsis, wobei Skepsis ursprünglich Prüfung, kritische Untersuchung bedeutet, nämlich etwas Gehörtes, Überliefertes nicht (mehr) als von vorneherein glaubhaft anzunehmen. So lehrt etwa der Buddhismus, in Wirklichkeit mehr eine Philosophie als eine Religion: „Glaube an nichts, nur weil du es gehört hast. Glaube nicht einfach an Traditionen, weil sie von Generationen akzeptiert wurden. Glaube an nichts, nur auf Grund der Verbreitung durch Gerüchte. Glaube nie etwas, nur weil es in Heiligen Schriften steht. Glaube an nichts, nur wegen der Autorität der Lehrer oder älterer Menschen. Aber wenn du selbst erkennst, dass etwas vernünftig ist und dass es dem Einzelnen und Allen zugute kommt und förderlich ist, dann akzeptiere es und lebe stets danach" (Shakyamuni Buddha). Diese Lehre entstand rund 500 Jahre vor unserer Zeitrechnung.

In genau demselben Zeitraum entwickelt sich vor den Toren Europas die griechische Philosophie und ihr Grundtenor ist die gleiche Skepsis gegenüber allen Überlieferungen. Die Vernunft und die Prüfung sollten Richtschnur sein und nicht der Glaube an tradierte Mythen. Das entfaltete gesellschaftspolitische Klima im antiken Griechenland war ein guter Nährboden für die Entwicklung einer offenen, kritischen Geisteshaltung. Träger derselben waren gebildete, freie, politisch aktive Bürger. Manche Historiker nennen diese Epoche auch die „erste Aufklärung".

Griechenland war zu dieser Zeit übersät von damals schon demokratisch organisierten Stadtstaaten (Stadt heißt griechisch „Polis" – auch unser Wort Polizei leitet sich davon ab).

Mehr als 700 kleine und größere Bürgergemeinschaften mit rund 2000 bis 4000 Einwohnern sind verbürgt. Die Demokratie praktizieren konnten allerdings nur wohlhabende, zum Wehrdienst fähige Männer. Nicht in politische Entscheidungen eingebunden waren Frauen, Sklaven, Kinder und Ausländer (Metöken). Die rasante ökonomische Entwicklung Athens ließ die Stadt rasch anwachsen. In der Blütezeit hatte Athen über 40 000 Einwohner und mit dem steigenden Wohlstand und der Entwicklung des Privateigentums wurden die Unterschiede zwischen Arm und Reich größer. So kam es zu politischen Spannungen zwischen den Bürgern und man kann auch annehmen, dass Eigentumsdelikte zwischen Privatpersonen oder Familien weit häufiger als früher auftraten. Nicht zufällig sind die großen Philosophen Platon und Aristoteles unter den Ersten, die sich in ihren Werken mit der Bedeutung des Eigentums beschäftigen. Daneben behandeln beide aber auch Fragen der Gerechtigkeit. Aristoteles war übrigens der bekannteste Metöke von Athen, kam er doch auch aus dem „Ausland", nämlich von der nördlich gelegenen Halbinsel Chalkidike.

In Griechenland zeigt sich auch ein für unseren kriminalphilosophischen Zusammenhang wichtiger Aspekt. Die Philosophie in Athen entwickelte sich in unmittelbarer zeitlich-räumlicher Nähe zur Rechtsprechung. Die Sophisten sind Lehrer der Rhetorik, Meister der Kunst der Verteidigung oder auch der Wortverdrehung und selbst oft Rechtsgelehrte. Die Kunst der Wortverdrehung zu beherrschen wird auch heute noch einem gewandten Verteidiger oder Verhörspezialisten der Polizei nachgesagt. Gegenwärtig hat Sophistik einen üblen Beigeschmack, aber zur Blütezeit der Sophisten war dies eine angesehene Zunft von Weisen und Gelehrten.

Eine reizend geistreiche Geschichte über paradoxe Sophisterei und ausgeklügelte Lust, den Gegner „über's Ohr zu hauen", aus dem Milieu der Rechtsgelehrten wird über den berühmten Protagoras berichtet: Der Philosoph und Rechtsgelehrte gewährt seinem sehr wissbegierigen, aber armen Schüler Euathlos Sonderkonditionen. Er gibt ihm unentgeltlich Unterricht und stundet vorerst das Lehrgeld. Für einen Sophisten ein ungewöhnliches Zugeständnis, war diese Zunft in Athen doch als besonders geldgierig verschrien. Man vereinbart aber, dass der Schüler das geschuldete Lehrgeld bezahlen wird, sobald er seinen ersten Prozess führt und gewinnt. Der von sich überzeugte Lehrer nimmt selbstredend an, dass sein Schüler gleich den ersten Prozess gewinnen wird.

Nach der Ausbildung führt Euathlos aber gar keine Prozesse, sondern widmet sich anderen Tätigkeiten. Erbost und um sein Lehrgeld geprellt droht Protagoras seinen Schüler vor Gericht zu klagen. Seine Argumentation lautet: „Wenn mir der Richter recht gibt und du verlierst den Prozess, musst du mir das Lehrgeld bezahlen kraft Gerichtsbeschluss. Gewinnst du aber den Prozess, so gilt unsere Vereinbarung und ich erhalte mein Geld kraft unserer Abmachung." Der gewitzte Schüler Euathlos aber argumentiert genau umgekehrt und sagt: „Die Sache verhält sich genau spiegelbildlich. Gewinnst du den Prozess gegen mich, dann tritt unsere Vereinbarung in Kraft und ich muss kein Lehrgeld bezahlen, denn ich verliere meinen ersten Prozess entgegen deiner Prognose. Du bist dann überdies ein schlechter Lehrer gewesen. Gewinne ich den Prozess aber, wird mir der Richter recht geben und ich habe kraft Gerichtsbeschluss nichts zu zahlen."

Einen weiteren Hinweis auf die Verwandtschaft von Philosophie und Kriminalistik finden wir auch in der Lehre von den Kategorien, die Aristoteles als Erster aufgestellt hat. Was ist eine Kategorie? Unter Kategorien versteht man jene Aussagen, die ein Ding oder einen Sachverhalt präzise beschreiben, definieren und von anderen abgrenzen. Das Wort Kategorie leitet sich übrigens von *kata agora* ab. *Kata* heißt „von oben herab" und *agora* ist der Markt-,

Versammlungs- und Gerichtsplatz der griechischen Städte gewesen. *Kategoria* heißt demnach auch Anklage.

Aristoteles unterscheidet zehn Kategorien, die mit den aus der Verhörtechnik bekannten W-Fragen erfasst werden können, und gibt dafür auch Beispiele. Ich zähle nicht alle präzise auf:

1. Die Substanz, das „Wer oder Was?" – ein Mensch oder ein Pferd.
2. Die Quantität, das „Wie viel?" – ein, zwei, viele.
3. Die Qualität, das „Wie?" oder „Welcher Art?" – weiß, groß, gut.
4. Die Relation, das „In welchem Verhältnis?" – doppelte, halbe Größe.
5. Wo?
6. Wann?
7. Die Lage – gemeint ist: sitzend oder liegend, ...
8. Das Haben – gemeint ist: bewaffnet, trägt Schuhe, ...
9. Tätigkeit – schneidet, brennt, kocht, ...
10. Passivität – wird geschnitten, wird verbrannt, ...

Diese 10 Kategorien klingen nicht ganz systematisch und ausgegoren und wurden im Laufe der Jahrhunderte von anderen Philosophen verfeinert und systematisiert, unter anderem auch von Kant. Dennoch erinnern bereits die Kategorien von Aristoteles frappant an die „Sieben goldenen Fragen", die der berühmte österreichische Kriminologe Hans Gross (1847 – 1915, Graz) aufgelistet hat. Was muss sich ein Richter oder Polizist fragen?

1. Was geschah (Deliktart)
2. Wo geschah die Tat (Tatort, Fundort)
3. Womit geschah die Tat (Tatwaffe)
4. Wann geschah die Tat (Tatzeit)
5. Wie geschah die Tat (Tatablauf)
6. Warum geschah die Tat (Motiv)
7. Wer war der Täter (Einzel- oder Gruppentäter)?

Die Philosophie und die Kriminalistik beschäftigen sich mit den Kategorien vor allem deshalb, weil diese in unserer Kommunikation und unserem Denken eine sehr wichtige Rolle spielen, ohne dass wir je darüber nachdenken. Ein Beispiel zur Kategorie Baum bzw. Wald: Wenn zwei Menschen die Savanne bereisen, wird der eine, der vielleicht in den Kanadischen Wäldern aufgewachsen ist, berichten, er war in einer Gegend ohne Bäume. Der andere, vielleicht in der Wüste groß geworden, wird von einer waldigen Gegend erzählen. Wer spricht die Wahrheit? Jener, der faktisch *keine* Bäume sah, oder jener, der vom Wald berichtet? Und bis zu welcher Größe ist eine Pflanze ein Busch und ab welcher ist sie ein Baum? Ist ein Bonsai ein Baum? Ist Savannengebüsch „baumig"? Wenn ein Eskimo und eine Afrikanerin in Europa einen Frühlingstag erleben, spricht der eine von einem warmen, die andere von einem kühlen Tag – wer hat recht? Herr A sagt, Frau B habe ihn beleidigt, Frau B sagt, sie habe Herrn A nur die Wahrheit gesagt. Kann die Wahrheit eine Beleidigung sein? All dies sind Beispiele für Missverständnisse, wenn Menschen verschiedene Kategorien an ihre Begriffe anlegen. Die Savannenreisenden müssten sich darauf einigen, was genau ein Baum ist. Eskimo und Afrikanerin müssten sich darauf einigen, was eigentlich „warm" genau sei.

Die österreichischen Gerichte kennen dieses Problem. Der Satz „Ich bring dich um!" gilt in gutbürgerlichen Kreisen als gefährliche Drohung und kann mit bis zu einem Jahr Freiheitsentzug bestraft werden. In ländlichen oder weniger gehobenen Kreisen gilt dieser Satz als „milieubedingte Unmutsäußerung" und wird *nicht* geahndet.

Wir müssen uns vor Augen führen, dass viele Menschen mit den gleichen Wörtern unterschiedliche Vorstellungen verbinden. Deshalb sagt der deutsche Philosoph

Hegel, dass es nicht zehn (Aristoteles) oder acht (Kant) Kategorien gebe, sondern dass faktisch jedes Wort mehr oder weniger verdeckt eine Kategorie enthält. Wenn ich gefragt werde, ob ich liebe, müsste ich mir erst erklären lassen, was Liebe denn sei. Werde ich gefragt, ob ich an Gott glaube, müsste ich fragen, was Gott sei, erst dann könnte ich die Fragen beantworten. Beim Kommunizieren denken wir nicht darüber nach, wie vieldeutig unsere Sprache ist. Das ist auch gut so, denn wenn wir, wie man sagt, „jedes Wort auf die Waagschale" legten, wäre es bald aus mit dem vergnüglichen Reden. Einen Baum kann man sehen und angreifen. Angst kann man zwar nicht sehen, aber spüren. *Über* einen Witz kann man lachen, aber was *ist* ein Witz? Und nehmen wir das Wort „Welt". Die Welt ist unendlich. Was ist Welt?

In der Sprachwissenschaft geht man davon aus, dass jedes Wort einen bestimmten „logischen Typ" darstellt. Wenn man diese logische Ordnung durcheinanderbringt, spricht man von einer „Kategorienverwechslung". Der Philosoph Gilbert Ryle bringt dafür ein amüsantes Beispiel: Ein Besucher wird durch die Universität Cambridge geführt und dabei werden ihm verschiedene Verwaltungsgebäude, Vorlesungszentren, Bibliotheken, Sporthallen, Laboratorien usw. gezeigt. Nach einer Weile meint der Besucher: „Schön und gut, aber wo ist endlich die Universität?"

Der Philosoph Hegel erzählt eine ähnliche Geschichte: Einem Kranken rät der Arzt viel Obst zu essen. Als man diesem Pflaumen, Trauben und Kirschen bringt, lehnt er aus „Pedanterie des Verstandes" ab, weil die Früchte „kein Obst, sondern *nur* Pflaumen, Trauben und Kirschen" seien. Das Wort *Obst* und das Wort *Kirsche* sind Worte verschiedenen logischen Typs.

Sowohl die Gesetzgebung wie auch die Rechtsprechung haben ständig mit solchen Fragen zu tun. Nehmen wir zum Beispiel den Straftatbestand der „Erregung öffentlichen Ärgernisses“: Was ist öffentlich? Was ein Ärgernis?

Ich lese gerade in einer Zeitung, dass eine RAF-Terroristin, die an der Ermordung von Generalanwalt Siegfried Buback beteiligt war, neuerdings vor Gericht steht. Der Richter wirft ihr vor, sie habe „aus niedrigen Motiven und heimtückisch gemordet“. Ich verurteile diese Tat, das möchte ich klarstellen, aber „Weltverbesserung“ stand auf der Agenda der RAF und das ist doch kein *niedriges* Motiv? Genau genommen ist das doch eines der edelsten Motive, die einen Menschen bewegen können? Und was heißt eigentlich „heimtückisch“? Tagsüber von einem fahrenden Motorrad aus auf offener Straße – für alle einsichtig – jemanden zu erschießen, ist doch nicht „heimtückisch“. Heimtückisch ist ein vergiftetes Mon Chéri. In der deutschen Rechtssprechung hat die Kategorisierung „*heimtückisch*“ und aus „*niederen Motiven*“ eigentlich andere Gründe und soll keine moralische Bewertung darstellen, dennoch klingt diese Bewertung sehr eigenartig.

Dieser kleine Ausflug in den Dschungel unserer Sprache führt uns zum zweiten Punkt dieser Betrachtung, nämlich zur Frage, was denn Wahrheit sei und wie wir diese in unserer Sprache zum Ausdruck bringen. Die einfachste Definition von Wahrheit ist das Übereinstimmen einer Aussage, eines Urteils bzw. einer Meinung mit der Wirklichkeit, also mit den Tatsachen. Diese Wahrheitsdefinition nennt man Korrespondenztheorie und sie geht in ähnlicher Form ebenfalls auf Aristoteles zurück. Er sagte, recht vereinfacht: „Wenn jemand sagt, etwas *ist* (oder war), obwohl es gar nicht *ist* (oder nicht war), dann sagt er falsch. Wenn jemand sagt, etwas *sei nicht,* obwohl es *ist,* dann sagt er ebenfalls falsch. Wenn über das, was *ist,* ausgesagt wird, wird immer entweder wahr oder falsch ausgesagt."

Heute gibt es in der Philosophie unzählige unterschiedliche Wahrheitstheorien. In der Rechtsprechung hat die oben zitierte Korrespondenztheorie immer noch erhebliche theoretische Kraft und zeigt sich beim Verhör in der klassischen Frage: „Also war es jetzt so oder nicht?" In der Praxis der Beweisaufnahme und Beweiswürdigung hat sich jedoch schon die Meinung etabliert, dass obige Wahrheitsdefinition etwas zu holzschnittartig und in vielen zu verhandelnden Fällen unbrauchbar ist. Um das zu verstehen, ist es günstig, sich vor Augen zu halten, dass es unterschiedlich *harte* und *weiche* Formen von Wahrheit geben kann. Man kann auch sagen, Wahrheiten verschiedener Kategorie. Ob zu einer bestimmten Zeit und an einem bestimmten Ort ein Auto oder ein Baum oder ein Mensch zu sehen war, also etwas Materielles, ist ein relativ hartes Kriterium. Beim Baum ist das allerdings gar nicht mehr so hart, wie ich am Bonsai zu zeigen versucht habe. Aber ob ein Mensch zum Zeitpunkt x auf Grund einer Drohung gerade Angst hatte, ist schon nicht mehr so leicht einem unzweifelhaften Wahrheitskriterium zu unterwerfen. Wir können Gefühle oft nur durch ein dem Gefühl entsprechendes, charakteristisches Verhalten deuten. Bei Angst wären das unter anderem das Zittern des Körpers und der Stimme, Schweißausbruch, ein bestimmter Gesichtsausdruck – das Hochziehen der Augenbrauen, weit geöffnete Augen, oft auch geöffneter Mund. Aber die Merkmale könnten auch anders gedeutet werden: Zittern kann auf Kälte, Schweißperlen auf Hitze, beides gemeinsam auf auslaugende körperliche Anstrengung hinweisen. Der Gesichtsausdruck bei Angst kann mit jenem bei Überraschung leicht verwechselt werden. Bei aller Schwierigkeit der Deutung können wir hier aber noch auf sichtbare körperliche Ausdrücke Bezug nehmen. Wie steht es mit Meinungen, Absichten, Einschätzungen – oder allgemein mit kommunikativen Vorgängen?

Im Zuge seiner therapeutischen Tätigkeit gelangte der in Kärnten geborene und vor allem in den USA wirkende Paul Watzlawick zur Ansicht, dass es in kommunikativen Prozessen gar keine *objektive* Wahrheit gebe. Jede an einem kommunikativen Geschehen beteiligte Person konstruiere ihre jeweils eigene Wahrheit. Paul Watzlawick war Mitgestalter des „radikalen Konstruktivismus", einer philosophischen Theorie, die auch aufgrund der Unzuverlässigkeit menschlicher Sinneswahrnehmung davon ausgeht, dass objektive Wahrheit gar nicht existieren könne, Wahrheit also ein subjektives Konstrukt sei. Watzlawick bringt zur Verdeutlichung das Beispiel eines streitenden Ehepaares, dessen Haussegen schief hängt. Befragt, was denn der Grund des Zerwürfnisses sei, antwortet die Ehefrau, der Mann ginge trotz ihres heftigen Protestes ständig ins Wirtshaus. Der Ehemann hingegen meint, er müsse vor dem ewigen Gequengle seiner Frau ins Gasthaus flüchten. Beide haben Recht (und Unrecht) und Watzlawick bringt das zirkuläre System auf die Kurzformel: „Er geht ins Wirtshaus, *weil* sie keppelt, und sie keppelt, *weil* er ins Wirtshaus geht."

Wenn man auch dem radikalen Konstruktivismus in manchen Fragen der „exakten Wissenschaft", also bei den *Hard Facts*, mit einiger Skepsis begegnen sollte, erweist er sich in den weichen Fragen, also bei Sinneswahrnehmungen, Erinnerungen, Fantasien, Situationseinschätzungen, als äußerst hilfreiche Theorie. In der Verhörpraxis und der Tatsachenfeststellung bei Polizei und Gericht ist man von einem diesbezüglichen Absolutheitsanspruch längst abgekommen. Mir erzählte ein Staatsanwalt, dass bei Zeugeneinvernahmen vor Gericht kaum mehr jemand auf die doch recht eigenartige Formel „Ich schwöre die Wahrheit, die ganze Wahrheit und nichts als die Wahrheit zu sagen" verpflichtet wird. Früher wurde noch hinzugefügt: „So wahr mir Gott helfe." Aber die mögliche Ausrede, dass Gott eben *nicht* hilfreich zur Seite gestanden sei, gilt heute auch nicht mehr.

In einem Verfahren geht es um die Frage, welche Tatsachen nachweisbar sind, welches Geschehen plausibel scheint, was glaubwürdig ist und nicht diametral dem Verstand und der Alltagserfahrung widerspricht. Das Ergebnis eines gut und fair geleiteten Gerichtsverfahrens oder eines fair und nach den Regeln der Kunst geführten Verhörs ist bestenfalls die Annäherung an, aber nie (und nimmer) die volle Wahrheit.

Der Philosoph Hegel machte in Bezug auf die Verwendung des Begriffes Wahrheit einen akzeptablen Vorschlag. Er meinte, wir sollten ihn vor allem für Beurteilungen der Ergebnisse des schöpferischen, tätigen, praktischen Geistes verwenden. In diesem Fall müssten wir uns fragen, ob es sich um wahre Kunst, wahre Freundschaft oder um wirkliche Demokratie handelt. Die Wahrheit im üblichen Sinn, „Das hat sich genau so zugetragen", „Das Auto war blau", „Das hat der Mann exakt so gesagt", „Das habe ich gesehen" – alle diese Aussagen, meinte Hegel, sollen wir mit dem Prädikat „richtig" oder „falsch" belegen.

In unserer Alltagssprache wird das Wort *Wahrheit* immer wieder verwendet, wo es eigentlich nicht wirklich passt, aber Sprache ist eben nicht exakt – und das ist gut so! Denn sonst gäbe es keinen Humor, keine Paradoxien, kein Durch-die-Blume-Sagen und kein Zwischen-den-Zeilen-Lesen.

DAS VERHÖR – EINE NICHT ALLTÄGLICHE SITUATION

Trotz aller technischer Fortschritte auf dem Gebiet der Kriminaltechnik hat die Vernehmung als wesentliche Grundlage der Tatsachenfeststellung im Strafprozess nicht an Bedeutung verloren. Polizei, Staatsanwaltschaft und Gericht können vor allem auf die Aussagen von Beschuldigten und Zeugen nicht verzichten, wenn sie ihre Aufklärungspflicht erfüllen wollen. So ist es nicht verwunderlich, dass auch im Zeitalter der modernen Kriminalistik nach wie vor ein Großteil der Ermittlungstätigkeit auf die Vernehmung entfällt. Daran wird sich auch in Zukunft nichts ändern, weil die persönlichen Beweismittel – die Aussagen von Beschuldigten, Zeugen und Sachverständigen – neben dem Sachbeweis wichtige Elemente im Strafverfahren sind, die für die Wahrheitsfindung und damit auch für einen gerechten Urteilsspruch unentbehrlich bleiben.

Die Vernehmung mit dem Ziel, durch Befragung von Beschuldigten und Zeugen einen bestimmten Sachverhalt zu erforschen, stellt hohe Anforderungen an den damit betrauten Vernehmer bzw. die Vernehmerin. Nicht selten ist es ein geistiges Kräftemessen, ein Ringen um die Wahrheit mit dem zu Vernehmenden, besonders wenn dieser versucht den Vernehmenden zu täuschen und das wirkliche Geschehen zu verschleiern.

Im ehrlichen Bemühen um die Wahrheit wird nur derjenige erfolgreich sein, der es versteht, sein Gegenüber richtig einzuschätzen und einigermaßen zu durchschauen. Er wird dann auch Ungereimtheiten in der Aussage erkennen und in der Lage sein, sich durch geschickte Vernehmungsführung den Überblick zu verschaffen, der zur

Aufhellung des Sachverhaltes notwendig ist. Das gelingt umso leichter, je mehr er oder sie, neben eigener geistiger Beweglichkeit, die vielseitigen Erkenntnisse der Psychologie ebenso zu nutzen weiß wie die auf langjährigen Erfahrungen beruhenden Tipps bewährter Praktiker.

Vernehmen ist Zuhören und Zuhören ist nicht leicht. Durchschnittlich spricht der Mensch pro Minute an die 125 Worte. Der menschliche Geist kann pro Minute an die 400 Worte empfangen und analysieren. Somit ergibt sich ein durchschnittliches „Loch“ von 275 Worten. Daher besteht die Gefahr, dass das menschliche Gehirn während dieses „Lochs“ unaufmerksam ist. Das ist eine Erklärung für das „Tagträumen“, das Hängen an den eigenen „Geschichten“ und die Unaufmerksamkeit für das zu Hörende. Eine der wichtigen Regeln ist daher, dass man unter Umständen durch Zuhören genauere und komplettere Informationen erlangt als durch ständiges Fragen.

Dabei können jedoch verschiedene Hindernisse auftreten, die die Bereitschaft zum Zuhören reduzieren. Wenn sich ein Aussagebereiter vorverurteilt fühlt, wird er aufhören, weiterzusprechen, was wiederum die Informationslage verschlechtert. Wichtig ist es daher, ganz gleich wie man sich fühlt, Vorurteile zu vermeiden.

Selbst wenn man „belogen“ wird und bessere oder ähnliche Geschichten erzählen bzw. „auftischen“ könnte, sollte man das unterlassen. Ein wichtiger Grundsatz lautet: Lass den Menschen, der aussagebereit ist, sprechen. Wenn man selbst Geschichten zu erzählen beginnt, wird sich der Vernommene vorverurteilt fühlen und seine Gesprächsbereitschaft wird versiegen.

Daraus ergibt sich ein genereller Rat: Wenn man sofort „Ratschläge“ erteilt, wird der Vernommene meist unverzüglich aufhören weiterzusprechen. Wenn jemand gesprächsbereit ist, dann ist sich eine solche Person in der

Regel darüber im Klaren, was zu tun ist. Solche Menschen wollen schlicht nur gehört werden und brauchen keine gut gemeinten Ratschläge.

Der Einvernehmende – ein wichtiger Mitspieler

Von jedem Menschen, der spezielle Aufgaben zu erfüllen hat, werden persönliche Eigenschaften verlangt, ohne die er die geforderten Leistungen nicht erbringen könnte. Nur wer den zur Ausübung des Berufes notwendigen Anforderungen entspricht, wird ihn voll ausfüllen und sich zum Spezialisten seines Faches entwickeln können. Manches Notwendige zur Erfüllung der vielfältigen Aufgaben der Einvernahme ist erlernbar, darüber hinaus gibt es aber auch Eigenschaften, die schlechthin erwartet werden: gute Umgangsformen, Anpassungsfähigkeit, logisches Denken und Sinn für Gerechtigkeit.

Wer mit unterschiedlichen Menschentypen umgehen muss, bei Vernehmungen Erfolg haben und das bestmögliche Ergebnis erzielen will, braucht ein gehöriges Maß an Menschenkenntnis, soll redegewandt sein, über einen guten Wortschatz verfügen, eine rasche Auffassungsgabe, Ausdauer und Energie haben. Neben Mut, Selbstständigkeit und Charakterstärke bedarf es der Selbstbeherrschung, Ruhe, Gelassenheit, Geduld, des Scharfsinnes, der Ausdauer und Beharrlichkeit. Die Konfrontation mit Menschen verschiedenen Bildungsgrads, sozialer Stellung, Alters, Temperaments und unterschiedlicher Wesensart zwingt den Vernehmenden dazu, sich diesen Variablen in seiner eigenen Verhaltensweise, in den Umgangsformen und im sprachlichen Ausdruck anzupassen, um akzeptiert zu werden. Das ist eine wesentliche Voraussetzung für den Erfolg. Deshalb braucht der Vernehmungsbeamte Einfühlungsvermögen und Verständnis; er soll aber auch unnachgiebig und zäh im Ringen um die Wahrheit sein. Er muss seinem Gegenüber mit Ruhe und Gelassenheit begegnen können, vor allem jenen, die eine aggressive, herausfordernde Haltung zeigen. Wie im Privatleben die zwischenmenschlichen Beziehungen von der gegenseitigen Ausstrahlung abhängig sind, wird auch das Verhältnis zwischen dem Vernehmungsbeamten und der zu vernehmenden Person weitgehend von der Wirkung des Fragenden auf den Gesprächspartner bestimmt. Ein sympathisches Wesen übt Anziehung aus, Antipathie dagegen hemmt jeden Kontakt. Wo keine menschliche Annäherung zum Vernommenen zustande kommt, weil die Persönlichkeit des Fragenden wenig anziehend wirkt, fehlt die Voraussetzung für eine erfolgreiche Vernehmungstätigkeit.

Zum großen Teil ist der Erfolg einer Vernehmung davon abhängig, dass der Fragende einen guten persönlichen Kontakt zur zu vernehmenden Person findet. Nichts vermag das Wesen des Vernommenen mehr aufzuschließen, seinen Willen zur aktiven Mitwirkung bei der Vernehmung und die Aussagebereitschaft besser zu fördern als das Gefühl, es mit einem Menschen zu tun zu haben, der Wärme ausstrahlt, mit dem man reden kann, zu dem ein innerer Kontakt besteht. Das ist eine Grundvoraussetzung für den Erfolg. Wo dieser Kontakt fehlt, wird man einander befangen gegenüberstehen und nur mit Mühe zu einem offenen Gespräch kommen, dessen Ergebnis sich nicht mit dem Wissen des Vernommenen deckt.

Der Kontakt zwischen dem Frager und der zu vernehmenden Person ist vom Eindruck abhängig, den der Fragende/die Fragende, auf sein/ihr Gegenüber macht. Da ein guter äußerer Eindruck Sympathie erweckt, ist es notwendig, dass der Vernehmende ein ansprechendes Gesamtbild bietet.

Einen erheblichen Anteil an dem Eindruck, den ein Mensch macht, haben dessen Stimme und Sprechweise. Das liegt sicher daran, dass der Tonfall von der seelischen Verfassung des Sprechers beeinflusst wird und somit seine momentane Gefühlslage widerspiegelt. Trotz aller Bemühungen des Fragenden, durch guten persönlichen Eindruck Vertrauen zu erwecken, ist es oft nicht einfach, eine menschliche Verbindung herzustellen. Meist ist die zu vernehmende Person misstrauisch und wahrt zunächst Distanz. Der Verdächtige betrachtet den Vernehmenden als seinen persönlichen Feind, der ihn einer Straftat überführen will, und ist bestrebt, keiner inneren Regung nachzugeben und auf keinen Fall weich zu werden. Auch Zeugen verhalten sich oft reserviert.

Am leichtesten gewinnt man zur zu vernehmenden Person Kontakt, wenn mit ihr vor der Vernehmung, abseits von Schreibmaschine und Akten, zunächst ein kurzes persönliches Gespräch geführt wird. Die Einleitung einer solchen Unterhaltung ist nicht schwer, sie ergibt sich ganz von selbst: Es gibt viele Dinge, die für eine zwangslose private Unterhaltung geeignet sind, wie Familie, Beruf, Sport, Hobbys, lokale Ereignisse und dergleichen. Mangelndes Vertrauen muss oft als Ursache für das verschlossene Wesen eines Vernommenen angesehen werden. Vertrauen darf aber nicht mit Vertraulichkeit verwechselt werden, jener plumpen Form der Annäherung, die allzu leicht zur Kumpanei führt. Kein Vernehmungsbeamter hat es nötig, sich anzubiedern und vor dem zu Vernehmenden eine Haltung einzunehmen, die ihn als Verbündeten erscheinen lässt. Es erfordert dann erhebliche Anstrengungen, um die Verhältnisse zu bereinigen und dem Vernommenen klarzumachen, dass er in dem Fragenden zwar einen verständnisvollen Menschen, aber keinen Kumpel zu sehen hat. Kommt zwischen dem Vernehmenden und dem zu Vernehmenden kein Kontakt zustande, besteht wahrscheinlich eine bestimmte Antipathie. In diesem Fall sollte man sich überlegen, ob nicht ein Wechsel der Person des Einvernehmenden die bessere Lösung ist.

Sicher wird es kaum möglich sein, Vernehmende von vornherein nach typologischen Gesichtspunkten auszuwählen oder auf Wunsch der zu vernehmenden Person auszutauschen. Wo immer aber die Möglichkeit besteht und es der Sache nicht abträglich ist, sollte bei der Wahl des Befragers der Typ des Vernommenen berücksichtigt werden. Vor allem dann, wenn es sich um „Stammkunden" handelt und der zu Vernehmende bereits einem Gegenüber bekannt ist und Vertrauen zwischen den beiden besteht.

Eine weitere wichtige Eigenschaft ist Geduld, etwas, das in unserer schnelllebigen, hektischen Zeit im Privatleben wie im Alltag immer mehr verloren geht. Wer Geduld für etwas aufbringen soll, muss Zeit haben, diese fehlt aber oft. Für jede Vernehmung braucht man Zeit und Geduld. Auf keinen Fall dürfen diese beiden Faktoren fehlen, wenn es um die Aufklärung eines schwierigen Sachverhaltes und die Anhörung eines schwerfälligen, unbeholfenen oder aussageunwilligen Menschen geht.

Die nötige Zeit lässt sich manchmal durch vernünftige Arbeitseinteilung gewinnen, Geduld muss der Fragende aber selbst aufbringen. Man muss geduldig den Augenblick abwarten können, bis der Vernommene – sei es aus Einsicht oder unter dem Druck der vorliegenden Beweise – die entscheidende Aussage macht.

Man braucht nicht nur Geduld, um schweigsame Verdächtige und Zeugen zum Reden zu bringen, auch für den Inhalt der einzelnen Aussage ist es wichtig, bei der Vernehmung gelassen zu bleiben. Manche Menschen sind bei ihren Ausführungen unkonzentriert, weitschweifig und in ihrem Redefluss kaum zu bremsen. Die Vernehmung schwatzhafter Personen bedeutet oft eine große Nervenbelastung. Man sollte sich aber auch hier zur Ruhe zwingen und geduldig zuhören, denn nur dann wird man erfahren, was der Vernommene tatsächlich weiß. Ebenso verhält es sich natürlich auch mit einsilbigen, schwerfälligen Verdächtigen, die dem Vernehmenden nicht weniger Ruhe und Gelassenheit abverlangen.

Unbestreitbar zählt auch Taktgefühl zu den notwendigen Eigenschaften des Vernehmungsbeamten. Er kann es sich nicht leisten, keine Rücksicht auf die Gefühle der Vernommenen zu nehmen, deren Vertrauen er erwerben will. So unumgänglich taktvolles Benehmen aber ist, so nachteilig wäre übertriebene Rücksichtnahme. Wer zu viel Rücksicht übt und sich vor lauter Zurückhaltung in der Fragestellung beschränkt, wird ebenso wenig das Ziel der Vernehmung erreichen wie jener, der unbekümmert die Gefühle des Vernommenen verletzt.

Der Vernehmende ist weder Richter noch Moralprediger oder Sittenwächter. Daher hat er sich, als außerhalb des Kreises der unmittelbar Betroffenen – über der Sache – stehend, jeglichen Werturteils über die zu vernehmenden Personen oder zu untersuchenden Handlungen zu enthalten. Das bedeutet nicht, dass er sich nicht gedanklich damit beschäftigen soll. Der Einvernehmer hat sich aber dem Vernommenen gegenüber mit dem eigenen Urteil zurückzuhalten und die notwendige strikte Neutralität zu wahren. Die persönliche Meinung des Fragenden über menschliche Qualitäten der Betroffenen, die Verwerflichkeit der Tat oder Wert und Unwert von Verhaltensweisen ist lediglich seine private Ansicht, die er besser für sich behält, wenn er sich nicht dem Vorwurf der Voreingenommenheit aussetzen will. Der Vernehmende muss danach trachten, dass er ein bestmögliches und weitgehend zuverlässiges Bild über den zu untersuchenden Sachverhalt erlangt. Er hat den Betreffenden anzuhören, den Wahrheitsgehalt der Aussage zu prüfen, Vernommene auf offensichtliche Unwahrheiten hinzuweisen und auftretende Widersprüche zu klären. In Erfüllung dieser Aufgabe ergeben sich zwangsläufig intensive Gespräche zwischen dem Vernehmer und dem zu Vernehmenden, diese dürfen aber den Boden der Sachlichkeit nicht verlassen. Diskriminierende Äußerungen zerstören das Gesprächsklima, welches man bemüht sein sollte aufzubauen und zu erhalten.

Eine der wichtigsten Grundforderungen an den Vernehmenden ist, dass er seinen Ermittlungsauftrag unvoreingenommen, sachlich und frei von Gefühlen durchführt. Er muss bestrebt sein, nur nach Recht und Gerechtigkeit zu handeln und sich nicht von einseitigen Empfindungen leiten zu lassen. Mangelnde Objektivität und Voreingenommenheit führen nicht selten dazu, dass sich der Fragende zu früh festlegt und in dem Vernommenen bereits den Täter sieht, auch wenn noch keine eindeutigen Beweise für seine Schuld vorliegen. Hat sich Voreingenommenheit einmal eingestellt, lässt man sich nicht mehr ohne Weiteres von der gewonnenen Überzeugung abbringen, sieht alles im Licht der eigenen Vorstellung, bemerkt dagegensprechende Umstände nicht oder wertet sie nicht richtig und verrennt sich schließlich so in sein Vorurteil, dass kein Weg mehr davon wegführt.

Nicht weniger gefährlich ist es, wenn der Vernehmende einen ungesunden Ehrgeiz entwickelt und einen Fall auf Biegen oder Brechen der Klärung zuführen will. Wer die Überführung des Täters zur persönlichen Prestigefrage macht und ein Misslingen als Niederlage oder gar Versagen wertet, wird auf Dauer kaum echten Erfolg für sich verbuchen können. Der größte Feind der Objektivität ist die Parteilichkeit, nichts begünstigt Voreingenommenheit mehr als unvollständige Informationen über eine Person oder eine Sache. Es ist äußerst bedenklich, sich bereits aufgrund einer einzigen Aussage eine feste Meinung zu bilden.

Wer ohne genügende Kenntnis Menschen zu schnell beurteilt und sich voreilig auf einen bestimmten Sachverhalt festlegt, beweist wenig Objektivität. Ein altes Sprichwort besagt, dass man immer zwei Seiten hören muss, bevor man sich ein Urteil bildet.

Gute Vorbereitung führt zu einer guten Befragung

Eine Vernehmung besteht nicht allein darin, sich an die Schreibmaschine zu setzen und der zu vernehmenden Person zu sagen: „So, nun erzählen Sie einmal, wie alles war und was Sie wissen", und dann die Angaben zu protokollieren. Das ist nicht die Vernehmung, wie wir sie als Kunst der Wahrheitserforschung verstehen. Bei Vernehmungen größeren Umfanges, wenn es um die Aufklärung schwerwiegender Delikte oder komplizierter Sachverhalte geht, Schuld oder Unschuld eines Verdächtigen zu klären ist oder wenn um Geständnisse gerungen werden muss, wird man das Ziel nicht auf so einfache Weise erreichen. Der Befrager muss sich rechtzeitig und gründlich auf eine solche Vernehmung vorbereiten, sich mit dem Sachverhalt in allen Einzelheiten vertraut machen, die nötigen Informationen einholen und sich gedanklich mit seinem taktischen Vorgehen befassen. Der Umfang der Vorbereitung ist dabei nicht in jedem Fall gleich. Je wichtiger die Vernehmung ist, je schwieriger sich der Sachverhalt darstellt und je problematischer sich die zu vernehmende Person zeigt, desto intensiver und aufwendiger werden die zu treffenden Vorkehrungen sein müssen. Unter Umständen erfordern sie sogar einen größeren Zeitaufwand, als es die spätere Vernehmung und die Niederschrift des Protokolls benötigen. Ohne genügende, sicher mitunter auch zeitraubende Vorbereitung wird kein befriedigendes Ergebnis zu erzielen sein.

Die zu vernehmende Person, gleichgültig ob sie in dem Verfahren als Beschuldigter oder als Zeuge in Betracht kommt, ist in der Regel nur dem Namen nach bekannt. Man muss jedoch mehr als nur die Personalien wissen. Rechtzeitig verschaffte Kenntnisse über Familie, Beruf, Lebensweise, besondere Verhaltensweisen und die etwaige kriminelle Vergangenheit eines zu Vernehmenden erleichtern die Kontaktaufnahme wesentlich.

Dort, wo Kriminalakte existieren, sind diese zu beschaffen und, wenn möglich, einzusehen. Aus dem Inhalt dieser Akten sind nicht nur die kriminellen Aktivitäten und die dabei angewandten Arbeitsweisen ersichtlich, sie geben auch Aufschluss über Wesen, Charakter und Verhalten der betreffenden Person. Es gibt Gründe genug, die das genaue Studium vorhandener Akten empfehlenswert machen, unter Umständen kann man sogar vor Schaden bewahrt werden, wenn ihnen beispielsweise zu entnehmen ist, dass der oder die Verdächtige zu Gewalttätigkeit neigt.

Dass der Vernehmende über den genauen Sachverhalt und den gegenwärtigen Ermittlungsstand mit den bisher vorliegenden Aussagen zu dem zu untersuchenden Fall vollständig informiert sein muss, bedürfte an sich keiner Erwähnung. Nur die lückenlose Kenntnis des gesamten Komplexes mit allen Zusammenhängen befähigt den Vernehmenden, beim Verhör präzise Fragen zu stellen, entsprechende Vorhalte zu machen und die sich möglicherweise ergebenden Widersprüche und Probleme aufzudecken. Gute Sachkenntnis ist aber auch notwendig, um zu verhindern, dass beweiserhebliche Tatsachen übersehen werden, die, wenn sie unbesprochen bleiben, Lücken in der Aussage entstehen lassen und eine Ergänzungsvernehmung erforderlich machen würden. Ebenso können natürlich auch wesentlich entlastende Momente berücksichtigt werden, was ebenso viel Arbeit bei den gesamten Ermittlungen ersparen kann. Der Vernommene merkt üblicherweise sehr rasch, wenn der Frager nicht genügend orientiert ist, und das eröffnet ihm die Chance zur Verschleierung. Zu einem zwingenden Gebot können ein gründliches Aktenstudium und die vernehmungsgerechte Aufbereitung des Inhaltes der Ermittlungsakte werden, wenn eine Vernehmung in einer Sache vorzunehmen ist, die man nicht selbst von Anfang an bearbeitet hat. Hier muss man sich mit der Materie vertraut machen und mit informierten Kollegen über den Fall austauschen.

Nicht selten wird es auch erforderlich sein, sich über die Örtlichkeit des Tatgeschehens persönlich zu informieren. In vielen Fällen lässt sich ohne Kenntnis der örtlichen Verhältnisse weder der Sachverhalt objektiv beurteilen, noch können die Erklärungen von Beschuldigten und Zeugen auf ihre Richtigkeit überprüft werden. Wer einen Vorgang von Beginn an bearbeitet und dazu die Vernehmungen selbst durchführt, dem wird der Tatort meist bekannt sein. Die Anwesenheit bei der Tatortbefundaufnahme oder der Spurensicherung ermöglicht eine wesentlich bessere Vertrautheit mit dem Fall. Wer sich gewissenhaft informieren will, muss die Gegend selbst besichtigen und dabei alle Einzelheiten in sein Gedächtnis aufnehmen, die ihm für die Sache bedeutungsvoll erscheinen. Wem der Tatort mit allen wichtigen Details so bekannt ist, dass er sich dort auch ohne Beschreibungshilfen und Erklärungen zurechtfindet, den wird kaum jemand durch unwahre Angaben irreführen können.

Ist die persönliche Erlangung von Ortskenntnissen nicht möglich, wird man sich mit Beschreibungen, Skizzen und Lichtbildern behelfen müssen. Mitunter ist es sogar zweckmäßig, einen Karten- oder Stadtplanauszug beizufügen. Diese Orientierungshilfen sind für das Vernehmungsergebnis unter Umständen von wesentlicher Bedeutung.

Es gibt kaum ein Gebiet, mit dem der Befrager nicht in Berührung kommt und das nicht Gegenstand einer Vernehmung werden kann. Das Hauptproblem beim Verhör besteht meist nicht in der Lösung rechtlicher Fragen, sondern in der Klärung spezieller Vorgänge aller Art, seien es nun solche aus dem häuslichen Alltag, der Wirtschaft, der Wissenschaft oder der Technik. Demzufolge sollte der Vernehmende ein Wissen besitzen, das über sein eigentliches Berufswissen weit hinausgeht. Verfügt man nicht über dieses Spezialwissen in einem bestimmten Fall, so muss man dazu in der Lage sein, sich entsprechende Informationen zu beschaffen, Sachverständige dieses Wissensgebietes beiziehen oder sich solcher bedienen.

Nicht immer erfolgt die Konfrontation mit Fachfragen überraschend. Aber trotz mancher zur Verfügung stehender Hilfsmöglichkeiten und gewisser Vorbereitungen sind und bleiben Vernehmungen auf Spezialgebieten für die meisten Befrager wie ein Gang auf spiegelglattem Parkett, auf dem man sich nur mit größter Vorsicht bewegt, um nicht zu Fall zu kommen. Wer dem Vernommenen gleich offen erklärt, dass er von der zu behandelnden Materie keine Ahnung hat, und ihm damit die Möglichkeit zur Verfälschung der Wahrheit einräumt, handelt genauso taktisch unrichtig wie jener, der glaubt als Fachmann auftreten zu müssen, sich aber durch dilettantische Äußerungen nur lächerlich macht. Am besten ist es, wenn man die eigenen Erklärungen zur Sache auf das Notwendigste beschränkt und auch in der Fragestellung zunächst größere Zurückhaltung übt. Zweckmäßig wird es sein, sich vom Vernommenen möglichst ausführlich und fortlaufend den Sachverhalt schildern zu lassen und eigene Einwände lediglich dort vorzubringen, wo ein Abweichen vom Vernehmungsgegenstand oder eine Lücke in der Aussage erkennbar wird.

Das wichtige Rundherum bei einer Vernehmung

In der Regel wird man den Ort der Vernehmung nicht wählen müssen oder dürfen, weil in den meisten Fällen ohnehin nur die eigene Dienststelle in Betracht kommt, wo die entsprechenden Voraussetzungen zur Durchführung einer Vernehmung gegeben sind. Dort hat der Vernehmer sein zweckmäßig eingerichtetes Büro mit allen erforderlichen Unterlagen, im Bedarfsfall steht ihm eine mit der Protokollführung vertraute Schreibkraft zur Verfügung. Die technischen Bedingungen für die Vernehmung sind bei der Dienststelle meist die besten bzw. sollten es wenigstens sein. In vielen Fällen ist aber ein gutes Vernehmungsergebnis nicht allein von günstigen technischen Voraussetzungen abhängig. Eine nicht weniger wichtige Rolle spielen nämlich oft taktische Gesichtspunkte, die von entscheidendem Einfluss auf den Erfolg sein können. Das gilt vor allem für die Wahl des Ortes der Vernehmung, falls diese nicht in den Diensträumen erfolgt. Es ist absolut nicht egal, wo vernommen wird. Eine Vernehmung wäre überall möglich, wo nur die Gelegenheit zum Schreiben besteht. Maßgeblich ist jedoch, ob der Fragende an dem von ihm ausgewählten Ort der Vernehmung ungestört seine Taktik zur Entfaltung bringen kann.

Einem alten kriminalistischen Grundsatz zufolge sollten

Vernehmungen stets an einem Ort stattfinden, der dem Vernommenen keinen moralischen Rückhalt bietet. Man muss die zu vernehmende Person aus ihrem gewohnten Milieu herauslösen und in eine Umgebung bringen, in der sie fremd ist, um dadurch die für die Vernehmung negativen Einflüsse ihrer eigenen Umwelt auszuschalten. Deshalb sind Vernehmungen, soweit irgendwie möglich, in Diensträumen durchzuführen. Es ist eine altbekannte Tatsache, dass sich der Mensch innerhalb seiner eigenen vier Wände sicher und geborgen fühlt. Auch an Orten des persönlichen Lebensbereiches ist dieser psychische Rückhalt vorhanden. Die Schwierigkeiten bei einer Vernehmung in den Räumen des Vernommenen ergeben sich in der Regel vor allem dann, wenn die Vernehmung einen für den Betreffenden ungünstigen Verlauf nimmt. Werden ihm Vorhalte gemacht, die ihm unangenehm sind, oder erkennt er, dass sich die Situation zu seinen Ungunsten verändert, wechselt er häufig auch sein Verhalten (kritisch ist zum Beispiel die Einvernahme von Prostituierten in deren Wohn- oder Arbeitsräumlichkeiten).

Niemals sollte jedoch die Vernehmung einer Person nur deshalb abgelehnt werden, weil der Betreffende nicht dazu bereit ist, zur Durchführung derselben die Dienststelle aufzusuchen. Bei Brandereignissen oder Verkehrsunfällen ist es sogar tunlich, die Einvernahmen an Ort und Stelle durchzuführen. Ebenso verhält es sich natürlich, wenn die örtlichen und organisatorischen Verhältnisse oft gar keine andere Möglichkeit zulassen als eine Einvernahme außerhalb des Dienstortes. Dann wird man taktische Grundsätze nicht in der Form berücksichtigen können, wie es ideal erscheint.

Ein gutes Vernehmungsergebnis ist nicht allein von der Klugheit, dem taktischen Geschick, dem psychologischen Einfühlungsvermögen und dem Sachverstand des Fragenden abhängig. Genau so wichtig ist ein geeigneter Arbeitsplatz, an dem sich der Einvernehmende gut konzentrieren und seine geistigen Fähigkeiten voll zur Entfaltung bringen kann. Das ist nur möglich, wenn die Vernehmung in einem Raum durchgeführt wird, der die Möglichkeit für ungestörtes Arbeiten bietet. Die Vernehmung ist geistige Arbeit, die Ruhe und Überlegung braucht, sie fordert neben persönlichem Einsatz die volle Konzentration des Befragers. Störungen können den gesamten Vernehmungserfolg infrage stellen. Oft wird schon durch die kleinste Unterbrechung die vorher in langwierigen Gesprächen mühsam geschaffene Stimmung zerschlagen und die Bereitschaft zur entscheidenden Aussage zunichte gemacht. Selbst eine kurze Zeit der Sammlung genügt, um den Widerstand der Vernommenen neu aufleben zu lassen und den bereits gefassten Entschluss zum Geständnis wieder aufzugeben. Deshalb ist es klug, sich gegen Störungen abzusichern, indem größere und schwierigere Vernehmungen in einem Raum durchgeführt werden, in dem unbehelligt gearbeitet werden kann (eigene Einvernahmezimmer sind am besten). Im Allgemeinen kommen als Störquellen bei Vernehmungen hauptsächlich drei infrage: das Telefon, die eigenen Kollegen und vorsprechende Besucher.

Selbstverständlich sind nicht allein die von außen kommenden Störungen einer ordentlichen Vernehmung abträglich. Ungünstige Verhältnisse im Raum selbst wirken sich ebenso nachteilig aus. Besonders die gleichzeitige Vernehmung durch mehrere Personen im selben Raum kann sich nachteilig auswirken. Mitunter herrscht im Raum ein Stimmengewirr, sodass man Mühe hat, sich mit dem Vernommenen richtig zu verständigen. Daher sollte man nach Möglichkeit Ladetermine untereinander abstimmen.

Im Allgemeinen machen sich wenige Kollegen Gedanken darüber, dass die richtige Platzierung bei der Vernehmung ein wesentlicher Faktor ist, der das Ergebnis des Verhörs zu beeinflussen vermag. Bei vielen Routinevernehmungen wird dies auch der Fall sein und das Arrangement der Einrichtung, vor allem der Sitzgelegenheiten, keine Rolle spielen. Bei Vernehmungen größeren Stils in bedeutenden Kriminalfällen jedoch, wo in emsiger Kleinarbeit Schuldige zu überführen, Schutzbehauptungen zu widerlegen und mühsam Geständnisse zu erringen sind, erfordert auch die Platzierung des Verdächtigen Überlegungen. Hier ist es nicht gleichgültig, wo der Vernehmer und wo der Vernommene sitzt; der richtigen Platzwahl kommt eine nicht zu unterschätzende Bedeutung zu. Grundsätzlich sollte der Abstand bei der Vernehmung zwischen dem Fragenden und der zu vernehmenden Person etwa der Entfernung entsprechen, wie sie bei einem Gespräch unter soeben miteinander bekannt gewordenen Menschen üblich ist.

Für die Platzwahl ist entscheidend, dass sie die ständige Beobachtung der zu vernehmenden Person und die Kontrolle ihrer Reaktionen auf bestimmte Fragen gewährleistet. Als offenkundige Anzeichen für die seelische Verfassung eines Vernommenen gelten die von jedem Vernehmer bei den Einvernommenen schon miterlebten Tränen der Verzweiflung, der Trauer, der Reue und des Mitleides, häufig auch des Selbstmitleides. Darüber hinaus sind das Erröten, das nervöse Spiel der Hände und Füße, das Zucken der Wangenmuskeln, das kräftige Pulsieren der Halsschlagader, der erschrockene Blick und Schweißausbrüche sichtbare Beweise für eine innere Erregung.

Auf einem Teil dieser Symptome basiert die Arbeitsweise des sogenannten Lügendetektors. Der Polygraf, der in den Vereinigten Staaten eingesetzt werden darf, registriert auf elektronischem Wege Atmung, Herzrhythmus,

Blutdruck und Schweißabsonderung. Verzeichnet das Gerät bei bestimmten Fragen erhöhte Werte, scheint die Testperson gelogen zu haben. Erröten, Unruhe und Nervosität sind meist ein Signal dafür, dass der Fragende mit seiner Fragestellung auf dem richtigen Weg ist und den Kern der Sache getroffen hat. Das lässt ihn die eingeschlagene Richtung gezielter und beharrlicher verfolgen.

Damit man den Vernommenen beobachten und alle seine Regungen deutlich sehen kann, muss sein Sitzplatz so gewählt werden, dass das Licht unter Ausnutzung der vorhandenen natürlichen und künstlichen Quellen auf ihn fällt. Er darf also niemals im Schatten oder im Gegenlicht sitzen, weil sonst keine Überwachung der oft nur in feinen Nuancen auftretenden Reaktionen möglich ist. Es ist aber unzulässig, die zu vernehmende Person der besseren Beobachtung wegen eigens mit einer Lichtquelle anzustrahlen (das wäre eine Quälerei bzw. Schikane).

Gedankenlos würde derjenige Vernehmer handeln, der den Vernommenen im Schatten platziert, während er selbst im vollen Licht sitzt. Damit beeinträchtigt er nicht nur seine eigene Beobachtungsmöglichkeit, sondern verschafft zugleich der zu vernehmenden Person einen Vorteil, der ihr besser nicht gewährt werden sollte. Auch der Vernommene achtet nämlich auf den Fragenden und versucht in seinem Gesicht zu lesen.

Häufig wird die Platzierung so vorgenommen, dass der zu Vernehmende vor und der Beamte hinter dem Schreibtisch sitzt. Das mag bei vielen Unterredungen und Verhandlungen passend sein, ist aber beim Verhör von Beschuldigten wegen der beschränkten Beobachtungsmöglichkeit nicht zu empfehlen.

Der Fragende kann nämlich nicht sehen, was der Vernommene mit seinen Händen und Füßen macht und wann er in den Taschen herumkramt, wenn die untere Körperhälfte seinen Blicken entzogen ist. Wenn außerdem noch die Schreibmaschine ungünstig steht und sich der Vernehmende zur Niederschrift des Protokolls vom Vernommenen abwenden muss, verliert er zumindest für Augenblicke den Überblick über das Geschehen. Das kann nicht nur ein erheblicher Nachteil, sondern sogar gefährlich sein. Die zu vernehmende Person muss während des Diktats von Angesicht zu Angesicht gegenübersitzen. Nur dann ist es möglich, dem Vernommenen stets die aus taktischen Gründen notwendige, aber auch im Interesse der Sicherheit gebotene uneingeschränkte Aufmerksamkeit zu schenken.

Die zur Durchführung der Vernehmung zur Verfügung stehende Zeit ist nicht immer unbegrenzt. Meist sieht sich der Befragende dazu gezwungen, die Vernehmung innerhalb einer bestimmten Frist zu bewältigen, obwohl er gerne mehr Zeit für sein Gespräch mit der zu vernehmenden Person aufwenden möchte. Der Fragesteller wird sich daher bemühen müssen, die Zeit durchzuplanen, keinen Leerlauf entstehen zu lassen und dafür zu sorgen, dass die Vernehmung flüssig und reibungslos vonstatten geht.

Im Allgemeinen werden Vernehmungen während der Dienstzeit durchgeführt. Schwieriger wird es, wenn die Einvernahme außerhalb der Dienstzeit durchzuführen ist. Die geistige Leistungsfähigkeit des Menschen ist nicht unbegrenzt und hält bei dem einen länger, bei dem anderen kürzer an. Daran muss auch bei der Vernehmung gedacht werden, insbesondere dann, wenn diese länger andauert (Ermüdung). Unbestritten weisen die Ergebnisse lang andauernder Vernehmungen in der Regel Mängel auf, deren Hauptursache in der schwindenden Konzentration und der erlahmenden Denkfähigkeit gesucht werden muss.

Auf die Frage, wie lange eine Vernehmung dauern soll oder darf, kann wohl niemand eine verbindliche, allgemeingültige Antwort geben. Eine Vernehmungsdauer von drei bis vier Stunden, wie sie in der Praxis vorkommt, ist an sich nicht zu beanstanden, wobei im Einzelfall immer die Verfassung der zu vernehmenden Person zu berücksichtigen ist. Unter keinen Umständen darf die Vernehmung länger dauern, als der Vernommene in der Lage ist, geistig zu folgen. Der Befragende, der vernimmt, hat abzuschätzen, ob eine Pause einzulegen oder abzubrechen ist.

Vernehmungen dürfen selbstverständlich nicht beliebig – ohne Rücksicht auf den momentanen Stand der Gespräche – unterbrochen werden. Wenn sie sich in einem kritischen Stadium befinden und der Beschuldigte offensichtlich kurz vor einem Geständnis steht, dann wäre ein Abbruch alles andere als klug. Es ist ein Irrtum, anzunehmen, man könne schadlos dort fortfahren, wo man aufgehört hat. Für den Vernommenen bedeutet die Unterbrechung nicht nur eine Erholung. Er wird die Pause mit Sicherheit dazu nutzen, die Situation zu überdenken, sich über seine gegenwärtige Position klar zu werden und Überlegungen anzustellen, wie er sich weiterhin verhalten soll. Dass das nicht der Sinn und Zweck der eingelegten Vernehmungspause sein kann, braucht wohl nicht betont zu werden. Der Vernehmende hat ja den Vorteil, den Stand der Dinge zu übersehen und einzuschätzen. Danach muss er auch entscheiden.

Ein spezielles Problem stellen Einvernahmen während der Nachtzeit dar. Es gibt keine gesetzlichen Bestimmungen, die Vernehmungen zur Nachtzeit grundsätzlich verbieten. Sie sind durchaus erlaubt, wenn auch nicht bedingungslos zulässig und nach Belieben durchführbar (Verbot der Schikane, z.B. Dienstanweisung der Polizei). Jeder Befragende weiß, dass es sich manchmal nicht umgehen lässt, auch nachts Vernehmungen durchzuführen. Tatverdächtige werden beispielsweise zur Nachtzeit festgenommen und müssen zur Klärung des Sachverhaltes einer ersten Vernehmung unterzogen werden. Vernehmungen zur Nachtzeit sind mit Nachteilen verbunden, es ist daher unbedingt davon abzuraten, aufschiebbare Vernehmungen wegen vermeintlichen Zeitgewinns zur Nachtzeit durchzuführen. Der nächtliche Fleiß verspricht zwar auf den ersten Blick Vorteile, dennoch unterliegen Beamte, die dieser Ansicht sind, einem bedauerlichen Irrtum. Sie fühlen sich vielleicht im ersten Jagdfieber noch stark genug und in der Lage dazu, das Duell mit dem Vernommenen beim Ringen um die Wahrheit aufzunehmen, bedenken aber nicht, dass ein oft rapide einsetzender Kräfteabbau auf Dauer kaum zu verhindern ist, weil der hinter ihnen liegende Arbeitstag seinen Tribut fordert.

Zur Abrundung der allgemeinen Grundsätze zur Durchführung der Vernehmung sei angeführt, dass es dem Grundsatz des Anstandes und des guten Tones entspricht, Höflichkeit und Korrektheit gegenüber jedermann zu zeigen (siehe Sicherheitspolizeigesetz, Verhaltenskodex – 1. Richtlinienverordnung).

Der Umgangston bei der Vernehmung soll stets natürlich und aufgeschlossen sein. Ein launisches, mürrisches Wesen versperrt den Weg zu einer Vertrauensbasis zwischen Vernehmenden und Vernommenen. Eine Volkweisheit besagt, dass „der Ton die Musik macht" – die Stimme des Gesprächspartners ist ausschlaggebend dafür, ob jemandem Sympathie oder Antipathie entgegengebracht wird. Deshalb wird auch der Frager, der in einem ruhigen, sachlichen Ton mit dem Vernommenen spricht, in der Regel das Vernehmungsziel leichter erreichen.

Zu überlegen ist auch immer, ob Stehen oder Gehen während der Einvernahme taktisch eingesetzt werden soll oder nicht. Da dadurch eher Unruhe im Raum verbreitet wird, ist von diesen Mitteln in der Regel Abstand zu nehmen.

Nach wie vor sind viele Menschen Raucher und haben das Bedürfnis, während der Einvernahme zu rauchen. Bei Einvernahmen, die länger dauern, ist Rauchen noch nie abträglich gewesen und kann als vertrauensbildende Maßnahme eingesetzt werden.

Mit dem Essen und Trinken sollte man jedoch eher sehr vorsichtig umgehen. Die Einnahme von Speisen ist eher abzulehnen, Trinken kann gestattet werden. Ebenso verhält es sich mit dem Mittel der Berührung. Wer diese Methode anwendet, muss sich darüber im Klaren sein, dass solche Berührungen unter Umständen nicht einer gewissen Vertraulichkeit entbehren. Nicht jeder Vernommene wird auch mit einer derartigen Handlungsweise einverstanden sein.

Mittlerweile wurde schon mehrmals darauf hingewiesen, dass bei einer Vernehmung alles vermieden werden muss, was die Bereitschaft zur Aussage und diese selbst irgendwie störend beeinflussen könnte. Eine nicht unbeträchtliche Störung kann die Anwesenheit Dritter bedeuten, jener Personen also, die an der Vernehmung selbst nicht beteiligt sind, sich aber als Beobachter oder stille Zuhörer einfinden. Grundsätzlich sollten nur jene Personen während der Einvernahme anwesend sein, die eine Funktion ausüben (Dolmetscher, Protokollführer). Wer nicht zum Kreis jener Personen gehört, die unmittelbar am Verhör beteiligt sind, hat im Vernehmungszimmer nichts verloren. Die Gegenwart fremder Personen kann den Vernommenen zu Zurückhaltung veranlassen und einen Einvernahmeverlauf ungünstig beeinflussen.

Zeugen sind grundsätzlich getrennt von anderen zu vernehmen, um eine Beeinflussung zu unterbinden. Obwohl dieser Grundsatz nicht neu ist, wird immer wieder, meist aus Gedankenlosigkeit, dagegen verstoßen. Am häufigsten passiert dies bei der Anzeigeerstattung. Es ist unbedingt davon abzuraten, dass Personen bei gleichzeitiger Anwesenheit mit erschienenem Ehepartner, mitgekommenen Freunden oder Freundinnen vernommen werden, selbst wenn diese ganz offensichtlich in der gleichen Sache ebenfalls als Zeugen infrage kommen. Man duldet oft unbewusst ihre Gegenwart, damit sie den vollen Inhalt der Aussage mithören. Am Schluss der Vernehmung lässt man sich dann von ihnen mit einem angefügten Satz bestätigen, dass sich der Sachverhalt so zugetragen hat und sie selbst keine weiteren Angaben dazu machen können. Dabei kann unter Umständen ein schwerer taktischer Fehler für den weiteren Verlauf des Verfahrens und der Ermittlungen geschehen sein. Zeugen müssen unbedingt einzeln vernommen werden.

Das Ziel jeder Vernehmung muss die Erforschung der objektiven Wahrheit sein. Dazu ist es notwendig, von der zu vernehmenden Person deren bestes Wissen über den aufzuklärenden Sachverhalt zu erfahren. Das erfordert neben Energie und Ausdauer den Einsatz der ganzen Persönlichkeit, Beweglichkeit des Denkens, eine rasche Auffassungsgabe sowie technisches und taktisches Geschick bei der Durchführung der Vernehmung. Man sollte sich aber auch darüber im Klaren sein, dass das erwünschte Idealziel fast nie erreicht werden kann. Menschliche Schwächen, persönliche Eigenart und Grenzen der Leistungsfähigkeit Vernommener, die alle für den Inhalt der Aussage bestimmend sind, können auch durch eine noch so geschickte Vernehmungsführung nicht verhindert und daraus entstehende Fehler nicht restlos ausgeschaltet werden. Die Schilderung eines Vorganges ist letztlich immer von der Genauigkeit der Beobachtung, der Bewahrung der Erinnerung und der Fähigkeit, diese Erinnerung richtig wiederzugeben, abhängig.

Irrtümer, Missverständnisse sowie mangelnde Auffassungs- und Beobachtungsgabe aufseiten des Vernommenen sind oft nur schwer zu erkennen, sodass sich unbemerkt Fehler in die Bekundung selbst gutwilliger Zeugen einschleichen. So wird jede Vernehmung auch bei noch so gutem psychologischen Geschick des Befragers zwangsläufig fehlerhafte Aussagen enthalten, die auf menschliche Unvollkommenheit zurückzuführen sind. Jede Aussage, und sei sie noch so gewissenhaft vorgebracht, unterliegt einer subjektiven Färbung. Der Vernehmende muss sich daher bemühen die Fehlerquellen der Aussage zu erkennen und durch geeignete Maßnahmen auszuschalten, damit das Ergebnis ein höchstes Maß an Zuverlässigkeit bringt.

Man kann zwischen verschiedenen Verhörmethoden unterscheiden, bekannt sind die „normale Methode“, die Überraschungsmethode, die sogenannte weitläufige Methode, das Ermitteln mittels Routinefragen sowie das Redenlassen. Die Überraschungsmethode besteht darin, dem Verdächtigen die Tat auf den Kopf zuzusagen und so zu versuchen möglichst rasch zu einem Geständnis zu kommen. Der Vorteil des Verfahrens besteht darin, dass bei Gelingen ein rasches, wenig arbeits- und zeitaufwendiges Verfahren durchgeführt wird. Der Nachteil ist, dass bei Misslingen die weitere Vernehmungssituation recht ungünstig ist, weil man zumeist sein „ganzes Pulver“ verschossen hat – also ein Hasardspiel. Daraus ergibt sich eine bloß eingeschränkte Anwendbarkeit dieser Methode – in Fällen der Kleinkriminalität ist diese Methode brauchbar, sonst eher gefährlich anzuwenden. Eine gewisse Chance der Anwendung besteht auch bei labilen Persönlichkeiten, Jugendlichen und Frankisten.

Der Normalfall der Vernehmung ist die wohl am häufigsten praktizierte Art in Anlehnung an die Vorschriften über die richterliche Vernehmung nach der Strafprozessordnung (StPO). Es werden Fragen zur Person gestellt, dabei werden der Vernommene und dessen Reaktionen beobachtet. Aufgrund der Einschätzung der Person versucht man ein gewisses Gesprächsklima (psychisches Feld) aufzubauen. Dann wird der Vernehmungsgegenstand vorgehalten, zuerst im Allgemeinen, später dann konkreter werdend. Man versucht Widersprüche in der Verantwortung zu erkennen, darauf hinzuweisen und zu einem Geständnis zu gelangen.

Ähnlich wie die „normale Methode", aber viel umständlicher, langwieriger, gewissenhafter und „um den heißen Brei herumredend" ist die weitläufige Methode. Das Wesen dieser Methode besteht darin, die gespannte Aufmerksamkeit des Vernommenen durch dieses lange Herumdrehen „einzuschläfern". Wenn das Gespräch schließlich auf den kritischen Punkt kommt, dann sollte der Vernommene, wenigstens Augenblicke lang, überrascht werden. Diese Methode ist arbeitsaufwendig und langwierig und daher nur eingeschränkt, bei wirklich wichtigen und großen Fällen, anwendbar. Das Verfahren erfordert große Vernehmungserfahrung und Vernehmungstalent. Es ist deshalb nur von geeigneten Befragern durchzuführen.

Ein Grundsatz von elementarer Bedeutung ist, dass bei der Vernehmung nicht der Vernehmer, sondern der Vernommene zu reden hat. Nach den einleitenden Gesprächen und der notwendigen Erläuterung des Sachverhaltes durch den Befrager ist der zu Vernehmende mit seinen Ausführungen an der Reihe. Jetzt soll er erzählen, den Vorgang schildern und seine Erklärungen abgeben. Dabei sollte der Fragensteller möglichst zurückhaltend agieren und den Vernommenen ausführlich zu Wort kommen lassen. Zuhören ist die Devise!

Ein Verhör, bei dem überwiegend der Fragende spricht,

das Wort führt und der Vernommene lediglich mit „ja“ und „nein“ antwortet, ist ein Musterbeispiel schlechter Vernehmungsführung. Durch die Geschwätzigkeit des Vernehmenden ist schon manches Verhör negativ verlaufen. Wer Zurückhaltung übt und nur dann spricht, wenn es geboten erscheint, erfährt nicht nur mehr, sondern vermeidet auch, dass das Ergebnis der Vernehmung durch eigene, im Verlauf des Verhörs gemachte Äußerungen verfälscht wird. Der Befrager muss zwar das Gespräch leiten, das Reden hat er aber in der Hauptsache dem Vernommenen zu überlassen. Wortkargen Menschen gegenüber benötigt man dadurch sehr viel Geduld. Mit gut formulierten Hilfsfragen kann man ihnen oftmals helfen, die fehlenden Worte und Ausdrücke zu finden, sodass durchaus brauchbare Aussagen zustande kommen, vor allem wenn man ihnen Zeit zum Überlegen lässt. Wer genügend Erfahrung auf dem Gebiet der Vernehmung besitzt, dem ist nicht unbekannt, dass nicht nur der Frager vom Vernommenen etwas wissen will, sondern auch der Vernommene oftmals vom Vernehmer zu erfahren versucht, welche Erkenntnisse bereits vorliegen. Daher stellen Vernommene oft Gegenfragen. Beschuldigte fragen nicht rein aus Neugierde, sondern weil sie über das gegen sie vorliegende Material im Bilde sein wollen, um darauf ihre Verteidigung einstellen zu können, vielleicht aber auch, um den Fragensteller abzulenken und selbst Zeit zum Nachdenken zu gewinnen.

Sowohl bei Beschuldigten als auch Zeugenvernehmungen wird es wichtige Fragen geben, deren richtige Beantwortung entscheidend für das Ermittlungsverfahren ist. Meist handelt es sich um solche der Täterschaft, besondere Tatbestandsmerkmale oder andere Einzelheiten, die im speziellen Fall von ausschlaggebender Bedeutung sind, was zunächst aber nur der Befrager weiß. Um sich ein möglichst zuverlässiges Urteil über den Wahrheitsgehalt der Aussage bilden zu können, ist es notwendig, dass der Vernommene die mit der Frage verbundene Absicht nicht kennt. Das gelingt am ehesten dann, wenn man solche Fragen völlig unbetont in das Verhör einfließen lässt, und zwar so, dass die zu vernehmende Person nicht merkt, welche besondere Bedeutung ihnen beigemessen wird. Das erfordert natürlich große Selbstkontrolle seitens des Fragenden. Wer es fertigbringt, sich durch sein Verhalten nicht vorzeitig zu verraten, wer trotz innerer Anspannung äußerlich gelassen bleibt, der wird sich auch bei bedeutungsvollen Fragen taktisch richtig verhalten.

Verschiedentlich müssen im Laufe der Vernehmung Routinefragen gestellt werden, deren Bedeutung für den Vernommenen von vornherein klar auf der Hand liegt. Es sind Fragen nach Tatsachen, bei denen man von Anfang an mit zurechtgelegten Schutzbehauptungen rechnen muss, wenn sie zu direkt gebracht werden, weil sie ganz offen die damit verfolgte Absicht erkennen lassen. Es erfordert schon einige Überlegung, wie sie erfolgversprechend an den Mann zu bringen sind. Hier muss es dem Geschick – um nicht zu sagen der Taktik – des Fragenstellers überlassen bleiben, solche Fragen nicht gedankenlos, sondern wohl überlegt, zur rechten Zeit und bei der richtigen Gelegenheit zu stellen.

Wo die direkte und ohne Umschweife ausgesprochene Frage nicht zum Ziel führt, muss dies eben auf Umwegen versucht werden. Harmlose Ergänzungsfragen und Randfragen, die keinen Bezug zum Kern der Sache haben und auch nicht erkennen lassen, worum es geht, sind zweifellos das beste Mittel dazu.

Viele Vernommene sind gar nicht dazu fähig, einen Sachverhalt ohne jede Unterstützung durch den Vernehmenden fortlaufend zu schildern. Es genügen aber meist wenige Worte, um den Betreffenden den Faden wieder finden zu lassen und ihn zum Weitererzählen zu ermuntern.

Die Methode, zuerst den Vernommenen erzählen zu lassen und dann gezielte Fragen zu stellen, hat sich nicht nur in der polizeilichen Praxis bewährt, sie entspricht auch den verfahrensrechtlichen Grundsätzen richterlicher Vernehmungen, bei denen zwischen Bericht (freie Schilderung) und Verhör (Befragung) unterschieden wird. Diese Teilung in Bericht und Verhör, die auch bei der Vernehmung anderer Personen Anwendung findet, ist dem Richter vorgeschrieben.

Anders als bei der Vernehmung vor Gericht, dem als Grundlage das abgeschlossene Ermittlungsergebnis vorliegt, kommt es bei der nicht gerichtlichen Vernehmung darauf an, jenes Material erst einmal zu sammeln, das für die Beurteilung der zu untersuchenden Sache von Bedeutung sein kann. Der Fragensteller muss also zunächst erforschen, was die zu vernehmende Person weiß und inwieweit sie gewillt ist, ihr Wissen preiszugeben. Das kann er nur, wenn er bei ihren Ausführungen ruhig zuhört und sie ausreden lässt. Er darf auch nicht gleich die Geduld verlieren, wenn ein Vernommener nebensächlich Wirkendes erzählt, weil nie sicher ist, ob hinter einer vorgebrachten Belanglosigkeit letztlich nicht doch überraschend ein wichtiges Detail zum Vorschein kommt, das zu völlig neuen Gesichtspunkten führt. Geduldig zuzuhören und dabei mit wachen Sinnen den Ausführungen zu folgen, hat sich schon oft gelohnt. Das sollte man sich besonders bei der Vernehmung von Personen merken, die im Verdacht stehen, bewusst die Unwahrheit zu sagen. In dem Bestreben, Tatsachen zu vertuschen und die zurechtgelegte falsche Version gut zu „verkaufen“, verfallen sie häufig in Geschwätzigkeit und meinen, mit vielen Worten überzeugen zu müssen. Nicht nur, dass sie dann Einzelheiten erklären, die ihnen später mühelos widerlegt werden können; wer viel redet, widerspricht sich auch umso öfter und sagt, ohne es zu wollen, manches, was er besser verschwiegen hätte. So liefert der Vernommene, den man nicht vorzeitig unterbricht, sondern ruhig ausreden lässt, in der Regel ganz von selbst Belastungsmaterial.

Häufig ist der Vernehmungsgegenstand mit einer Vernehmung abgehandelt und eine weitere Befragung des Zeugen oder Beschuldigten nicht mehr notwendig. Dies muss aber nicht immer der Fall sein. In vielen Fällen wird eine Mehrzahl von Einvernahmen notwendig sein, weil der Sachverhalt umfangreich, schwierig oder nicht genügend abgeklärt ist. Die erste Vernehmung ist aber immer die wichtigste! Das gilt in besonderem Maße, wenn sie schon bald nach der Tat erfolgt. Meistens haben Zeugen das Geschehen noch in so frischer Erinnerung, dass Aussagefehler durch nachlassende Erinnerungsfähigkeit oder unbewusste Beeinflussung durch Dritte selten sind. Aber auch Verdächtige und hier besonders jene, die unmittelbar nach der Festnahme einem Verhör unterzogen werden, sind unter dem Eindruck des plötzlichen Freiheitsentzuges am ehesten geneigt, wahrheitsgetreue Angaben zu machen, die nicht selten ein Geständnis beinhalten.

Eine wesentliche Überlegung stellt auch dar, ob Einvernahmen von mehreren oder nur einer Person durchgeführt werden sollen. Oft erreicht ein eingespieltes Team bessere Erfolge bei Einvernahmen als eine einzelne Person. Grundsätzlich hat aber eine Person die Verhandlungsführung zu übernehmen. Jedes planlose Durcheinanderfragen ist dem Erfolg abträglich. Bei einer guten Partnerschaft, die Disziplin erfordert, sind solche Pannen vermeidbar. Je länger ein Einvernahmeteam eingespielt ist, umso eher wird sich bei schwierigen Einvernahmen der Erfolg einstellen.

Die Vorbesprechung ist ein der formellen, zu protokollierenden Vernehmung vorausgehendes informatives Gespräch zwischen dem Beamten und der zu vernehmenden Person über den Vernehmungsgegenstand. Eine richtig geführte Vorbesprechung kann von großem Nutzen sein. Oft kann es aber taktisch klüger sein, keine informellen Vorgespräche vor der Einvernahme zu führen. Manchmal ermöglicht der Ablauf einer Amtshandlung aber auch nichts anderes, wird z.B. der/die Verdächtige auf Grund von Haftbefehlen oder wegen Gefahr im Verzug festgenommen, so kann es schon im Zuge des Transportes vom Ort der Festnahme zum Ort der Verwahrung zu Gesprächen zwischen den Beamten und dem/der Verdächtigen kommen.

Manchmal kann man auch im Interesse einer besseren Verständigung sogar dazu gezwungen sein, vorerst den Sachverhalt mit dem zu Vernehmenden mündlich zu erörtern. Besonders Schwerkriminelle lehnen die Schreibmaschine, den Bleistift, alle von vornherein vorhandenen Formalismen ab und wollen, wenn überhaupt, zuerst in zwanglosen Gesprächen in Kontakt treten. Man muss in diesen Gesprächen auf die Sinnlosigkeit eines Verschweigens aufmerksam machen.

Die Vorbesprechung ist aber keine Plauderei, sondern ein die Vernehmung einleitendes Gespräch. Es sollte deshalb selbstverständlich sein, dass sie sachlich, ruhig und ohne nervöses Drängen geführt wird, um den zu Vernehmenden langsam und sicher dahin zu bringen, wahrheitsgemäß auszusagen. Natürlich kann ein solches Gespräch auch negative Folgen haben. In besonderem Maße gilt dies für Beschuldigtenvernehmungen, vor allem wenn das erste Geständnis über die Lippen kommt und noch keine Möglichkeiten zur Objektivierung einer solchen Aussage gegeben sind. Schriftliche Darstellungen, die vom Verdächtigen selbst erstellt werden, sind ein wichtiger Schritt, um ein Geständnis gegen Widerruf abzusichern.

Niemand weiß, wie lang die Bereitschaft des Vernommenen, sein zunächst mündlich abgelegtes Geständnis bei der Protokollierung zu wiederholen, anhält. Hier ist es erforderlich, sofort zur Protokollierung zu schreiten, auch wenn man schon müde ist.

Für das Ermittlungsergebnis ist auch die Vernehmung zur Person von großer Wichtigkeit. Leider wird diesem Teil des Verhörs nicht immer jene Aufmerksamkeit geschenkt, die ihm zukommen sollte. Manche betrachten die Erhebung zur Person mehr als lästige Formsache und sind nicht mit dem gleichen Interesse dabei wie bei der Erforschung des Sachverhaltes. Offensichtlich fehlt ihnen das richtige Verständnis für das Wesen und die Bedeutung der Vernehmung zur Person. Die Vernehmung zur Person darf nicht allein in der Erhebung der persönlichen Daten bestehen. Sie muss ein Gesamtbild darüber ergeben, was der Betreffende, der in dem gegenwärtigen Verfahren in Erscheinung tritt, für ein Mensch ist und wie er aufgrund seiner Persönlichkeit in Beziehung zur Tat eingeschätzt werden kann. Vielfach verschafft erst das Wissen über die Person des Vernommenen die Möglichkeit, Ermittlungsergebnisse richtig zu würdigen, und eröffnet Gesichtspunkte, die bei der Beurteilung der Aussage, des Tatgeschehens oder der Schuld des Täters unter Umständen von Bedeutung sein können.

Die Vernehmung eines Zeugen zur Person unterliegt gewissen Einschränkungen (StPO, Entschlagungsrechte etc.). Zeugen sind Helfer bei der Wahrheitsfindung und es werden von ihnen nur die notwendigen Angaben über ihre persönlichen Verhältnisse gefordert. Ist der Zeuge mit dem Beschuldigten bekannt, dann lässt sich über Art und Dauer der Beziehung, das Kennenlernen und den Umgang miteinander einiges sagen, was möglicherweise die Bewertung der Aussage erleichtert. Man sollte sich jedenfalls, wo immer es angebracht ist, etwas mehr mit der Person des Zeugen befassen und durch geeignete Fragen vor allem zu ergründen versuchen, ob und in welchem Umfang er selbst in Beziehung zu der Sache oder dem Verdächtigen steht.

Meist sind für die Vernehmung zur Person Formulare in Verwendung, die alle Einzelfragen enthalten, durch deren Beantwortung sich private Verhältnisse klären lassen. Nach den Angaben zu den auf dem Vernehmungsformular enthaltenen Fragen allein lässt sich in der Regel die Persönlichkeit des Beschuldigten nicht im notwendigen Umfang beurteilen. Selbst wenn die Vordrucke gewissenhaft ausgefüllt werden, ergeben sie nur ein oberflächliches, grobes Bild der persönlichen Verhältnisse, das allenfalls bei ausgesprochenen Bagatelldelikten genügt. Von besonderer Bedeutung sind die zu klärenden wirtschaftlichen Verhältnisse. Hier soll nicht nur ein Überblick über Daten, sondern ein gründlicher Einblick in das bisherige Leben, den Werdegang und momentan bestehende Umstände vermittelt werden. Deshalb ist es oft – bei schwerwiegenden Delikten fast immer – unerlässlich, in einer zusätzlichen Vernehmung auf diese Umstände einzugehen. Die Vernehmung zur Person, die den Lebenslauf des Beschuldigten zum Inhalt hat, sollte sich abschnittsweise auf folgende Punkte erstrecken:

Kindheit: Wo und bei wem aufgewachsen; Eltern und deren Beruf; Anzahl der Geschwister und Verhältnis zu ihnen; Lebensbedingungen und Atmosphäre zu Hause; wie war die Erziehung; wurde ein Kindergarten besucht; wurde die Kindheit zum Teil oder ganz in einem Heim, bei Pflegeeltern, Großeltern oder dergleichen verbracht?

Schule: Wann und wo eingeschult; welche Schulen wurden besucht; gerne zur Schule gegangen; mussten

Klassen wiederholt werden und warum; was waren die Lieblingsfächer; wie fielen die Zeugnisse aus; wann und mit welchem Zeugnis aus der Schule entlassen?

Beruf: Welcher Beruf wurde erlernt; wann und wo ist mit der Lehre begonnen worden; wurde der Beruf frei gewählt oder aufgezwungen; Lehrstellenwechsel und Gründe; welche Schulen und Kurse wurden während der Berufsausbildung besucht; wann wurde die Lehrzeit beendet; welche Prüfungen wurden abgelegt und wie war das Ergebnis; der weitere berufliche Werdegang; besuchte Fortbildungskurse; Gründe für Berufswechsel; derzeitige Arbeitsstelle und dort ausgeübte Tätigkeit?

Wirtschaftliche Verhältnisse: Höhe des Verdienstes; Nebeneinkünfte; für wen ist zu sorgen; Verwendung des Einkommens oder des eigenen Taschengeldes; sind Ersparnisse vorhanden; Halten eines Autos; Eigentum an Immobilien; welche Schulden oder sonstige Zahlungsverpflichtungen bestehen?

Wehr- und Kriegsdienst: Zeit und Ort der Ableistung; Einheit; letzter Dienstgrad; Kriegseinsätze; Auszeichnungen; Verwundungen oder Wehrdienstbeschädigungen; Gefangenschaft?

Ehe und Familie: Wann, wo und mit wem die Ehe geschlossen; Verlauf der Ehe; Wohnungsverhältnisse; steht die Ehefrau im Erwerbsleben; gingen Kinder aus der Ehe hervor und wo leben diese; bei geschiedener Ehe Scheidungsgrund?

Hobbys und Neigungen: Welche Bücher werden gelesen und wer sind die Lieblingsautoren; werden Film-, Theater-, Musik- und Sportveranstaltungen besucht und welche Art wird jeweils bevorzugt; wird aktiv Sport betrieben; sonstige Neigungen, z.B. Basteln, Briefmarkensammeln, Tanzen; Mitglied in einem Klub oder Verein; wird Alkohol genossen und geraucht, welche Art und

Mengen; werden Drogen oder andere Rauschmittel eingenommen?

Krankheiten: Erkrankungen von der Kindheit bis jetzt; bestehen organische Leiden; erfolgten Operationen; wurden Unfälle erlitten, ggf. mit welchen Folgen; ist jemand aus der Familie psychisch krank?

Vorstrafen: Frühere Verurteilungen; eingestellte Verfahren; wurden vom Gericht Erziehungsmaßnahmen angeordnet; bestand Führungsaufsicht oder Fürsorgeerziehung; sind derzeit noch andere Strafverfahren anhängig?

Die angeführten Punkte sind weder vollständig, noch wird im Einzelfall alles nach diesem Schema abzufragen sein. Aber im Wesentlichen stellt es das Erforderliche dar, was am häufigsten gefragt und für die Klärung des Falles oder eines Sachverhaltes wichtig ist. Auch für Staatsanwaltschaft, Gericht und die Sache selbst ist diese Checkliste von Bedeutung.

Vernehmung zur Sache – was alles dazugehört

Als Vernehmung zur Sache muss jede Befragung von Beschuldigten und Zeugen bezeichnet werden, die den Gegenstand des Ermittlungsverfahrens zum Inhalt und die Klärung des zu untersuchenden Tatgeschehens zum Ziel hat. Sie beschränkt sich nicht allein auf die Erörterung der Straftat im engeren Sinne. Zur Sache gehört auch die Erforschung sonstiger mit der Tat in irgendeiner Weise zusammenhängender Umstände, die oft nur nebensächlich erscheinen, aber für die Beurteilung des Falles von Bedeutung sind. Das können selbst Fragen über die Person des Beschuldigten sein, soweit diese der Persönlichkeitserforschung dienen und mehr oder weniger aufklärenden Charakter haben. So betrachtet wird man stets von einer

Vernehmung zur Sache sprechen müssen, wenn mehr als nur die Personalien erfragt wird und der Zweck der Vernehmung auf die Feststellung von Tatsachen gerichtet ist.

Bei der Zeugenvernehmung muss über das Zeugnisverweigerungsrecht eine Belehrung erfolgen. Das dem Zeugen eingeräumte Recht auf Verweigerung der Aussage richtet sich nach den Bestimmungen der StPO (Angehörige, im gleichen Haushalt lebende Personen etc.).

Am Beginn der ersten Vernehmung des Beschuldigten ist diesem zu eröffnen, welche Tat ihm zur Last gelegt wird, damit er von Anfang an im Bilde ist und eine Grundlage zur Entscheidung über sein weiteres Verhalten besitzt. Wenn der Verdächtige weiß, was ihm bei der späteren Vernehmung zur Sache konkret zum Vorwurf gemacht wird, ist der Eröffnungspflicht im Rahmen der Belehrungspflicht vorläufig Genüge getan. Man hüte sich vor allem, bei der Eröffnung der Straftat zu viel des eigenen Wissens darüber preiszugeben. Insbesondere wäre es verfehlt, den Verdächtigen vorzeitig mit Einzelheiten des bisherigen Ermittlungsergebnisses vertraut zu machen und das gegen ihn vorliegende Belastungsmaterial aufzudecken. Das wird vom Gesetz nicht verlangt und wäre taktisch äußerst ungeschickt. Wer ohne Notwendigkeit von vornherein von seinen Erkenntnissen zu viel verrät, braucht sich nicht zu wundern, wenn der Verdächtige erkannte Lücken in der Beweisführung zu seinem Vorteil nutzt und sich bei der Vernehmung um Ausreden nicht verlegen zeigt. Am geschicktesten geht der Vernehmende dann vor, wenn er zum Schuldvorwurf nur so viel sagt, dass der Beschuldigte das in Rede stehende Delikt eindeutig erkennen kann, über den Stand der Ermittlung aber im Unklaren bleibt.

Die Vernehmung zur Sache dient dem Zweck, das tatsächliche Wissen des Vernommenen über den zu untersuchenden Vorgang so umfassend wie möglich in Erfahrung zu bringen; denn die Erforschung der Wahrheit ist natürlich im notwendigen Umfang nur möglich, wenn Zeugen und Verdächtige gewillt sind, auch ihrerseits nach bestem Vermögen dazu beizutragen.

Die tiefgründigen Ursachen solcher gutgläubigen Falschaussagen sind in erster Linie in der Persönlichkeit des Zeugen mit allen seinen Schwächen und Eigenarten zu suchen. Der Mensch kann eben nur die Leistungen erbringen, zu denen er nach seinen Fähigkeiten und unter Berücksichtigung seiner geistigen, seelischen und körperlichen Verfassung in der Lage ist. Für die Genauigkeit der Aussage sind insbesondere drei Faktoren maßgebend: Beobachtungsgabe, Gedächtnis, sprachliche Gewandtheit und Ausdrucksweise.

Je mehr Mängel diese aufweisen, desto unzuverlässiger wird zwangsläufig die Bekundung sein. Um der Wahrheit möglichst nahezukommen, muss man sich etwas eingehender mit dem Zeugen befassen und versuchen die in seiner Person liegenden Fehlermöglichkeiten zu erkennen, damit ihnen durch entsprechende Gestaltung der Vernehmung Rechnung getragen werden kann. Nicht nur Zeugenaussagen entsprechen in der Regel dem Willen zur Wahrheit, auch bei den meisten Geständnissen Verdächtiger darf man generell annehmen, dass die bekundeten Tatsachen wahr sind. Wer sich entschließt, sich zu dem gegen ihn erhobenen Schuldvorwurf zu bekennen, weiß, warum er dies tut, und gebraucht keine Ausflüchte. Außerdem wird sich kein geistig normaler Mensch ohne jeden Grund selbst beschuldigen, mit der Folge, zumindest zeitweilig Nachteile für etwas in Kauf nehmen zu müssen, das er in Wirklichkeit nicht getan hat. Wenige Ausnahmen davon bestätigen die Regel, dass die überwiegende Mehrzahl der abgelegten Schuldbekenntnisse, und sei es auch nur in Teilgebieten, als glaubhaft betrachtet werden kann.

Warum jemand gesteht ...

Nach den Erkenntnissen der Psychologie gibt es eine ganze Reihe von Beweggründen, die zum Geständnis führen können (genauer nachzulesen auch im Werk „Vernehmungslehre“ von Störzer, erschienen in der Kriminalistik-Schriftenreihe des BKA Wiesbaden): Gewissensbisse, Reue, Ehrgefühl, Resignation, Liebe, Freundschaft, Religiosität, Prahlsucht, Rache, Hass und Wut kommen da infrage.

Meistens gibt nicht ein Grund allein den Ausschlag. Fast immer wirken beim Entschluss, die Wahrheit zu bekennen, mehrere Motive zusammen; es wäre jedoch falsch, würde man den Mut zur Wahrheit immer auf Lauterkeit und Ehrlichkeit zurückführen. Aufrichtige Reue, Bereitschaft zur Sühne und ehrlicher Wille zur Umkehr sind weit weniger häufig die Triebfeder zum Geständnis, als dies oftmals angenommen wird. In der Regel ist es wohl die Vernunft, die den Verdächtigen zu diesem Schritt veranlasst, weil er sich überführt sieht, keinen Ausweg mehr aus dem Dilemma findet und schließlich erkennt, dass jedes weitere Leugnen zwecklos ist.

Besonders polizei- und gerichtserfahrene Ganoven rechnen sich gut aus, wann ihre Lage es erfordert zu gestehen, um bei der Hauptverhandlung dafür mit einer milderen Strafe belohnt zu werden. Neben den aus Zweckmäßigkeitsgründen abgelegten Geständnissen gibt es auch solche, die auf den jeweiligen inneren Spannungszustand zurückzuführen sind. Manchmal sind ein mehr oder minder starker seelischer Zusammenbruch des Verdächtigen, Resignation vor der drohenden Gefahr der Überführung und mangelnder Verteidigungswille als Ursache für das Eingestehen einer Schuld anzusehen. Mancher ist des ewigen Versteckspielens, der steten Angst vor dem Entdeckt-Werden überdrüssig und sehnt sich endlich nach Ruhe. Oft fehlt auch die notwendige innere Kraft zum Widerstand; das immer mächtiger werdende Schuldgefühl kann ihn dann förmlich zum Geständnis drängen.

Nicht jeder Beschuldigte bringt das Geständnis leicht über die Lippen. Manche haben mit dem inneren Widerstand zu kämpfen, der dem Drang zur Offenbarung der Schuld entgegenwirkt. Sie leugnen bei der Vernehmung, verteidigen sich jedoch derart plump und ungeschickt, dass sie sich eher belasten als vom Schuldvorwurf befreien. Man kann sich des Eindruckes nicht erwehren, dass mit dem Bestreiten von Tatsachen lediglich eine Pflichtaufgabe erfüllt wird, damit das Gesicht gewahrt bleibt, während unterschwellig doch alles zum Geständnis drängt. Bei dieser psychologisch interessanten Erscheinung spricht man vom sogenannten Geständniszwang, gegen den selbst hartgesottene Verbrecher nicht immer gefeit sind. Er wird auf den dauernden Angstzustand zurückgeführt, in dem sich der Verdächtige befindet. Die stete Sorge vor der Gefahr, dass sein Geheimnis entdeckt werden könnte, die Furcht des Gejagten vor dem Jäger können einen Schuldigen förmlich dazu drängen, den quälenden Zustand durch ein Geständnis kurzerhand zu beenden. Nur so ist es zu erklären, warum jemand seine Verfehlung zugibt, obwohl er weiß, dass er sich damit die Bestrafung einhandelt. Man wird aber nicht jedes ungeschickte Leugnen oder Verteidigungsbemühen als einen Ausdruck des Geständniszwanges ansehen dürfen. Es gibt genug schlechte Lügner.

Immer wieder werden aber auch falsche Geständnisse abgelegt, zum Teil in Form von Selbstbeschuldigungen, die bewusst oder unbewusst zu Protokoll gegeben werden und die Ermittlungen beeinflussen können. Während unbewusst falsche Geständnisse in der Regel auf einen vorübergehenden psychischen Ausnahmezustand zurückzuführen sind, lassen sich bei den absichtlich falschen Geständnissen die verschiedensten Beweggründe feststellen. Am häufigsten sind Geltungsbedürfnis, Renommiersucht und Rache die Ursache unwahrer Schuldgeständnisse. In manchen Fällen liegt der Verdacht einer krankhaften geistigen Störung nahe; auch Psychopathen und Alkoholiker legen oft Geständnisse über Straftaten ab, die entweder überhaupt nicht verübt wurden oder für die sie als Täter nicht infrage kommen. Bekannt sind ferner falsche Selbstbezichtigungen von Strafgefangenen, die nur deshalb erfolgen, weil sie sich eine Fluchtmöglichkeit bei der Vorführung erhoffen oder aber in der Vernehmung eine willkommene Abwechslung vom Gefängnisalltag sehen.

Es gibt für den Vernehmungsbeamten jedenfalls Anlass genug, ein Geständnis nicht ohne Weiteres als Tatsache hinzunehmen. Besondere Vorsicht ist geboten, wenn mit dem Geständnis die Beschuldigung einer anderen Person verbunden ist, weil solche Anschuldigungen zwar nicht immer, aber doch häufig aus Rachsucht oder Bosheit erhoben werden. Skepsis und gesundes Misstrauen sind hier immer angebracht. Deshalb sollte es eine Selbstverständlichkeit sein, dass jedes Geständnis, auch wenn es noch so überzeugend vorgebracht worden ist, bis zur letzten Einzelheit sorgfältig überprüft wird. Erst ein auf seine Richtigkeit kontrolliertes und mit dem objektiven Sachverhalt übereinstimmendes Geständnis kann als Beweismittel Anerkennung finden.

Die wenigsten Geständnisse werden spontan abgelegt. Fast immer befindet sich der Verdächtige zunächst in einem inneren Zustand der Zerrissenheit und Unentschlossenheit. Er kämpft noch mit sich selbst und weiß nicht recht, ob er gestehen soll oder ob es nicht doch ratsam wäre, auch weiterhin zu leugnen. Alle Gedanken bewegen sich einzig um die Frage, welche Entscheidung wohl die richtige sein mag, wobei Gefühl und Verstand miteinander oft im Widerstreit liegen. Dieser Zwiespalt bleibt dem Beamten in der Regel nicht verborgen. Selten bringt es jemand fertig, seine Gemütsbewegungen zu unterdrücken und sich so zu beherrschen, dass die innere Erregung nicht erkennbar wird. Der Verdächtige beginnt nervös zu werden, antwortet zerstreut, sein Gesicht ist von Ratlosigkeit gekennzeichnet und in steigendem Maße macht sich eine allgemeine Unruhe bemerkbar. Häufig ist auch zu beobachten, dass der Vernommene plötzlich ruhiger wird und auf Vorhalte, statt sie wie bisher zu bestreiten, schweigt, oder kaum Einwände vorbringt. Diese Erscheinungen sind meistens Zeichen der inneren Spannung und des Kampfes mit dem Gewissen.

Die Signale der Geständnisbereitschaft dürfen dem Vernehmungsbeamten nicht entgehen, weil sie ihm den möglichen Umschwung, die Bereitschaft zum Geständnis, signalisieren. In dieser Situation kommt es besonders darauf an, das Bekenntnis zur Wahrheit nicht durch ungeschicktes Verhalten zu erschweren, sondern dem um seine Entscheidung Ringenden zu helfen. Ob dazu überzeugende Sachbemerkungen oder beruhigende Worte notwendig sind, ob es besser ist, dem Beschuldigten Zeit zum Nachdenken zu lassen oder ihn erst recht mit Vorhaltungen zu bombardieren, kann nur von Fall zu Fall entschieden werden. Eines steht aber fest: Ganz selten darf man sofort die volle Wahrheit erwarten. Vielfach kommt es zunächst nur zu einem Teilgeständnis, das nicht in allen Einzelheiten stimmt und noch von Entschuldigungen durchsetzt ist, um die Tat in einem günstigeren Licht erscheinen zu lassen. Aber auch solche Halbwahrheiten sind schon oft ein Erfolg, stellen sie doch den ersten Schritt zur Preisgabe weiterer Geheimnisse und damit zum vollen Geständnis dar.

Es muss ausdrücklich davor gewarnt werden, bei der Vernehmung aus Gründen der Vereinfachung dem Geständigen die bereits festgestellten Einzelheiten oder von Zeugen bekundeten Tatsachen bekannt zu geben und sich diese von ihm bestätigen zu lassen. Ein solches Verfahren widerspricht allen Regeln der Vernehmungstaktik. Es stellt auch weder eine Erleichterung noch eine Vereinfachung der Vernehmung dar, sondern ist schlechthin unmöglich, weil es die objektive Aufklärung des Sachverhaltes gefährdet.

Oft sind es aber auch nur belanglose Kleinigkeiten, die den Ausschlag für eine Falschaussage geben. So lügen manche, weil sie Angst vor der Rache des Verdächtigen haben, andere, weil sie nicht als Zeugen auftreten wollen, wieder andere, weil sie nichts mit der Polizei zu tun haben möchten, zu bequem sind, überhaupt zur Vernehmung zu erscheinen und so weiter. Solche Zeugen behaupten einfach wahrheitswidrig, dass sie zur Sache keine Angaben machen könnten. Schließlich müssen in diesem Zusammenhang noch die pathologischen Lügner erwähnt werden, die aus einem krankhaften Bedürfnis heraus schwindeln. Diese vermögen sich so in ihre Fantasiegebilde hineinzuversetzen, dass sie selbst daran glauben und kaum mehr Wahrheit von Unwahrheit unterscheiden können.

Dass sich Verdächtige bei ihrer Vernehmung gern in die Unwahrheit flüchten, ist schon beinahe eine Selbstverständlichkeit; denn sie benutzen die Lüge zur Verteidigung. Wahrscheinlich sind es sogar die meisten Straftäter, die in einer Art Selbstverteidigung zunächst immer versuchen, durch Leugnen der Schuld ihre Überführung zu verhindern und damit der Bestrafung zu entgehen. Daneben gibt es aber auch noch andere Motive des Leugnens, wie falsche Scham, Ehrgefühl, Verpflichtungen anderen gegenüber, Rache, Hass, Fanatismus, Stolz usw. Es gibt aber auch den krankhaften Lügner, der aus Prinzip lügt.

Eines der heikelsten Probleme bei der Vernehmung lügender Zeugen besteht darin, überhaupt zu erkennen, dass bewusst die Unwahrheit zu Protokoll gegeben wird. Nicht jede vorgebrachte Unwahrheit ist leicht durchschaubar und Lügen haben durchaus nicht so kurze Beine, wie ein Sprichwort glauben machen möchte. Manche Menschen verstehen es, überzeugend zu lügen, sodass niemand daran denkt, an ihrer Glaubwürdigkeit zu zweifeln. Einem aufmerksamen Beobachter mit wachem Verstand fallen aber meist winzige Ungereimtheiten auf, die nicht so recht in das allgemeine Bild passen wollen und Misstrauen erregen. Mit Skepsis müssen natürlich stets die Bekundungen solcher Zeugen aufgenommen werden, bei denen irgendwelche Beziehungen zur Person des Verdächtigten oder zur Sache bestehen. In solchen Fällen ist nie auszuschließen, dass einseitig Partei ergriffen und dann von der Wahrheit abgewichen wird.

Wo auch immer Zweifel an der Glaubwürdigkeit eines Zeugen auftreten, muss zunächst nach bestem Vermögen versucht werden, den Wahrheitsgehalt der Aussage zu überprüfen. Dazu sollte man den Vernommenen möglichst viele Einzelheiten schildern lassen und während der Aussprache sein Verhalten sorgfältig beobachten – Maßnahmen, die an sich bei jeder Vernehmung zu empfehlen sind. Meistens lassen sich auf diese Weise brauchbare Erkenntnisse über die Einstellung und Aufrichtigkeit des Zeugen gewinnen. Man kann auch in die Vernehmung Fragen über feststehende, jedoch nebensächliche, unwichtige Tatsachen mit einstreuen und aus der richtigen oder falschen Antwort auf die Glaubwürdigkeit insgesamt schließen. Allerdings ist dabei zu berücksichtigen, dass selbst wahrheitsliebende Menschen unter Umständen auf solche Fragen eine falsche Antwort geben können, wenn die betreffende Tatsache nicht richtig in ihrem Gedächtnis haften blieb.

Im Übrigen sollten Zeugen, bei denen der Verdacht besteht, dass sie sich nicht an die Wahrheit halten, in einem offen geführten Gespräch auf die Bedeutung ihrer Erklärung und die Folgen einer Falschaussage hingewiesen werden. Manch einer wird die Worte des Vernehmers beherzigen.

Hinsichtlich eines leugnenden Verdächtigen bedarf es aller Register der Vernehmungskunst und der in der Praxis erprobten Ratschläge, die in den allgemein taktischen Grundsätzen sowie in zahlreichen Einzelhinweisen enthalten sind. An einer Tatsache kann aber wegen ihrer Bedeutung nicht vorbeigegangen werden: Wenn der Verdächtige nicht von selbst den Mut zur Wahrheit findet, dann wird ein weit ausholendes, eingehendes Verhör mehr denn je zur zwingenden Notwendigkeit.

Nur durch Besprechung des Sachverhaltes in seiner ganzen Breite, durch schrittweises Vorgehen und zahlreiche Fragen kommt man ans Ziel. Wer den leugnenden Verdächtigen nicht einem ausführlichen Verhör unterzieht und sich lediglich damit begnügt, die bestrittenen Tatsachen in wenigen Sätzen zu protokollieren, der macht es sich allzu leicht und handelt verantwortungslos.

Häufig stellt sich der Erfolg erst nach einer langen Vernehmungszeit ein, die zumindest eine Nervenbelastung für den Verdächtigen bedeutet und ihn seiner Sicherheit beraubt. Wenn er seine Felle davonschwimmen sieht, weil ihm in Vorhalten eine Lüge nach der anderen widerlegt wird, entschließt er sich nicht selten schon aus Zweckmäßigkeitsgründen zu einem Geständnis, das bei einer geringeren Ausdauer des Vernehmenden wahrscheinlich nicht zustande gekommen wäre. Freilich ist auch dann noch nicht sicher, dass auf jede Frage eine ehrliche Antwort erteilt wird. Verschiedentlich hält der Vernommene noch mit der Wahrheit zurück. Bei ausweichenden Erklärungen und offensichtlichen Lügen muss jedenfalls versucht werden, durch Ergänzungsfragen und Vorhalte eine Korrektur der Aussage zu erlangen. Man kann natürlich auf Unwahrheiten auch absichtlich nicht reagieren, den Verdächtigen ruhig lügen lassen und so tun, als wäre der Schwindel nicht bemerkt worden. Wenn ihm das dann im richtig gewählten Moment in aller Deutlichkeit vorgehalten wird, ist die Katastrophenstimmung bei ihm umso größer.

Eine andere Methode besteht darin, auf eine unwahre Antwort nicht einzugehen und die vorausgegangene Frage mit uninteressierter Miene zu wiederholen. Die nochmalige Aufforderung zur Antwort, der Blick und das ganze Verhalten des Beamten sollen dem Verdächtigen deutlich machen, dass die Unwahrheit als solche erkannt worden ist und eine Berichtigung der Aussage erwartet wird. Oft wird unter diesen Umständen von einer Wiederholung der Lüge Abstand genommen, weil der Vernommene einsieht, dass sich der Beamte nicht so leicht hinters Licht führen lässt.

Welche Taktik aber letztlich die richtige ist, um den leugnenden Verdächtigen die Wahrheit zu entlocken, das bleibt allein dem Urteil des Vernehmenden im Einzelfall überlassen, der sich dabei nur auf seine Erfahrungen, seinen gesunden Menschenverstand und das berühmte Fingerspitzengefühl verlassen kann.

Gelegentlich müssen bei der Vernehmung von Verdächtigen und Zeugen Dinge angesprochen werden, die in weiten Kreisen der Gesellschaft einem gewissen Tabu unterliegen und deren Erörterung den Beteiligten mehr oder weniger peinlich ist. Es sind dies Angelegenheiten aus dem Bereich der Intimsphäre, über die man im Allgemeinen und besonders mit fremden Menschen, wie dem Vernehmenden, ungern spricht. Man kann dies zwar verstehen, mögen die Angelegenheit noch so heikel und das Gespräch darüber noch so peinlich sein, wenn es zur Wahrheitsfindung notwendig ist, dürfen auch die unangenehmsten Dinge nicht unerörtert bleiben. Wenn zur Klärung des Sachverhaltes Fragen über das Intimleben oder sexuelle Vorgänge notwendig sind, hilft kein Zaudern, sie müssen gestellt werden. Falsche Scham und unangebrachte Rücksichtnahme im Hinblick auf die Aufklärungspflicht sind sogar verantwortungslos. Wenn eine genaue Sachverhaltsschilderung erfolgen muss, dann gibt es nur den Weg der Offenheit.

Das verlangt vom Befragenden natürlich ein korrektes Auftreten, welches zum Ausdruck bringt, dass die Erörterung der Dinge keinesfalls zur Befriedigung der persönlichen Neugierde dient, sondern zur Klärung der Angelegenheit unumgänglich notwendig ist. Nicht jeder Verdächtige oder Zeuge wird bei Fragen über intime Vorgänge die erwünschte Aufgeschlossenheit zeigen und mit der gleichen Offenheit antworten. Das Verhalten des Einzelnen ist weitgehend von der Persönlichkeit, der Erziehung, dem Alter und nicht zuletzt dem Milieu abhängig, in dem sich der Vernommene bewegt. Männer zeigen in der Regel weniger Hemmungen als Frauen, die sensibler sind und denen es schwer fällt, sich einem Fremden gegenüber über Vorgänge und Ereignisse intimer Art zu äußern. Selbst Prostituierte sind bei Gesprächen solchen Inhalts oft zurückhaltender und sprechen nicht so ungezwungen darüber, wie man dies nach ihrer sonstigen Lebensauffassung erwarten könnte. In solchen Gesprächen muss durch Zwischenfragen und Formulierungshilfen seitens des fragenden Beamten vorgegangen werden. Nach Möglichkeit sollte die Vernehmung weiblicher Personen über sexuelle Angelegenheiten von Frauen vorgenommen werden. Den Ausschlag für die zu wählende Ausdrucksweise bei der Vernehmung gibt immer die Persönlichkeit des Verdächtigen oder Zeugen. Man sollte über intime Dinge offen und klar reden, dabei aber stets allgemeinverständliche, gesellschaftsfähige Worte gebrauchen. Am besten ist immer noch, sich der Ausdrucksweise des Vernommenen anzupassen und die Formulierungen zu wählen, die seinem eigenen Sprachschatz entsprechen.

Das Problem der Suggestivfragen

Als eines der interessantesten Themen im Rahmen der Vernehmungstechnik und -taktik darf das der Suggestion beim Verhör im Allgemeinen und der Suggestivfragen im Besonderen bezeichnet werden. Vor allem Psychologen befassten sich eingehend mit der gesamten Problematik der suggestiven Beeinflussung von Verdächtigten und Zeugen.

Der Begriff „Suggestion“ bedeutet Beeinflussung des Seelischen, gezieltes Erwecken bestimmter Vorstellungen und Ansprechen des Gefühlslebens, also etwa die Beeinflussung von Gefühlen, Urteilen und Willensentschlüssen bei sich selbst (Autosuggestion) oder bei anderen Menschen (Fremdsuggestion). Auf das Gebiet der Vernehmung angewandt könnte man als Suggestion das Übertragen unsachlicher oder fremder Vorstellungen, Gedanken und Auffassungen auf den Vernommenen bezeichnen, Einwirkungen auf seine Psyche also, die ihn dazu veranlassen, ungewollt und unbewusst anders auszusagen, als er es ohne den suggestiven Einfluss getan hätte. Eine solche Wirkung geht zweifellos von Fragen aus, die ihrem Wortlaut nach schon eine bestimmte Antwort enthalten und nahelegen oder Dinge voraussetzen, die noch keineswegs feststehen. Dabei ist der unter dem Einfluss einer Suggestivfrage stehende Vernommene felsenfest davon überzeugt, dass die von ihm gegebene Antwort ausschließlich aus seinem eigenen Wissen heraus erfolgt ist. Er ahnt die Beeinflussung dabei nicht; Möglichkeiten der Beeinflussung gibt es viele. Über die Zulässigkeit und Verwendung von Suggestivfragen in der Praxis bestehen sehr unterschiedliche Auffassungen.

Psychologen stehen, soweit sie sich eingehend mit den Zusammenhängen zwischen Aussageirrtum und Suggestion befasst haben, überwiegend auf dem Standpunkt, dass Suggestivfragen wegen ihres Einflusses auf den Vernommenen und dessen Aussage unter allen Umständen vermieden werden müssen. Erfahrene Praktiker vertreten dagegen größtenteils die Meinung, solche Fragen seien nicht nur unvermeidbar, sondern sogar erlaubt und manchmal geradezu von Vorteil (ein Mordverdächtiger, der den Mord noch gar nicht gestanden hat, beantwortet die Frage, wo er die Leiche versteckt hat, vielleicht eher als die Frage, ob er getötet hat). Trotz des bestehenden Widerstreites darüber, ob Suggestivfragen bei der Vernehmung Verwendung finden dürfen oder nicht, ist die rechtliche Zulässigkeit absolut unbestritten, soweit die Art der Fragestellung im Rahmen der erlaubten Maßnahmen bleibt. Jeder Vernehmungsbeamte mit praktischer Erfahrung weiß, dass die Formulierung einer Frage und die Art, wie sie gestellt wird, Einfluss auf die Antwort haben können.

So unterliegt es keinem Zweifel, dass Suggestivfragen im Allgemeinen eine gewisse Gefährlichkeit anhaftet, die darin besteht, dass sie unbewusst die Wahrheit verfälschen können. Die Suggestibilität ist zumeist von der Intelligenz und Wachsamkeit der Befragten abhängig. Ein normal gebildeter Mensch mit Geist und Verstand lässt sich nicht so leicht überrumpeln und durch Fangfragen zu unwahren Angaben verleiten. Ängstliche, nervöse, unsichere und geistig unselbstständige Personen unterliegen jedoch leicht suggestiven Einflüssen und geben dann möglicherweise bei der Vernehmung Erklärungen ab, die nicht dem eigenen Wissen entsprechen. Die Wahrscheinlichkeit dafür ist umso größer, je unsicherer oder mangelhafter die Erinnerung des Befragten ist.

Es hieße, „das Kind mit dem Bad auszuschütten", würde man die Verwendung von Suggestivfragen bei der Vernehmung für falsch erklären und rundweg ablehnen. Bei Kindern, Jugendlichen, Psychopathen und anderen offensichtlich stark suggestiblen Personen, zu denen auch manche Frauen gezählt werden müssen, sollte man gänzlich darauf verzichten, da hier die Gefahr der Beeinflussung und somit der Abweichung von der Wahrheit besonders groß ist.

Bei Verdächtigteneinvernahmen kann eine suggestiv gestellte Frage einen wichtigen Schritt auf dem Weg zum Geständnis darstellen. Auf den seelisch erschütterten, mit sich selbst noch kämpfenden Verdächtigen wirken hart klingende Worte wie „umbringen", „vergewaltigen", „rauben" und „einbrechen" möglicherweise wie Keulenschläge und können seine bevorstehende Geständnisbereitschaft zum Wanken bringen. Wenn dagegen ruhig und in menschlicher Weise zunächst die Frage nach dem „Warum" gestellt wird, ob es denn gar keinen anderen Ausweg gab, ob er wirklich so in Not war, dass ihm nur diese Tat blieb, dann ist dies häufig der erste Anstoß zum Bekenntnis.

Ausführlicheres über besondere Vernehmungen kann auch im Buch „Inside Interviewing" von James Holstein nachgelesen werden. Eine eingehendere Beschäftigung damit würde den Rahmen des Buches sprengen.

Was die Vernehmung von Kindern und Jugendlichen mehr oder weniger problematisch macht, ist genau genommen die Tatsache, dass deren Psyche zum Teil beträchtlich von jener der Erwachsenen abweicht. Junge Menschen, deren körperliche und geistige Entwicklung noch nicht abgeschlossen ist, können und dürfen nicht mit den sonst gültigen Maßstäben gemessen werden. Ihr Verhalten, ihre Wesensart und die Gefühlswelt, in der sie leben, unterliegen eigenen Gesetzen, die sich der verstandesmäßigen Beurteilung durch Erwachsene weitgehend entziehen. Diese Eigenheit macht es notwendig, bei der Vernehmung von Kindern und Jugendlichen viel psychologisches Verständnis und Einfühlungsvermögen aufzuwenden, um die besonderen Schwierigkeiten zu überwinden. Kinder und Jugendliche öffnen nicht jedem ihr Herz und ihr Vertrauen muss meist erst erworben werden. Takt, Geduld, ruhige Sachlichkeit und gezeigtes Verständnis verfehlen selten ihre Wirkung.

Kinder besitzen in der Regel ein ausgeprägtes Schamgefühl und auch Jugendliche sind nicht so unempfindlich, wie man nach dem äußeren Eindruck oft annehmen möchte. Unangenehme und peinliche Fragen, die das allgemeine sittliche Empfinden berühren, müssen deshalb mit besonderem Taktgefühl gestellt werden. Die Aussagen von Kindern und Jugendlichen sind grundsätzlich nicht weniger brauchbar als die von Erwachsenen, sie müssen nur kritischer gewürdigt werden.

Getreu dem Grundsatz, dass die Anwesenheit Dritter bei der Vernehmung ein wesentlicher Störfaktor ist, sollen Kinder und Jugendliche prinzipiell allein und nicht in Gegenwart der Eltern oder Erziehungsberechtigten angehört werden.

Generell kann davon ausgegangen werden, dass Kinder vom 3. bis 4. Lebensjahr nur kleine, einzelne Auskünfte geben können. Vom 4. bis 7. Lebensjahr kann man sich auf ihre guten Beobachtungen von Einzelheiten, jedoch nicht auf komplexe Wahrnehmungen beziehen. Zwischen dem 7. und 12. Lebensjahr können Kinder schon als „gute, unvoreingenommene Zeugen" bezeichnet werden, allerdings besteht hier die Neigung zum Fabulieren. Ein problematisches Alter ist die Pubertät.

Werden Kinder als Verdächtige vernommen, sind die Vorschriften der Strafprozessordnung zu beachten, die bei Einvernahmen von Kindern die Anwesenheit einer Vertrauensperson oder der Eltern vorschreiben.

Auch Frauen sind weder bessere noch schlechtere Zeugen als Männer, Kinder und Jugendliche. Sie nehmen einiges besser wahr, anderes dafür wiederum schlechter. Vor allem auf dem Gebiet ihres ureigensten Interesses, das sie besonders stark beschäftigt, muss manchmal mit Erstaunen festgestellt werden, wie aufmerksam und gründlich eine Frau zu beobachten und Erlebtes in ihrem Gedächtnis zu bewahren vermag. Manche Praktiker meinen, dass die starke Erregbarkeit vieler Frauen auf Reize und ihre gefühlsbetonte Lebensart Stimmungsschwankungen auslösen können, die für ihr Verhalten von wesentlicher Bedeutung sind. Je nach augenblicklicher Verfassung zeigen sie sich aufgeschlossener und freundlicher oder aber reserviert, launisch und mürrisch. Vor allem Menstruation, Schwangerschaft und Klimakterium mit ihren körperlichen und seelischen Belastungen bleiben nicht ohne Auswirkung. Sie bewirken meist einen spannungsgeladenen Zustand, der beim geringsten Anlass explosionsartig zur Entladung kommen kann.

Aus dem Wunsch heraus, sich möglichst gegen alle Eventualitäten abzusichern, wird immer wieder der Rat erteilt, niemals eine Frau allein und ohne Zeugen zu vernehmen. Man begründet dies mit der bei jeder Vernehmung bestehenden Gefahr möglicher Differenzen, Spannungen und Erregungen, die Vernommene veranlassen könnten, aus Bosheit, Hysterie oder anderen Gründen zu versuchen, dem Vernehmer persönliche Schwierigkeiten zu bereiten, indem sie behaupten, von ihm unsittlich belästigt worden zu sein. Es wird daher empfohlen, wie bei Festnahmen, Durchsuchungen und Transporten, auch bei der Vernehmung von Frauen einen zweiten Beamten, eine Beamtin oder eine Schreibkraft hinzuzuziehen, die gewissermaßen als neutrale Person zu fungieren und ggf. später das untadelige Verhalten des Vernehmenden zu bezeugen hätten. Wenn dafür niemand zur Verfügung steht, so ist zumindest die Tür zum Nachbarzimmer offen stehen zu lassen, damit die dort tätigen Kollegen und Kolleginnen als Zeugen agieren können.

Fragetechnik – Wissenschaft oder Kunst?

Ein wichtiger Bestandteil der Vernehmungskunde – manche nennen es auch hochtrabend „Wissenschaft der Einvernahme“ – ist die Technik des Fragens. Das Wort Technik verleitet dazu, ein sehr striktes logisches Regelwerk zu vermuten, das, einmal „auswendig“ gelernt, jeden dazu befähigt, durch richtiges Fragen rasch und sicher zum Ziel zu gelangen. Aber grundlegende Kenntnis der Psychologie, die ebenfalls Teil der Vernehmungskunde ist, stellt das notwendige Fundament dar, auf dem *richtiges* Fragen überhaupt erfolgreich angewendet werden kann. Erst

Kenntnisse der Psychologie, mögen diese aus Erfahrung und/oder aus dem Studium kommen, geben Auskunft darüber, wann, welche Person, in welcher Stimmung, zu welchem Thema für welche Frage offen ist.

Die Technik des Fragens ist ein beliebtes Fach in Verhandlungs-, Verkauf-, Führungs- und Managementseminaren. In vielen dieser Bereiche ist das richtige Fragen zur Manipulationstechnik mutiert. „Wer fragt, der führt!" ist der Merksatz und „Wer führt, der gewinnt!" der logische Schluss daraus. Und wer will nicht führen und vor allem gewinnen?! Heute werden Ärztinnen, Finanzberatern, ja fast allen, die mit Kunden zu tun haben, Frageseminare angedient. Das ist prinzipiell auch sinnvoll, denn es geht innerhalb demokratischer Verhältnisse tatsächlich darum, die Bedürfnisse von Kunden, Patientinnen und Antragstellern zu erfassen, um schnell und effektiv helfen zu können. Beraterinnen und Therapeuten müssen sich mit der Wirkung von Fragen befassen, denn in diesen Berufen ist das Fragen das wichtigste Instrument, der wichtigste Hebel, um gewollte Veränderungen zu erwirken. Auch im Alltag ist es für jeden nützlich zu wissen, wie man Fragen stellt.

Fragen sind die bedeutendsten Elemente einer gelingenden Kommunikation. Außer vielleicht, wenn es um die reine Weitergabe eines Befehles oder einer Anordnung geht. Aber auch hier hat sich die Frage „Haben Sie mich verstanden?" oder „Wissen Sie, was ich von Ihnen will?" als vorteilhaft herausgestellt und auch im Allgemeinen durchgesetzt. *Richtige* Fragen zu stellen, ist die wahre Kunst, denn die Aufgaben und Ziele, die etwa ein Coach oder Trainer, eine Mediatorin oder eine Polizistin hat, sind unterschiedlich. Ein guter Coach stellt Fragen, die es dem Klienten ermöglichen, für sich selbst richtige Lösungen zu erarbeiten. Ein Coach sollte ja kaum einen Rat geben. Eine Scheidungsmediation zielt darauf ab, dass es zwei Menschen in der Zukunft gelingt, beispielsweise die Obsorge des gemeinsamen Kindes gut zu gestalten und Streit zu vermeiden. Auch hier wird bei professionellem Vorgehen hauptsächlich *gefragt* und kein Rat gegeben. Interessanterweise ist es für die Klärung diese Frage gar nicht so wichtig, *warum* die beiden sich scheiden lassen wollen. Die *Wahrheit* der Mediation liegt in der *Zukunft*. Hier wird gefragt, um die Beteiligten zu *neuen* Lösungen zu inspirieren. Anders ist es beim Kriminalfall, da liegt die *Wahrheit* in der *Vergangenheit* und diese zu erforschen, ist die ureigenste Aufgabe von Polizei und Gericht. Hier geht es auch darum, jemanden zu überführen, und daher müssen auch andere Fragen formuliert und gestellt werden.

Bei der Polizei und am Gericht, für jene Personen also, die mit Verhören zu tun haben, sollten die wesentlichen Bestandteile der Fragetechnik zum allgemeinen Rüstzeug gehören. Bevor ich im Detail auf die wichtigsten Frageformen und die daraus zu erzielende Wirkung eingehe, sollte über die meist unangenehme Wirkung, die von Fragen fast grundsätzlich ausgeht, nachgedacht werden.

Der Psychotherapeut Aron Ronald Bodenheimer hat in einem kleinen Büchlein von der „Obszönität des Fragens" gesprochen. Er meint damit die Schamlosigkeit, die mit der Frage einhergeht, und das Gefühl der Scham, das sich in Folge oft bei der befragten Person einstellt.

Fragen haben sehr häufig den Beigeschmack einer Machtdemonstration, selbst die bohrenden Fragen kleiner Kinder werden von den Eltern als Bedrängnis empfunden. Fragen sind wie Waffen und auf Fragen reagieren wir meistens mit Abwehr. Zu den bedrohlichsten Fragen gehört die Warum-Frage: „Warum hast du das gemacht?" Zeit unseres Lebens werden wir von dieser Frage gequält. Von der fast existenziellen Bedrohung, die von der Warum-Frage ausgeht, soll hier noch die Rede sein und auch wie man sie professionell umgehen kann.

Wenn wir uns zurückerinnern, in welchen Situationen Fragen an uns gerichtet wurden, so waren es in Kindheit und Jugend fast ausschließlich Kontrollfragen: Wann bist du nach Hause gekommen? Hast du deine Aufgaben gemacht? Hast du aufgegessen? Usw. Hinter den meisten dieser Fragen stand eben kein echt empfundenes Interesse an uns, unseren Wünschen oder Interessen. Dann kam die Zeit der Prüfungsfragen. Die allermeisten Fragen, die wir in der Schule gestellt bekommen, sind Fragen, deren Nichtbeantwortung uns blamiert, schadenfrohes Gelächter konkurrierender Schulkollegen auslöst, schlechte Noten einbringt und schlimmstenfalls sogar einen gewaltigen Einschnitt in unserem Leben darstellt, wie eben das „Sitzenbleiben“ in der Schule – ein Jahr verlieren! In den ersten 14 bis 18 Jahren wurden wir alle ständig mit Fragen gequält. Oft schämten wir uns im stressigen Schulalltag sogar dafür, Fragen zu stellen, sie waren wieder Zeugen unseres Nichtwissens, selten wurden sie als Interesse ausgelegt. Man sollte sich diese Erfahrungen in Erinnerung rufen, um zu verstehen, weshalb Fragen immer eine Bedrohung darstellen.

In den herkömmlichen Fragetechnikunterlagen steht zu lesen, dass eine *offene* Frage jene ist, die man *nicht* mit Ja oder Nein beantworten kann, also eine Frage, auf die eine längere, ausführliche Antwort notwendig ist. Was dabei meistens vergessen wird, ist aber ein Wesensmerkmal der offenen Frage – eben nicht der geschlossenen. Eine Frage ist nur dann wirklich offen, wenn die fragende Person die Antwort *nicht* kennt, im besten Fall wirklich neugierig auf die Antwort ist. Aus dieser Definition wird ersichtlich, dass die meisten Fragen, die wir in der Schule gestellt bekommen, eben keine offenen Fragen sind, obwohl sie nicht mit Ja oder Nein beantwortet werden können. Prüfungsfragen sind klassische *geschlossene* Fragen, weil die Lehrperson ganz genau weiß, was sie hören will, manchmal sogar wortwörtlich.

Übrigens ist es ein Irrtum zu glauben, man könne jede Frage unbefangen mit Ja oder Nein beantworten. Davon handelt eine nette Gerichtssaalanekdote: Ein Angeklagter möchte auf eine einfache geschlossene Frage nicht mit Ja oder Nein antworten. Der Richter sagt: „Auf *jede* Frage kann man mit Ja oder Nein antworten." Daraufhin fragt der Angeklagte: „Wenn das so ist, dann sagen Sie mir, Herr Rat, haben Sie schon aufgehört Ihre Frau zu schlagen?" Was soll der Richter antworten?

Bei den meisten Fragen in der Schule ist das Nichtwissen übrigens mit Scham verbunden. Es gibt aber ebenso Situationen, in denen das positive Wissen Anlass zur Scham gibt. Die Schutzantwort aller Kinder lautet: „Weiß nicht." Wenn man etwas weiß, kann das auch Gefahr bedeuten. Wieso weiß man es und von wem? Darf ich das eigentlich wissen? Interessanterweise wird das Nichtwissen als unschuldig bezeichnet, die Schuld in der Bibel kam mit dem Wissen. Adam hat vom Baum der Erkenntnis gegessen und machte sich damit schuldig. Wer weiß, ist schuldig! Am wenigsten verstrickt ist nur, wer wenig oder besser gar nichts weiß. Die fatale Situation, am bedrohlichsten empfunden von Kleinen und Jugendlichen, besteht gerade darin, nicht zu wissen, ob man wissen soll oder nicht.

Die fragende Person erhebt augenblicklich einen Machtanspruch: „Wer stellt hier die Fragen!?" Allein diese Frage sichert die Hegemonie. Es ist doch erstaunlich, dass wir faktisch unfähig sind, auf eine Frage *nicht* zu antworten.

Von einem, der sich schämt, sagt man, er habe sein Gesicht verloren. Charles Darwin schrieb: „Das Erröten ist die eigentümlichste und menschlichste aller Ausdrucksformen (...) Wir können Lachen durch Kitzeln (...), Weinen oder Schmerzen durch einen Schlag verursachen (...); wir können aber ein Erröten durch kein physikalisches Mittel, d.h. durch Einwirken auf den Körper verursachen. Es ist der Geist, welcher affiziert sein muss."

Das ist übrigens die positive Kehrseite der Frage im Allgemeinen. Eine gute offene Frage geht direkt ins Hirn – oder in den Geist, wie man es auch nennen will. Auf eine gute Frage hin *müssen* wir nachdenken.

Wir sehen, dass die meisten Menschen aus ihrer persönlichen Lerngeschichte kein ungetrübtes Verhältnis zu Fragen entwickeln konnten. Fragen sind wie eine Invasion, eine Kolonialisierung. Dieses Grundverständnis sollte das Fundament sein, auf dem ausgefeilte Fragetechniken nachhaltig wirken können.

Die stärkste Verunsicherung geht von der Warum-Frage aus, das ist eigenartig, ist sie doch eine offene und ganz unbestimmte Frage. Wir stehen ihr oft mit größtem Unverständnis gegenüber, ja empfinden sie gar als eine existenzielle Bedrohung. Fast klingt sie so wie: „Warum bist du eigentlich auf der Welt?" Auch hier ist es sinnvoll, an kleine Kinder zu denken, an die eigenen, wenn man welche hat, oder man kann sich gedanklich in die eigene Kindheit zurückversetzen. Das meiste, was kleine Menschen tun, geschieht spontan, sie haben zwar diffuse Motive, aber diese sind ihnen nicht bewusst. Kinder wollen darüber weder nachsinnen noch Auskunft geben. Die Paradeantwort meiner Kinder, wenn man sie fragte, warum sie etwas getan haben, war: „So halt!", oder im Kinderslang: „Halt so!"

Wir wissen, dass es eine ungeheure Einschränkung im Bewusstsein von Souveränität über das eigene Handeln bedeuten kann, über alles, was man tut, Rechenschaft abzulegen – auch sich selbst gegenüber. „Sei doch spontan!" ist der Appell an *freies* Handeln. Die Warum-hast-du-das-getan-Frage stellt diese Souveränität infrage.

Ich bin weit davon entfernt, die Warum-Frage grundsätzlich für unvernünftig zu halten. Ebenso wie die Frage nach den Beweggründen des jeweilig eigenen Handelns sinnvoll sein kann. Viel zu selten stellt man sie sich selbst. Ich will nur daran erinnern, dass diese Frage eben als extrem unangenehm empfunden werden kann. Auch weil sie einen mehr oder weniger gewalttätigen Einbruch in die Intimsphäre darstellt. Am liebsten würden wir antworten: „Was geht das Sie an?!" Kleinen Kindern und auch Erwachsenen, die gerade wie Kinder denken und fühlen, also in der Regression befangen sind, kommt die Warum-hast-du-das-getan-Frage überdies auch so unnötig bis absurd vor, weil sie annehmen, dass sowieso jeder weiß, warum sie es getan haben, also dass ihre Motive ohnehin offenliegen. Kleinkinder gehen ungefähr bis zum Alter von zwei Jahren davon aus, dass die Mutter (Vater oder Bezugsperson) alles weiß, was sie selbst wissen. Über die *theory of mind* habe ich in meinem Beitrag zum Kapitel „Der Exhibitionist" auch geschrieben. Wenn also eine Bezugsperson etwas fragt, was sie eigentlich weiß oder wissen müsste, wandelt sich diese Frage wieder zu einer Prüfungsfrage. „Ich weiß sowieso, warum du das getan hast, aber ich möchte es von dir selbst wissen." So beschämen wir unsere Kinder, so wurden wir selbst beschämt und ähnliche Gefühle werden wach, wenn wir etwas gefragt werden.

Dazu kommt, dass die Warum-Frage viel zu unpräzise ist und viele Antworten zulässt, unter denen wir nun eine auszuwählen haben. Denn meistens haben wir für unser Tun mehrere Motive und also auch Gründe. Im österreichischen Deutsch wird, das kommt verschärfend zur geringen Präzision hinzu, kaum zwischen *Warum* und

Wozu unterschieden. Wenn man einen Bankräuber fragt, warum er denn die Bank ausgeraubt habe, kann er antworten: „Weil ich arm bin" *oder* „Weil ich Geld gebraucht habe." Und auf die Frage, warum er Geld brauche, kann er wieder antworten, weil er eben arm sei. Wir bewegen uns im Kreis. Das Fragewort *„warum"* zielt in die Vergangenheit, zum eigentlichen Grund. Im obigen Beispiel ist das die Armut. Das Fragewort *„wozu"* zielt in die Zukunft. Wenn ein Polizist wissen möchte, was ein Bankräuber mit dem erbeuteten Geld anzufangen gedenkt, müsste er eigentlich fragen: „*Wozu* haben Sie die Bank ausgeraubt?"

Es gibt eine Reihe von Möglichkeiten, die Warum-Frage durch sehr genaue Formulierungen zu ersetzen. Präzise verfasste Fragen verlieren ihre Bedrohlichkeit. Die befragte Person weiß genau, worauf die fragende Person hinaus will, und kann nun dementsprechend antworten.

„In welcher Lebenslage befanden Sie sich, als der Entschluss fiel, eine Bank auszurauben?", „Welche Sorgen plagten Sie? Welche Überlegungen stellten Sie an? Mit welchen Erwartungen gingen Sie an die Durchführung?", usw.

Präzise Formulierungen gelingen aber nur dann, wenn die befragende Person weiß, was sie wirklich wissen möchte. Insofern stellt die übliche Warum-Frage stets eine Notlösung dar. Wenn ich kein Konzept habe und nicht mehr weiter weiß, frage ich: „Warum?", der Rest wird sich wohl schon ergeben.

Bevor eine Polizistin oder ein Staatsanwalt an die Durchführung eines Verhörs oder einer Einvernahme geht, sollten folgende oder ähnliche Fragen geklärt werden:

Wen habe ich vor mir? Einen Zeugen, eine Verdächtigte? Hat die Person ein Interesse, die Wahrheit zu sagen, oder eher ein Interesse daran, dass die Wahrheit nicht ans

Tageslicht kommt? Schon diese Einteilung ist ungenau, denn nicht jeder Zeuge muss glaubhaft sein, er könnte den Verdächtigten schützen wollen. Aussagen von verdächtigen Personen enthalten meistens Teilwahrheiten, die man von den Falschaussagen trennen muss. Und auch volle Geständnisse enthalten oft Falschaussagen, etwa um einen Komplizen zu schützen oder mit hineinzuziehen.

Was *möchte* ich wissen oder was *muss* ich wissen? Welche Frage befriedigt *nur* meine Neugier und welche Frage bringt mich dem Verständnis oder der Aufklärung eines Sachverhalts näher? Darauf sollte man Bedacht nehmen, denn alle gestellten Fragen sind ein Signal dafür, in welche Richtung sich die Ermittlung entwickeln wird. Individuelle Neugier kann eine ausgeklügelte Strategie über den Haufen werfen. Ob das Interesse der puren Neugier entspringt, prüft man durch folgende Frage: Wenn ich die Antwort kenne, inwiefern wird mir die Information dann weiterhelfen?

Ich vertrete hier aber keinen Radikalstandpunkt, denn persönliches Interesse zu zeigen, kann atmosphärische Wirkung haben. Man kann einen Einbrecher zum Beispiel fragen, wie viele Kinder er hat. Das hat mit dem Fall vielleicht gar nichts zu tun, kann aber Schleusen öffnen, weil der Mensch emotional berührt ist.

Darf oder soll die einvernommene Person mein Interesse kennen? Soll sie erkennen, worauf ich hinaus will? Wenn ich etwa dringend wissen will, ob jemand tags zuvor im Kino war, und ich aber annehmen muss, dass mir dieses Faktum unter Umständen verheimlicht wird, dann darf ich *nicht* fragen: „Waren Sie gestern im Kino?“ Man sollte in so einem Fall eventuell über Filme allgemein sprechen, vielleicht über den Film, den man selbst unlängst gesehen hat.

Auch scheint mir wichtig, durch welche Frageform die

Optionen geöffnet bzw. verengt werden. Will ich etwa jenes mir bekannte Delikt klären oder erhoffe ich mir auch Angaben über mir noch vollkommen unbekannte Fälle? Mit welcher Art des Fragens stelle ich eine Vertrauensbasis her? Durch welche Art des Fragens kann ich Einschüchterung betreiben? Welche Grundstimmung möchte ich herstellen?

Routinierte Einvernahmespezialisten stellen sich die genannten Fragen schon intuitiv, sie denken nicht mehr darüber nach. Es ist auch wichtig, flexibel zu bleiben. Es kann sich nämlich während der Befragung herausstellen, dass die anfangs gewählte Strategie völlig falsch ist und man von unrichtigen Annahmen ausgegangen ist. Die Berichte von Max Edelbacher geben eindeutig Kunde davon, dass man dem eigenen Irrtum ständig auf der Spur sein sollte.

In den verschiedenen Unterlagen zur Fragetechnik findet man unterschiedliche Angaben über die Zahl diverser Frageformen – geschlossene Frage, rhetorische Frage, Fangfrage, zirkuläre Frage und so fort. Ich werde keinen Katalog erstellen und keine Nummern vergeben. Ich versuche über ein paar *wesentliche* Arten des Fragens zu schreiben. Welche Vorteile und Nachteile hat die jeweilige Art des Fragens und welche Optionen eröffnet sie? Ich gebe zu bedenken, dass die Sprachmelodie und die Betonung den Inhalt einer Frage – beim exakt selben Wortlaut – vollkommen verändern können. Daher ist in einer *schriftlichen* Form schwer einzuschätzen, ob eine Frage ernst, ironisch, zynisch, auflockernd oder bedrohlich gemeint ist. Denken Sie an die Fragen „Ist das Ihr Ernst?" oder „Meinen Sie das wirklich?" Es ist ohne inhaltlichen Zusammenhang ganz unmöglich, darüber zu entscheiden, ob diese Frage ernst oder ironisch gemeint ist.

Nun zurück zu den offenen Fragen, denn diese eignen sich meist als Gesprächseinstieg. Man hört einen freien Bericht, lernt den Gesprächsstil, den Wortschatz und auch das Basisverhalten der Gesprächspartner kennen. Man fragt etwa: „Was denken Sie über …?“, „Wie war das Ihrer Meinung nach …?“, oder z.B. „Was hat sich zugetragen …?“ Diese Fragen signalisieren Interesse, bringen den Partner zum Nachdenken und lassen erkennen, dass genügend Zeit vorhanden ist. Der Nachteil der offenen Frage ist, dass sie Vielrednern die Gelegenheit gibt, abzuschweifen. In diesen Fällen muss man durch Informationsfragen einengen. Diese beginnen meistens mit den bekannten W-Fragewörtern wo, wann, wie, wer oder wie viel … war das. Nicht aber mit: „Warum?“ (Darüber habe ich ja bereits berichtet.)

Sehr eng ist übrigens die Alternativfrage „Waren Sie gestern im Kino?“ Darauf kann man nur Ja oder Nein bzw. „Hab ich vergessen“ antworten. Ebenso unglücklich formuliert ist eine „Multiple-Choice-Frage“ wie zum Beispiel „Kino, Oper oder gehen wir ins Restaurant, mein Liebling?“ Der Liebling hat drei Wahlmöglichkeiten. Diese Art zu fragen hat den Charakter einer Suggestivfrage, denn sie zeigt, dass die Frageperson eine jener drei Abendgestaltungen bevorzugen wird. Eine eigensinnige Person antwortet vielleicht: „Keine der drei Möglichkeiten, ich möchte daheim bleiben.“ In gerichtlichen oder polizeilichen Zusammenhängen sollte man bedenken, dass Menschen sich sehr leicht Suggestionen anschließen. In der Praxis der „Gegenüberstellungen“ hat sich die verheerende Wirkung suggestiver Beeinflussung gezeigt. Wenn man Zeugen oder Opfern fünf Bilder zeigt oder fünf Personen vorführt und sie fragt, ob der Täter darunter zu finden sei, zeigt sich, dass meistens jenes Bild bzw. jene Person gewählt wird, die dem Täter am ähnlichsten sieht. Fast nie wird gesagt, dass es *keiner* der fünf Vorgeführten gewesen sei. In den USA haben in den letzten Jahren mehrere Menschen unschuldig einige Jahre im Gefängnis verbracht, weil Augenzeugen bei Gegenüberstellungen der Suggestion unterlegen sind. Verhindern kann man dies nur, wenn Polizeibeamte ausdrücklich darauf hinweisen, dass die gesuchte Person nicht unbedingt dabei sein muss. Ebenso verhält es sich mit der suggestiven Wirkung der Multiple-Choice-Frage. Die Frage an den Liebling sollte korrekterweise lauten: „Kino, Oper oder gehen wir ins Restaurant, mein Liebling? Oder willst du etwas anderes?“ Viele unserer Fragen haben einen suggestiven Unterton, wir wollen etwas Bestimmtes hören. Verstärkt wird diese Wirkung durch bestimmte Füllwörter oder Floskeln. „Bist du nicht auch der Meinung, dass …?“ Heftig klingt auch: „Die meisten Experten sind sich darüber einig, dass … Wie denkst du darüber?“ Oder „Sie als intelligenter Mensch werden doch sicherlich zustimmen, dass …?“ Wer wagt da noch zu widersprechen? Mit Suggestivfragen kann wunderbar manipuliert werden. Beobachten Sie aufmerksam die Kommunikation in Ihrer Umgebung und Sie werden merken, wie häufig Suggestivfragen manipulativ eingesetzt werden. Vor Gericht und bei Polizeiverhören sollten sie faktisch verboten sein, es sei denn, man will jemanden absichtlich in Widersprüche verwickeln.

Bei Geschäftsanbahnungsgesprächen oder beim Flirten und Umwerben gibt es die bekannte Ja-Straßen-Technik. Es wird behauptet, wenn ein Gesprächspartner drei Mal *Ja* gesagt hat – das nennt man eine Ja-Straße –, wird er mit hoher Wahrscheinlichkeit beim vierten Mal auch Ja sagen. Ehrlich gestanden habe ich das noch nie ausprobiert. Theoretisch läuft ein Dialog dieser Art etwa so ab: „Sie haben doch auch abends öfters einen prächtigen Appetit?“ (Ja) „Sie gehen doch immer wieder gerne schön essen?“ (Ja) „Sie gehen doch auch lieber zu zweit essen als alleine?“

(Ja) „Dann sind Sie doch bestimmt einverstanden, wenn wir beide heute Abend gemeinsam essen gehen?“ (Jaaaa).

Eine sehr wichtige Frageform ist die Verständnisfrage. Sie könnte ungefähr so lauten: „Habe ich Sie richtig verstanden, dass ...?“, oder „Sind Sie also der Ansicht, dass ...?“ Diese Frage klärt auf. Es können weniger Missverständnisse entstehen und die Frage ist überdies vertrauensfördernd. Nach einer Verständnisfrage sollte man unbedingt die Antwort abwarten und bestätigen. Polizistinnen und Richter müssen übrigens Einvernahmen protokollieren. Ohne zusätzliche Verständnisfrage kann eine einvernommene Person bei späteren Gelegenheiten immer behaupten, falsch verstanden oder zitiert worden zu sein.

Wird die Verständnisfrage *nicht* ernst gemeint und zur Klärung von möglichen Missverständnissen angewandt, dann wird sie zu einer ausweichenden oder verzögernden Gegenfrage: „Wie darf ich Ihre Frage verstehen?“, „Wie meinen Sie das?“, „Ich kann Ihnen nicht folgen, können Sie das noch einmal ausführen?“

Mit solchen oft gestellten Gegenfragen kann man Gesprächspartner in den Wahnsinn treiben und daher ist Vorsicht geboten. Allerdings ist die Gegenfrage ein gutes Instrument in einer kontroversiellen Debatte. Von Alec Guiness stammt das Zitat: „Schlechte Argumente bekämpft man am besten, indem man ihre Darlegung nicht stört.“

Rhetorische Fragen stellt man sich im Grunde ja nur selbst und liefert die Antwort gleich nach. In Texten oder Reden haben sie den Vorteil, dass Leserinnen und Leser und Hörerinnen und Hörer aufgefordert werden mitzudenken. Bei Gericht sind sie oft Ausdruck der Unentschlossenheit, etwa vor der Urteilsfindung: „Was machen wir jetzt mit Ihnen, Herr Angeklagter?“ Hier wäre es übrigens unvorteilhaft, wenn der Angeklagte tatsächlich einen Vorschlag macht.

In Polizeiverhören wird eine Frage manchmal bewundernd und motivierend formuliert, um jemanden gesprächig zu machen, etwa so: „Unglaublich! Wie haben Sie es nur geschafft, in dieses mit den modernsten Alarmanlagen gesicherte Haus einzudringen?“ Ein erfahrener, psychologisch versierter Einbrecher fällt auf so einen abgeschmackten Versuch nicht herein. Aber man muss schon über einige Selbstkontrolle verfügen, damit die Eitelkeit nicht die Zunge lockert. Im Allgemeinen haben Menschen den Drang, von ihren Heldentaten zu berichten, und das weiß ein geübter Verhörspezialist durch geschicktes Fragen auszunützen.

Kontrollfragen sind das probateste Mittel, Menschen in Widersprüche zu verwickeln. „Bei der letzten Einvernahme haben Sie zu Protokoll gegeben, dass … Wieso behaupten Sie nun, dass …?“ Verunsichernd wirkt die Frage besonders dann, wenn man vorher eine Unwahrheit behauptet. „Ihr Komplize sagt, Sie hätten sich um 12:00 Uhr getroffen. Was sagen Sie dazu?“

Eine Frageform, die in heiklen Situationen angebracht ist, nenne ich Umgehungsfrage. Wenn man etwa eine Frau nicht fragen will, wie alt sie ist, kann man z.B. fragen, welche Musik bei ihrem Maturaball gespielt wurde. Oder wann sie das erste Mal die Rolling Stones gehört hat. Umgehungsfragen muss man gut konstruieren, sie können im Verhör und auch in der privaten Kommunikation sehr hilfreich sein.

Ganz allgemein kann gesagt werden: Wenn die Antwort auf eine offene Frage nicht gleich kommt, war es eine gute Frage, denn die befragte Person musste offenbar nachdenken. Und das kann in vielerlei Hinsicht aufschlussreich sein.

Haben Sie noch eine Frage?

SIE HABEN DAS RECHT ZU SCHWEIGEN

1. Zwischen Realität und Film

Betrachtet und wertet man den Satz „Sie haben das Recht zu schweigen“ emotionslos und nüchtern, dann kommt man wohl zur Ansicht, dass sich mit dieser Aufforderung die Polizei selbst ein sprichwörtliches „Grab“ schaufelt. Ähnlich merkwürdig würde es vermutlich anmuten, wenn ein Manager die Worte „Hier sollen Sie nichts kaufen, gehen Sie zur Konkurrenz“ auf ein Plakat schreiben und dieses auf seinem Supermarkt anbringen würde. Ebenso widersinnig, im „kaufmännischen Sinn“, erscheint die pflichtgemäße Vorgangsweise von Polizisten, Verdächtigen in Form einer Rechtsbelehrung mitzuteilen: „Sie haben das Recht zu schweigen.“ Ist demnach jeder Verdächtige unklug, wenn er doch spricht? Sie kennen diese Form der Belehrung vermutlich aus zahlreichen amerikanischen Kriminalfilmen, wo nach einem spektakulären Eingriff der Polizei, meist einer wilden Verfolgungsjagd, der Delinquent am Boden liegt und einer der beiden Polizisten ihm seine Rechte vorliest. Diese Formeln der „Miranda Warnings“ (in den USA gebräuchliche Belehrungsverpflichtungen) haben in Europa und mit Verzögerung auch in Österreich Einzug gehalten. Prompt ist natürlich das passiert, was jeder Praktiker erwartet hat: Die Rate der Aufklärungen ist deutlich gesunken. Das ist die eine Seite der Medaille, die andere Seite ist jene, dass Österreich die Europäische Menschenrechtskonvention unterschrieben hat, seither gelten höhere rechtliche Standards für Beschuldigte. Mit dem Inkrafttreten des Sicherheitspolizeigesetzes und der Reform der Strafprozessordnung aus dem Jahr 2004, die mit dem 1. Jänner 2008 in Kraft getreten ist, sind diese Verpflichtungen konkretisiert.

Vor dieser strengen Regelung war es der Polizei gestattet, Erwachsene, die einer Straftat verdächtigt wurden, ohne Beiziehung eines Rechtsbeistandes einzuvernehmen. Bei Jugendlichen zwischen dem 14. und 18. Lebensjahr war es immer erforderlich, die Eltern oder eine Vertrauensperson zur Einvernahme hinzuzuziehen. Diese Balance des Kräfteverhältnisses zwischen der Exekutive und der Verteidigung machte es erforderlich, die Strategien der Befragung und Einvernahme grundsätzlich neu zu überlegen. Die Polizei hat heute immer noch einen Vorteil, wenn sie als erste Ermittlungsinstanz am Tatort erscheint und dort den der Tat verdächtigten mutmaßlichen Täter antrifft. Die ersten Eindrücke und die erste Befragung geben natürlich entscheidende Hinweise auf den tatsächlichen Ablauf eines Geschehens. Es ist eine klare Sache, dass die Beiziehung einer Vertrauensperson oder eines Anwaltes das Kräfteparallelogramm komplett verschiebt, denn in der Regel wird der Anwalt sofort dazu raten zu schweigen.

„Sie haben das Recht zu schweigen" bedeutet, dass man quasi das Recht hat, als Verdächtiger abzuwarten, wie die Beweislage der Polizei ist. Was weiß die Polizei, wie kann man sich verantworten? Das ist taktisch erst möglich, wenn man das Recht und die Möglichkeit auf Akteneinsicht hat und danach beurteilen kann, wie man seine Verteidigungsstrategie anlegt. Für die Polizei bedeutet das, dass man erst dann einschreitet und es zu einer Festnahme kommt, wenn man schon genügend Verdachtsmomente gesammelt hat und die Beweislage für den Nachweis der Straftat breit genug ist. Es liegt daher viel mehr Gewicht auf der Vorbereitung eines Falles und es wird versucht, die Vorwürfe einer „weichen Informationslage“ zu konkretisieren und einzuengen. Gelingt diese Strategie aus der Sicht der Polizei dann kommt es auf das Einvernahmeergebnis gar nicht mehr wirklich an. Es wird dann eher gleichgültig, wie sich der Verdächtigte verantwortet.

Es gibt eine Ansammlung an Belehrungen, die einem Verdächtigen nicht vorenthalten werden dürfen. Diese Sammlung von Belehrungsformularen der Polizei zeigt, dass die Verpflichtungen zur Belehrung sehr ernst genommen werden. Die Belehrung muss zudem während der Einvernahme schriftlich dokumentiert werden und es muss jederzeit nachvollziehbar sein, dass der Verdächtige ausführlich über seine Rechte informiert wurde.

Das entspricht natürlich im Sinne der Balance der Rechte zwischen den Verfolgern (Polizei, Staatsanwaltschaft) und dem Verdächtigen dem internationalen Standard voll, bedeutet aber eine andere Einstellung und Strategie für den Fortgang einer zielführenden Einvernahme. Die Flexibilität im Umgang zwischen Verdächtigen und der Polizei ist durch diesen Formalismus nicht begünstigt worden. Die Polizei verlegt den Schwerpunkt ihrer Arbeit in diesem Zusammenhang daher zunehmend auf den Sachbeweis und nicht mehr auf den Personenbeweis, das Geständnis des Verdächtigen oder die Zeugenaussage.

Hinweis auf eine Selbstverständlichkeit

Das an Kriminalfilme gewöhnte und von einschlägigen Serien in der „Wissenschaft der Kriminalitätsbekämpfung" geschulte Publikum kennt den Satz vielleicht bis zum Überdruss: „Sie haben das Recht zu schweigen." Diese wichtige Information, vor einer Festnahme oder Einvernahme vorgebracht, ist ein Beleg dafür, dass eine verdächtigte Person über ihre Rechte informiert wird, und zwar gerade von jenen Personen, die kein besonderes Interesse daran haben, dass Menschen vor ihrer Einvernahme ihre Rechte wirklich kennen. Einvernommene können sodann eine Beratung in Gestalt eines Anwalts oder einer Anwältin in Anspruch nehmen, welche(r) bei der ersten Einvernahme anwesend sein kann – in den Filmen.

In dieser Angelegenheit haben wir es mit einer interessanten Suggestion zu tun, denn fast alle Zuseher, die diese Rechtsbelehrung „Sie haben das Recht zu schweigen" hören, meinen nun, es habe dieses Recht vorher *nicht* gegeben. Der Hinweis auf das Schweigerecht hätte in der Art der Behandlung und Rechtslage von Verdächtigten nur dann eine fundamentale Änderung herbeigeführt, wenn ursprünglich eine „Pflicht zur Aussage" bestanden hätte. „Sie haben die Pflicht zu sprechen", dieser Satz wurde nie vorgebracht, es gab auch nie eine Aussage*pflicht*.

Das Recht, sich selbst belastende Aussagen zu verweigern und eine Rechtshilfe zu beantragen, ist schon im 5. und 6. Zusatzartikel der US-amerikanischen Verfassung verbrieft. Die sogenannte „Miranda Warnung", die Max Edelbacher erwähnt, geht auf ein spektakuläres Urteil des Obersten Gerichtshofes der USA aus den Sechzigerjahren zurück. Ernesto A. Miranda wurde in Arizona wegen Raubes, Entführung und Vergewaltigung zu 20 Jahren Haft verurteilt. Er hatte alles bei der ersten polizeilichen Einvernahme „brühwarm“ – so würde man in Wien sagen – gestanden. Vor Gericht war dieses Geständnis der einzige Beweis, der vorgebracht wurde. Der Anwalt des Verurteilten argumentierte dahingehend, dass seinem Mandanten das „Recht zu schweigen“ weder bekannt war noch eben bekannt gemacht wurde. Letztlich wurde ihm vom Höchstgericht recht gegeben.

Miranda wurde ein zweites Mal vor Gericht gestellt. Die Staatsanwaltschaft konnte das ursprüngliche Geständnis nicht mehr benutzen, es wurden aber einige Zeugen gefunden, auf deren Aussage sich das zweite Urteil stützen konnte. Auch belastendes Beweismaterial konnte diesmal beigebracht werden und Ernesto Miranda verbüßte eine Gefängnisstrafe von elf Jahren.

Dieses Urteil hatte zur Folge, dass alle Polizistinnen und Polizisten in den USA angewiesen wurden, von nun an sofort, laut und deutlich, quasi schablonenhaft diese Rechtsbelehrung vorzubringen. Auch in Österreich sollte diese, laut Vorschrift, vorgebracht werden, genau genommen erhalten alle Betroffenen ein Formular mit einer schriftlichen Unterweisung. Überdies muss einem Delinquenten vor der ersten Einvernahme das vorgehaltene Delikt kundgetan werden.

Man kann also einem wegen Autodiebstahls Verdächtigten nicht vorgaukeln, man befrage ihn zu einem Drogenvergehen.

Bei der Einvernahme nichts zu sagen, war immer schon ein probates Mittel, um Polizisten zur Verzweiflung zu bringen. Sich nicht erinnern zu können, ist zwar nicht das glaubwürdigste, aber das am häufigsten vorgebrachte Argument während einer Einvernahme. Für zukünftige Übeltäter sei hier schon einmal ein Rat gegeben: Vergessen Sie alles und erinnern Sie sich an nichts, dann können Sie sich niemals in Widersprüche verwickeln. Dazu gehört aber viel „Steherqualität“, denn kaum jemand hält das durch. Das hat viele psychische Gründe und die Kenntnis davon kann für die erfolgreiche Einvernahme äußerst dienlich sein. Wir Menschen sind kommunikative Wesen, wir wollen gerne erzählen, was wir erlebt oder geleistet haben. Wir wissen aus unserer Privatsphäre, wie schwer es ist, ein Geheimnis zu hüten. Miteinander zu reden, scherzen und zu lachen, ist für die meisten beglückend. Und nun auf einmal muss man um alles in der Welt schweigen. Das gelingt oft nur unter größter Anstrengung. Probieren Sie einmal zuhause zwei Tage lang kein Wort zu reden!

Das Miranda-Urteil hat nicht nur den Stehsatz „Sie haben das Recht zu schweigen“ hervorgebracht und dann berühmt gemacht, sondern auch gezeigt, dass es nicht genügt, verbriefte Rechte zu *haben*, man muss sie auch *kennen*. Die eigenen Rechte wahrnehmen zu können, ist eine Frage der Bildung und in demokratischen Staaten eine solche der Rechtsbelehrung. Für die Polizeiarbeit und die Arbeit an den Gerichten – und davon handelt unser Buch – hat sich die Art und Weise, wie Verbrechen aufgeklärt werden müssen, ziemlich verändert. Schnell, schnell, mit Drohungen oder Verlockungen ein Geständnis herauszulocken, das genügt heute nicht mehr. In der Gerichtsbarkeit haben wir es einerseits doch mit einer bemerkenswerten Anzahl falscher Geständnisse zu tun. Diese erfolgen, um jemand anderen zu schützen, oder auch unter Suggestion oder unter Drohung. Andererseits sind echte Geständnisse auch anfechtbar. Man beruft sich etwa auf Misshandlungen oder psychischen Druck im Polizeiverhör. Daher und auf Grund sich rasant verbessernder wissenschaftlicher Methoden in der Kriminalforschung verlagerte sich das Schwergewicht forensischer Arbeit auf Sachbeweise und auf Spurensicherung vielfältigster Art. Das, was wir bei „CSI“ zu sehen bekommen, ist freilich mehr Krimi-Science-Fiction als Normalität. Ein weiterer wichtiger Bestandteil der Aufklärung von Verbrechen sind weiterhin kluge Einvernahmen, in welchen Täterinnen oder Täter in unlösbare Widersprüche verwickelt werden. Erfolgt schließlich dann unter Umständen ein tatsächlich abgesichertes Geständnis, umso besser, aber unbedingt notwendig ist es nicht mehr.

2. Der „Redner“

Bei der Bundespolizeidirektion in Wien gibt es, auch heute noch, einen sogenannten „Zentraljournaldienst“. Mehrere Juristen haben außerhalb der normalen Bürozeiten – unter der Woche nach offiziellem Dienstschluss der Behörde, ab 15.30 Uhr, bis zum nächsten Morgen, 8.00 Uhr – einen juristischen Dauerdienst zu betreuen. Die betreffenden Juristen werden in sogenannte Sektoren des Zentraljournaldienstes eingeteilt und müssen all jene Maßnahmen setzen, die keinen Aufschub erlauben, da sie die Menschenrechte betreffen. Das sind Entscheidungen über die Haft (maximal 48 Stunden nach der österreichischen Strafprozessordnung, wobei schon innerhalb von 24 Stunden Staatsanwalt und Richter zu kontaktieren sind), Hausdurchsuchungen und Beschlagnahmen, also alle Eingriffe, die Grund- und Freiheitsrechte betreffen.

Mitte der Siebzigerjahre versah ich monatlich drei bis vier dieser Dienste.

Solche Dienste waren manchmal übrigens sehr arbeitsintensiv. Die Polizeijuristen durften damals noch Arreststrafen verhängen – bevor Österreich die Europäische Menschenrechtskonvention unterzeichnet hatte, war dies rechtlich noch zulässig. Diese Möglichkeit der Arrestverhängung war bei Kriminalbeamten recht „beliebt“, um einem Verdächtigten längere Zeit zum „Nachdenken“ über seine begangenen Straftaten einzuräumen. Hatte der mutmaßliche Delinquent nämlich eine Verwaltungsübertretung begangen, wie etwa das Fahren ohne Führerschein, unter Umständen sogar mit einem gestohlenen Fahrzeug, so hatte das meist eine unbedingte Arreststrafe zur Folge. Daher war man bei den Kriminalbeamten als Polizeijurist und Behördenvertreter gern gesehen, da man mit dieser Machtbefugnis dem Kriminaldienst hilfreich zur Seite stehen konnte. Die Zentraljournaldienste waren besonders an Samstagen gefürchtet, denn an diesen Tagen musste man mit besonders viel Arbeit rechnen. An einem Samstag konnte man zwischen zwanzig und dreißig Verwaltungsstrafhäftlinge zur Abstrafung antreffen, was für eine intensive Beschäftigung von den frühen Morgenstunden bis zum späten Nachmittag sorgte.

Der Sonntag konnte hingegen ein angenehmer Dienst sein, da bei Weitem nicht so viele Häftlinge in den zugeteilten Bezirken zu „versorgen“ waren wie an einem typischen Samstag. Ich hatte auch an solch einem Sonntag Zentraljournaldienst und wieder einmal Glück. Es war ein „fader“ Sonntag und in meinem Sektor zeichnete sich bei Dienstantritt ein verdächtig ruhiges Bild ab. Lediglich das Polizeikommissariat Innere Stadt hatte einen Autoeinbrecher als Arrestanten gemeldet und ich begab mich, nach Erledigung der Routinearbeiten, in diesen Bezirk, um die Pflichteinvernahme durchzuführen und die entsprechende Verfügung vom Journalstaatsanwalt und Journalrichter nach Vorliegen aller eingeholten polizeilichen Auskünfte zu veranlassen.

Da der Verdächtige beim versuchten Einbruchsdiebstahl in ein abgestelltes Kraftfahrzeug beobachtet worden war, konnte ihn die Besatzung einer Funkstreife festnehmen. Er hatte zwar kein Diebsgut bei sich, aber die Personenbeschreibung, die der Polizei mitgeteilt worden war, passte haargenau zum Verdächtigen. Ein Zeuge hatte ihn bei der Tat beobachtet, die Polizei verständigt und eine genaue Personenbeschreibung abgegeben. Bei der sofort veranlassten Streifung konnte der Tatverdächtige in den frühen Morgenstunden angehalten werden. Der Mann war zunächst nicht gesprächsbereit. Das entsprechende Fahrzeug, das eine eingeschlagene Seitenscheibe aufwies, wurde gemäß den Angaben des Zeugen vorgefunden und entsprach der Beschreibung nach exakt dem geschilderten Einbruch. Man konnte also annehmen, dass man „richtig" lag und der festgenommene junge Mann der Fahrzeugeinbrecher war. Er wurde dem Polizeikommissariat Innere Stadt überstellt, die journaldienstversehenden Kriminalbeamten erhoben die relevanten Anfragen Meldeauskunft, Strafregister, Vormerkungen etc. und legten den Akt mit einem entsprechenden Bericht auf den Schreibtisch des Polizeijuristen, der die Einvernahme vornehmen sollte. An diesem Sonntag war das meine Aufgabe. Ich hatte auch keinen Arbeitsdruck, da ich ja lediglich diesen einen Häftling gemeldet bekommen hatte.

Das war die Ausgangssituation. An einem Sonntag litten üblicherweise auch die Kriminalbeamten nicht unbedingt an Arbeitswut und waren froh, dass sie nur die unbedingt erforderlichen Aufgaben erfüllen mussten und lediglich auf die finalen Anordnungen des Polizeijuristen warten konnten. Der Sachverhalt war an sich einfach abzuklären, der Täter hatte noch nicht offiziell ausgesagt, das beschädigte Fahrzeug, in das eingebrochen worden war, war vorhanden und es gab einen Zeugen, der den Mann eindeutig identifiziert hatte, also war die Einvernahme eine reine Routineangelegenheit.

Ich kam in das Polizeikommissariat und las die vorbereiteten Unterlagen durch. Der Tatverdächtige war in Wien polizeilich gemeldet, hatte kein Einkommen, war nicht beschäftigt, hatte aber auch keine Familie und, was besonders wichtig war, er wies auch keine Vorstrafen auf. Gemäß diesen polizeilichen Hintergrundinformationen deutete alles darauf hin, dass der Verdächtige offensichtlich kein Gewohnheitsverbrecher war. Erfahrungsgemäß konnte das aber zweierlei bedeuten: Entweder die Einvernahme würde rasch abgewickelt werden, der Verdächtige hatte aus welchem Grund immer in das Fahrzeug eingebrochen, die Tat war aus Übermut oder Unbesonnenheit begangen worden und ein Geständnis war rasch zu erwarten. Es kann aber auch vorkommen, dass gerade solche Tatverdächtige sich widerspenstig verhalten und sich nicht zu der erwiesenen Straftat bekennen wollen. Meist ist der Grund des Bestreitens die Scham oder Uneinsichtigkeit, die einen solchen Verdächtigen beherrschen.

Ich ließ mir also den Verdächtigen vorführen. Der junge Mann war ein um die vierundzwanzig Jahre alter Österreicher, wirkte unscheinbar auf mich und machte einen ruhigen Eindruck. Während der Einvernahme bleibt der uniformierte Polizist in der Regel im Zimmer anwesend, um eine eventuelle Flucht oder eine vielleicht aufkeimende Aggression zu unterbinden. Beides schien bei diesem Fall in keiner Weise absehbar zu sein.

Ein altes Sprichwort deutet treffend darauf hin, dass der erste und entscheidende Eindruck über einen anderen Menschen in wenigen Sekunden entsteht. Das erste Aufeinandertreffen zwischen dem, der die Fragen stellt, und demjenigen, der befragt wird, umfasst eine entscheidende und sehr kurze Zeitspanne. In diesen wenigen Sekunden tastet man einander gegenseitig ab und spürt instinktiv, ob eine Begegnung auf der emotionalen und der sachlichen Ebene möglich sein wird. Je öfter man Einvernahmen durchgeführt hat, desto sicherer wird man bei der ersten Einschätzung. Viele Faktoren, oft scheinbare „Kleinigkeiten", steuern die persönliche Wahrnehmung: Aussehen, Stimme, Physiognomie, Körperhaltung, Größe, Augenkontakt, Geruch und Kleidung zählen beispielsweise dazu – auch wenn das alles nicht immer bewusst wahrgenommen wird.

Routine des Polizisten oder Juristen trägt entscheidend dazu bei, dass eine gewisse Entspannung nach dem ersten Moment der gegenseitigen Wahrnehmung eintritt. Der Verdächtige wurde also in das Einvernahmezimmer geführt. Die Einrichtung dieses Raums kann als eher karg beschrieben werden. Ein Schreibtisch, ein paar Sesseln, eine Deckenbeleuchtung und eine Tischlampe sowie nackte Wände und ein straßenseitig gelegenes Fenster – mehr war nicht vorhanden. Im Zimmer befanden sich der Vernehmer und der zu Vernehmende, die jeweils auf einer Seite des Schreibtisches, also einander gegenüber Platz nahmen, sowie der Uniformierte. Dieser saß oder stand neben dem Verdächtigen bzw. etwas abgesetzt von ihm, da man annehmen konnte, dass der Vorgeführte nicht gefährlich war. In der Regel werden während einer Einvernahme die Handschellen abgenommen. Diese Maßnahme soll ein erster Schritt zum Aufbau eines Vertrauensverhältnisses sein – das geht natürlich nur, wenn man den Eindruck hat, der Verdächtige ist gesprächsbereit.

Bei der Einvernahme eines Verdächtigen begann man damit, ein sogenanntes Formblatt auszufüllen, das die Personaldaten des Verdächtigen abfragen sollte. Dieses Formblatt fragt nach dem oder den Vornamen, dem Familiennamen, dem Geburtsdatum, dem Geburtsort, den Vornamen der Eltern, dem Wohnort und weiteren Details, aus denen sich der zuständige Staatsanwalt und Richter ein Bild über den Verdächtigten machen können und sollen. Das Ausfüllen eines solchen Formblattes ist nicht anstrengend. Wochentags hat man hierfür eine Schriftführerin zur Hand, die diese Routinearbeit selbstständig vorbereitet und erledigt. An einem Sonntag ist das nicht der Fall. Mir machte das grundsätzlich auch nichts aus, ich war zwar kein glänzender Schreibmaschinenschreiber, aber beherrschte es so, dass ich relativ rasch mit der schriftlichen Protokollierung vorankam.

Die Aufnahme der Personalien hat den enormen Vorteil, dass man sich bei dieser Tätigkeit schon auf sein Gegenüber einstellen und es näher studieren und kennenlernen kann. Die Fragen zu den persönlichen Verhältnissen, nach der jeweiligen Schulbildung, den Eltern, den speziellen Wohnverhältnissen, den Familienverhältnissen, den Arbeitsbedingungen, nach dem Arbeitsplatz, Einkommen, den Sorgepflichten brachten mich dem Gegenüber wesentlich näher. So zeigte ich auf der einen Seite Interesse an der Person, was oft gar nicht so schlecht von Betroffenen angenommen wird, und andererseits kann man diese Gelegenheit dazu nutzen, um auf diesem Weg, über die Erfragung der harmlosen Sachverhalte, mit dem Verdächtigen ins Gespräch zu kommen.

Dabei ist es wichtig festzustellen, ob man überhaupt eine Gesprächsbasis mit dem Gegenüber finden kann und ob ein gewisser Sympathiefaktor oder auch Antipathie eine Rolle spielt. Dieses Kennenlernen läuft in mehreren Phasen ab. Erwähnt habe ich die erste Phase, die erste Begegnung, das erste direkte Aufeinandertreffen. Da werden relativ rasch grundsätzliche Einschätzungen festgelegt. Auf diesen bauen die weiteren, vertiefenden Phasen auf. Es handelt sich dabei um ein „Geben“ und „Nehmen“ zwischen den Betroffenen. Die ersten Unsicherheiten werden im Laufe des Gespräches durch die darauffolgenden

Phasen der Erkenntnis über den anderen verändert. Wahrscheinlich bestimmt hier hauptsächlich der emotionale Eindruck das Geschehen. Nimmt die emotionale Akzeptanz des anderen im Laufe des Gespräches zu, dann wird sich das Gespräch positiv entwickeln. Gespräche finden bekanntlich auf zwei Ebenen statt: Es handelt sich um die Kopf- oder Sachebene sowie die Empfindungs- oder Bauchebene. Emotionale Akzeptanz zeigt folgende Körpersprache des Gegenübers: lockere Sitzhaltung, Aufmerksamkeit, Zuwendung, also direktes In-die-Augen-Sehen, entspannte Gesichtszüge, offener Blick, ruhige Augen und dergleichen.

Jeder geht dabei immer von eigenen Erfahrungen, von Ähnlichkeiten aus und versucht den anderen danach einzuordnen. Im Laufe der polizeilichen Tätigkeit, wahrscheinlich überhaupt im Zuge des Umganges mit Menschen in jeglicher Situation, lernt jeder von uns dazu und es sammeln sich Erfahrungen – als Polizist entwickelt man vielleicht ein besonders deutliches Instrumentarium bzw. Sensorium für die Einschätzung seines Gegenübers.

Mir gelang es in dieser Phase des Gesprächs, einen guten Kontakt zum Verdächtigen herzustellen. Der junge Mann, der bei der ersten Befragung durch die uniformierten Polizisten noch nicht gesprächig war, wirkte gelöst und es entwickelte sich ein sachliches, ruhiges und vernünftiges Gesprächsklima zwischen uns beiden. Das gelingt natürlich nicht immer so günstig, denn viele Faktoren beeinflussen den Beginn eines solchen Gesprächs entscheidend. Eine Einvernahme erfordert daher ein hohes Maß an Konzentration. Die gegenseitige Begegnung braucht Aufmerksamkeit, eine genaue Beobachtungsgabe, vor allem aber auch die Fähigkeit, zuzuhören und auf den anderen eingehen zu können.

Auch die Wahl des Vernehmungsorts spielt eine entscheidende Rolle. Ich habe die Erfahrung gemacht, dass ein ruhiges Umfeld den Erfolg einer Einvernahme entscheidend beeinflusst. Oft genügt schon das Läuten des Telefons oder das Hereinkommen einer anderen Person, um die Basis, die entstehen soll, zu zerstören. Solche Ablenkungen senken die Konzentration und schaffen zudem für den Betroffenen ungeahnte Freiräume. Der Verdächtige kann durch eine solche Ablenkung den Fluss der Befragung leicht hemmen und hat die Chance, sich emotional zu sammeln und von seiner möglicherweise ursprünglich geplanten Aussage abzuweichen.

Ich habe von meinen Kollegen gelernt, dass eine Einvernahme nie in eine Übervorteilung des betroffenen Verdächtigen münden sollte. Nur die Grundlage des gegenseitigen Respekts und der Achtung sind auf Dauer eine tragfähige Basis für ein Geständnis, das auch vor Gericht standhalten kann. Der Verdächtige muss den nachvollziehbaren Eindruck gewinnen, dass dem Polizisten, der ihn vernimmt, nicht nur das Geständnis wichtig ist, sondern dass sich dieser auch um die persönlichen Anliegen des Verdächtigen kümmert. Es ist wichtig, dass der Verdächtige dieses Gefühl der korrekten Begegnung so rasch wie möglich erfährt. Noch heute, als pensioniertem Polizisten, passiert es mir, dass ich dem einen oder anderen Verdächtigen, den ich einmal vernommen habe, begegne. Ich brauche mich aber nicht zu „verstecken", denn ich habe diese Menschen immer in ihrer Menschenwürde geachtet und entsprechend behandelt. Diese grundsätzliche Einstellung hilft einem als ethischer Maßstab, objektiv und „gerecht" zu bleiben. Man kann dem anderen mit gutem Gewissen in die Augen sehen, weil man sich keiner Ausnutzung einer Situation schuldig gemacht hat. Diese Gelassenheit ist beruhigend.

Ich treffe heute noch Menschen, die ich einst eingesperrt habe und denen ich immer noch in die Augen sehen kann, da sie nicht von mir enttäuscht wurden, weil das, was im Verfahren durchgeführt wurde, korrekt und von diesem persönlichen Respekt getragen war. Das geht soweit, dass einige Täter sogar Briefe oder Postkarten nach ihrer Haftentlassung an mich sandten – einer sogar, bevor er sich tötete.

Wie gesagt, es war ein ruhiger Sonntag, an dem wirklich nichts los war. Nur wir drei Männer befanden uns im Zimmer. Zu hören waren meine Fragen, die Antworten meines Gegenübers und das Klappern der Schreibmaschine. In diesem Fall waren die Rahmenbedingungen für eine Einvernahme ideal. Damals, dieser Fall ereignete sich Mitte der Siebzigerjahre, war es nicht erforderlich, den Verdächtigen auf seine Rechte aufmerksam zu machen. Nach den Regeln der Strafprozessordnung ist es ihm aber erlaubt zu lügen, so er sprechen will. Daran hat sich bis heute nichts geändert. Natürlich muss heute am Beginn jeder Einvernahme die rechtliche Belehrung vorgebracht werden, die verdeutlicht, dass man auch gar nicht reden muss.

Vor jeder Einvernahme kann ein sogenanntes vorbereitendes Gespräch stattfinden. Dabei wird nichts geschrieben, sondern man kann gegenseitig sondieren, wo man steht. Zu meiner Zeit haben solche Gespräche manchmal länger als die tatsächliche Einvernahme selbst gedauert. Das war wichtig, damit beide, der Vernehmer und der Vernommene, einander kennenlernen.

Da bereits im vorbereitenden Gespräch deutlich gemacht wurde, dass es kaum sinnvoll wäre, die Tat zu leugnen, war der Verdächtige dazu bereit, die Tat, den modus operandi, also sein Vorgehen, und das Motiv zu gestehen. Die Tat war geklärt und wir wären damit auch zufrieden gewesen. Nach der ersten formellen Befragung zum

Sachverhalt legten wir eine kurze Pause ein, in der der Verdächtige sein Mittagessen einnehmen konnte. Auch ich nutzte diese Pause und plauderte mit den Kollegen im Wachzimmer und mit den Kriminalbeamten. Danach setzten wir die Einvernahme fort.

Ich hatte das Gefühl bzw. die Vermutung, dass der Tatverdächtige weitere Straftaten auf seinem „Kerbholz" hatte. Der junge Mann war lange Zeit ohne Beschäftigung gewesen, lebte nicht mehr zu Hause und hatte dorthin auch keinen Kontakt mehr. Ich fragte mich daher, von welchen Einkünften er wohl gelebt haben könnte. Er hatte kein reguläres Einkommen, keine Eltern, die sich um ihn kümmerten, offensichtlich auch keine Freundin oder Freunde, die mit ihm eng verbunden waren. In Wirklichkeit, so kam es mir nach dem Gespräch vor, war er wohl ein ziemlich einsamer Mensch, der nicht sehr mit seinem Leben zufrieden sein konnte. Ich hatte den Eindruck, dass er eventuell daran interessiert war, sich bei jemandem auszusprechen.

Heute, viele Jahre später, wird mir erst so richtig bewusst, was da, psychologisch gesehen, zwischen uns beiden abgelaufen sein musste. Ich hatte Zeit, hörte ihm zu und er brauchte tatsächlich jemanden, mit dem er sprechen konnte. Hilfreich war auch mein schon geschultes kriminalistisches Gespür, aufgrund dessen ich das Gefühl hatte, dass bei ihm noch viel zu ergründen war. Die gesamte Situation passte also, sodass wir unser Gespräch fortsetzten und stundenlang miteinander redeten. Der junge Mann hatte tatsächlich viel zu gestehen. Diese lange Aussprache fiel den Kriminalbeamten, die in den gegenüberliegenden Zimmern ihren Dienst ableisteten, natürlich auf. Sie waren überrascht, als wir nach wenigen Stunden bereits bei über hundert eingestandenen Einbrüchen in Kraftfahrzeuge angelangt waren. Der junge Mann redete und redete und ich schrieb wie eine „Schreibmaschine“. Nach ungefähr zehn Stunden, wahrscheinlich waren es sogar mehr, ich kann es gar nicht mehr genau sagen, hatte ich an die vierhundert Einbrüche in Kraftfahrzeuge, die der junge Mann verübt hatte, so gut es ging niedergeschrieben. Es war höchste Zeit, die vielen Tatorte und Fakten zu objektivieren.

Ob die Kriminalbeamten mit mir glücklich waren? Ich glaube, dass dies eher nicht der Fall war. Immerhin hatte ich ihnen mit dieser Einvernahme den Sonntag und den vorgesehenen freien Montag verdorben. Der junge Mann wurde in das Landesgericht für Strafsachen eingeliefert und ich schrieb eine umfassende Anzeige. Die Kriminalbeamten benötigten einige Tage, um den vollen Umfang der Taten abgrenzen und gedanklich objektivieren zu können. Noch heute sprechen wir über diesen Fall, wenn ich zufällig mit den ehemaligen Kollegen, die damals Dienst hatten, zusammentreffe. Der zeitliche Abstand ermöglicht den Erfolg zu würdigen und man schmunzelt gemeinsam über die aufwendige Arbeit. Gute Polizeiarbeit funktioniert immer auf der Basis von Teamfähigkeit.

Durch diesen Fall wurde der damalige Chef im Polizeikommissariat Innere Stadt auf mich aufmerksam und ich erhielt die Chance, Sicherheitsreferent zu werden. Ein Sicherheitsreferent hatte sich primär um die Kriminalfälle, die in seinem Bereich anfielen, zu kümmern. Meist waren es Raubüberfälle, Einbrüche, Diebstähle, die oft ungeklärt blieben und bei denen daher Maßnahmen überlegt werden mussten, um eine Aufklärung herbeiführen zu können. Das war für mich eine wesentliche Verbesserung, da ich bis dahin nur Verwaltungsstrafreferent war und die kriminalpolizeiliche Arbeit eine viel spannendere Tätigkeit zu sein schien. Aber damit war es noch nicht getan, denn dieser Fall war auch der Anlass dafür, dass man im Sicherheitsbüro auf mich aufmerksam wurde. Ich hatte mit diesem ersten großen Fall einen Durchbruch erzielt. Darauf folgten weitere schöne Erfolge und das führte dazu, dass mich einige Zeit später der damalige Vorstandstellvertreter des Sicherheitsbüros in das Sicherheitsbüro holte.

Den „redseligen" Täter habe ich aus den Augen verloren. In meiner polizeilichen Laufbahn bin ich ihm nie mehr wieder begegnet. Vielleicht war dieses Zusammentreffen für beide Beteiligte prägend. Mir hat es zur Laufbahn des Kriminalisten verholfen und ich hoffe, dass es für mein Gegenüber das Ende seiner schiefen Bahn war.

Beurteilungsfehler und Psychologie der Einvernahme

Hier wird uns von einem keineswegs auffälligen, ruhigen, rund fünfundzwanzigjährigen Mann berichtet, der ohne Familie und ohne Einkommen offenbar ein unscheinbares Leben führt und just bei seinem ersten Einbruchversuch in ein Auto von einem Passanten gesehen, später wiedererkannt, von einer Polizeistreife dingfest gemacht und in Polizeigewahrsam genommen wurde. Im Zuge der Vernehmung stellt sich dann heraus, dass es über hundert Autoeinbrüche waren, die der vermeintliche „Newcomer" in diesem Metier schon verübt hatte. Die offensichtlich ungewöhnlich vertrauensvolle, von einem mit psychologischem „G'spür" begabten Mann geführte Befragung führte zu einem umfassenden Geständnis, quasi zu einer „Lebensbeichte". Hier lag anfänglich ein klassischer Fall von einem „First Impression Error", also einem „Fehler des ersten Eindrucks", vor.

Über die Gefahren, gerade den *ersten* Eindruck für besonders verlässlich zu halten, ist schon oft geschrieben worden, nur so viel sei hier in Erinnerung gerufen: Wir alle fällen recht schnell ein *erstes Urteil* über Menschen, die uns begegnen. Wir schätzen ein, klassifizieren, ordnen zu, sind manchmal hingerissen oder empfinden spontane Abneigung. Wir tun dies meistens fast automatisch. Wir legen uns selten Rechenschaft darüber ab, worauf unser Urteil gründet. Wir nennen es dann vielleicht die „Chemie", die stimmt oder nicht, oder wir sprechen von der „Liebe auf den ersten Blick" und verlassen uns gerne auf unsere Intuition oder das „Bauchgefühl".

Der Vorteil der Intuition ist tatsächlich, dass sie uns zu *schnellen* Einschätzungen verhilft. Allerdings ist es bitter, ein einmal gefälltes Urteil revidieren zu müssen. Daher scheuen wir oft die anstrengenden und zeitaufwendigen Operationen der vernünftigen Urteilsprüfung und Begründung.

Viele dieser dem ersten Eindruck entspringenden einfachen Urteile lassen sich ohne Schaden fällen. Ob jemand groß ist, vielleicht schön – bei Geschmacksurteilen wird es schon komplizierter –, ob jemand teuer gekleidet ist und sich gewählt ausdrückt, all das können wir tatsächlich schnell beurteilen, fast augenblicklich. Hier wird uns unser erster Eindruck selten täuschen, wir neigen aber dazu, an diese ersten Urteile weitere anzuknüpfen und zusätzliche Schlüsse zu ziehen. Meist erfolgt dies, ohne dass wir darüber Bescheid wissen, also unbewusst. Diese weiteren Schlüsse betreffen oft sehr komplexe, von vielen Bestimmungsstücken beeinflusste menschliche Verhaltensweisen und hier versagen unsere Schlussfolgerungen sehr häufig. Als Beispiel für eine recht gefährliche „Kette von Urteilen" sei hier Folgendes angeführt: Wie gesagt, wir können sehr schnell beurteilen, ob jemand groß und schön ist. Aber leider tendieren sehr viele Menschen dazu, schöne und große Menschen auch als tüchtiger, qualifizierter und, verheerend genug für unser Thema, auch für wahrhaftiger einzuschätzen. Wir schenken schönen Menschen mehr Glauben.

In der US-amerikanischen Justiz ist dieser Beurteilungsfehler gut untersucht und dokumentiert. Es zeigte sich, dass schönere Menschen für das gleiche Delikt signifikant häufiger geringere Strafen ausfassten als weniger hübsche. Wenn es im Zuge von strafbaren Handlungen zu Schadensersatzansprüchen beteiligter Personen kam, waren die Schadensersatzsumme *und* das Strafausmaß dann höher, wenn die geschädigte Partei schön war. War hingegen bei vergleichbaren Delikten die geschädigte Person nicht so hübsch, die Täterin oder der Täter hingegen schön, so war es gerade umgekehrt. Die Schadensersatzsumme war niedriger, ebenso die Strafe. Das ist ein erschreckender Befund.

Nun könnte man argumentieren, dass in den USA die Geschworenen-, also Laiengerichtsbarkeit, der Regelfall, bei uns in Österreich aber eher die Ausnahme sei. Geschworene und Schöffen, meist in Psychologie ungeschulte Privatpersonen, kennen die Fallen unserer Wahrnehmung, unserer Intuition und unserer Denkoperationen nicht. Und wer Fallen nicht kennt, tappt eben oft hinein. Allerdings zeigen Untersuchungen in Deutschland und Österreich, dass auch hierzulande bei Einvernahmen und Gerichtsverhandlungen ähnliche Fehler – vielleicht nicht so häufig und nicht so krass – auftreten.

Österreichische Richterinnen, Richter, Staatsanwältinnen und Staatsanwälte lernen in der Aus- und Fortbildung mit den Phänomenen des „Fehlers des ersten Eindrucks" umzugehen. Sie lernen selbstredend auch durch ihre Alltagspraxis, dass man vorsichtig sein muss, wenn man dazu neigt, etwa von einem zerschlissenen Sakko *automatisch* auf Bildungsniveau oder Herkunft eines Menschen zu schließen. Allgemein kann gesagt werden: Gefährlich sind unsere Vorurteile immer dann, wenn wir sie *nicht* kennen. Wenn wir uns *bewusst* sind, dass wir unweigerlich und ständig Menschen (vor)schnell beurteilen, bedeutet das noch nicht notwendigerweise, dass wir es dann *nicht mehr tun*. Wir können uns aber von nun an selbst kontrollieren und unseren Intuitionen entgegenwirken. Wir können unsere eigenen Schnellurteile aufheben, also „außer Kraft setzen", oder uns davor hüten, überhaupt schnell zu urteilen.

Bezogen auf eine Verhörsituation oder Gerichtsverhandlung sollte dies zu erhöhter Achtsamkeit auf die *Qualität* der Kommunikation führen. Diese wird vor allem durch die fragende Person bestimmt. Wird in einem angenehmen Tonfall geredet, wird eine verständliche Sprache gesprochen? Findet das Gespräch in einer stress- und angstfreien Atmosphäre statt? Zeigt die fragende Person Interesse und Verständnis und gibt es genügend Zeit? All das und manches mehr kann von großem Einfluss sein. Das räumliche Umfeld einer Verhörsituation sollte ebenfalls beachtet werden: Wie groß und hell ist der Raum, sitzt die verhörte Person bequem, kann sie ihr Gegenüber deutlich sehen?

Grundsätzlich ist es opportun, sich auch im Alltag um eine gute Qualität der Kommunikation zu bemühen, besonders dann, wenn wir von unseren Gesprächspartnern etwas erfahren wollen, wenn wir bei ihnen etwas erreichen wollen oder gar zukünftige nachhaltige Kooperationen eingehen möchten.

Insbesondere jene Menschen, die *professionell* mit Befragungen zu tun haben, wie Richter, Staatsanwälte und Polizeibeamte, auch Psychologen und Gutachter sind gut beraten, neuere wissenschaftliche Erkenntnisse der Psychologie der Befragung und der Glaubhaftigkeit von Aussagen in ihren Wissensschatz zu integrieren und sich danach zu verhalten.

Der verhaftete Autodieb machte also einen schüchternen, bescheidenen Eindruck auf Max Edelbacher, als dieser den Raum betrat. „Ein ruhiger Mann, Österreicher und unauffällig", so lautete das Urteil. Unweigerlich hatte der Polizeijurist einen ersten Eindruck. Daran anknüpfend sind Assoziationen und weiterführende Überlegungen und Einschätzungen möglich wie „Geldmangel, keinen familiären Anschluss, Notlage, plötzlich eine günstige Gelegenheit". Der Mann bricht in ein Auto ein – ein Gelegenheitseinbruch. Wir haben dank seiner Erzählungen aber auch gesehen, wie falsch man dabei liegen kann!

Um vorschnelle Einschätzungen zu vermeiden, versucht man, eine Person *einfach und schlicht* einmal kennenzulernen. Das ist in einer Polizeistube oder im Gerichtssaal nicht so einfach, da insbesondere die Befragten fast immer sehr nervös sind. Wenn man nun einen halbwegs authentischen Eindruck von einer Person gewinnen will, ihren Sprachduktus, ihre Stimme, ihre Ausdrucksfähigkeit, Gestik und Mimik kennenlernen möchte, lässt man üblicherweise Zeit für einen „freien Bericht". In dieser Anfangsphase der Einvernahme werden womöglich keine Fragen gestellt, um den Redefluss nicht zu unterbrechen. Besonders günstig ist es, wenn man sich in lockerer Gesprächsatmosphäre mit „allgemeine Dingen" beschäftigt und nicht mit dem zu untersuchenden Delikt. Sobald man sich mit der vorgeworfenen Gesetzwidrigkeit beschäftigt, wird die befragte Person noch nervöser und verliert meistens ihre Natürlichkeit in Gestik und sprachlichem Ausdruck. Gerötete Gesichtshaut, zittrige Stimme, schwitzende Hände, unruhiges Sitzen, an den

Haaren oder Ohren zupfen – all das kann Ausdruck von Nervosität sein.

Interessanterweise ist Nervosität keineswegs, wie man vielleicht annehmen möchte, ein verlässlicher Hinweis auf eine richtige oder falsche Aussage. Ebenso wenig lässt sich aufgrund merklicher Aufgeregtheit auf Schuld oder Unschuld schließen. (Im Kapitel „Lügenmerkmale & Glaubwürdigkeitsmerkmale" gehe ich darauf ein.)

Ein guter Anlass für ein relativ entspanntes erstes Gespräch bietet sich beim Erfassen der sogenannten „Generalien". Man fragt nach Adresse, Alter, Beschäftigung, Familienstand usw. und kann daran anknüpfend ins Gespräch einsteigen. Ein geübter, psychologisch geschulter Kriminalist beobachtet sein Gegenüber schon bei diesen unverfänglichen Passagen der Unterhaltung sehr genau. Erst wenn man den „natürlichen" Menschen kennengelernt hat, kann man feststellen, bei welchen Fragen oder Themen sich dessen Verhalten deutlich ändert. Infolge dieser Beobachtungen sind dann verlässlichere Schlüsse möglich.

Wenn wir uns über die Bedeutung der psychologischen Schulung Gedanken machen, ist es angebracht, kurz in die Geschichte der Forensik oder Kriminalistik einzutauchen. Übrigens kommt der Begriff der Forensik aus dem Lateinischen, das Forum war der Marktplatz. Auf dem *Forum Romanum* etwa wurde öffentlich untersucht, befragt, verhandelt, die Strafe verkündet und oft auch vollzogen. Lange Zeit war die Beurteilung der Glaubwürdigkeit von Aussagen und Personen fast das einzige Mittel der Wahrheitsfindung. Die Errungenschaften der modernen Naturwissenschaften, welche Spurensicherung, chemische Analysen, Sichtbarmachen von Fingerabdrücken und vieles mehr ermöglichten, stehen Richterinnen und Kriminalistinnen erst seit relativ kurzer Zeit zur Verfügung. Daraus ergab sich, dass Vorwürfe, Verteidigungen oder Gegenvorwürfe, Schilderungen, Berichte, eben Aussagen von Klägern, Beschuldigten und Zeugen über viele Jahrhunderte der Rechtsprechung fast das Einzige waren, das zur Beurteilung eines Vorfalles herangezogen werden konnte. Üblicherweise ging man damals davon aus, dass eine Person *entweder* glaubwürdig sei *oder nicht* bzw. eben lügt oder nicht – und zwar immer. Wahrhaftigkeit oder Verlogenheit hielt man für eine fast unveränderliche Eigenschaft. Wir kennen heute noch das Sprichwort: „Wer einmal lügt, dem glaubt man nicht, und wenn er auch die Wahrheit spricht.“ Viele Zeugenaussagen betrafen daher nicht den zu verhandelnden Fall, sondern waren personenbezogen. Man versuchte die Glaubwürdigkeit eines Menschen durch Zeugenaussagen zu widerlegen oder zu erhärten. Nach mittelalterlicher Auffassung war die Verurteilung eines Beschuldigten nur durch die Aussagen *zweier* glaubwürdiger Zeugen – ein Zeuge genügte nicht – oder durch ein Geständnis möglich. Ebenso sind aus der Geschichte zum Teil sehr grausame Praktiken bekannt, mit welchen man die Wahrhaftigkeit von Menschen zu prüfen beabsichtigte. Die Folter war keine Strafe, sondern eine Maßnahme des Strafverfahrens zur Wahrheitsfindung. Die „hochnotpeinliche Befragung“, die Folter der kirchlichen Inquisitionsgerichte, brachte selten die Wahrheit ans Tageslicht, dafür aber oft die befragte Person in den Tod. Man denke etwa an die Hexenprozesse.

In der *modernen* Aussagepsychologie steht nicht mehr die Glaubwürdigkeit der *Person* im Vordergrund, sondern die Glaubwürdigkeit einer *Aussage*. „Wer einmal lügt …“ sollte in der heutigen Gerichts- oder Polizeipraxis keine Bedeutung mehr haben. Man geht davon aus, dass Menschen in gewissen Zusammenhängen lügen können oder lügen müssen, etwa wenn sie Angst haben oder sich bedroht fühlen, selbst wenn sie sonst sehr wahrheitsliebend sind, und vice versa. Auch stellt man heute in Rechnung, dass viele Falschaussagen besonders bei Zeugen nicht der Lüge, sondern dem Irrtum oder einer überschäumenden Fantasie entspringen, man übertreibt, erfindet dazu, schmückt aus.

Der versierte Kriminalist, die geschulte Richterin versucht die Glaubhaftigkeit der *konkreten Aussage* zu ergründen. Das dienliche Werkzeug ist die moderne Aussagepsychologie, an anderer Stelle (in den Kapiteln Lügenmerkmale & Glaubwürdigkeitsmerkmale und Fragetechnik – Wissenschaft oder Kunst?) gehe ich genauer darauf ein.

Max Edelbacher hatte an diesem Tag Zeit, er war entspannt, nicht im Stress. Das sind gute Bedingungen für ein Gespräch, in dem Vertrauen aufgebaut werden kann. Beiderseitiges Vertrauen ist für die Wahrheitsfindung sehr hilfreich.

Ich erinnere an das in meiner Einleitung beschriebene „Brieftaschenexperiment“, welches gut veranschaulichen kann, dass Menschen das in sie gesetzte Vertrauen nicht leicht enttäuschen können. Sie erinnern sich: Bei diesem Experiment wollte man eigentlich testen, ob leichte, fast unmerkliche körperliche Berührungen mit den Händen Vertrauen stiften können. Ein Praxis übrigens, die für Polizisten sehr beschränkt, für Richter und Staatsanwälte überhapt nicht anwendbar ist. Wie war die Versuchsanordnung? Man legte eine volle Brieftasche in eine Telefonzelle und filmte die Menschen, die diese betraten und die Brieftasche einsteckten, mit einer Minikamera. Beim Verlassen der Zelle sprach man sie an und fragte, ob sie eine vergessene Brieftasche gefunden hätten. Wenn man die Menschen während der kurzen Kommunikation unmerklich berührte, gaben diese deutlich häufiger die Brieftasche zurück, als wenn diese Berührungen nicht stattfanden.

Das bei den Versuchspersonen vermehrt produzierte körpereigene Hormon Oxytozin war für das Ergebnis verantwortlich. In diesem speziellen Experiment zeigte sich aber auch der für uns interessante Aspekt des Zusammenspiels von Vertrauen und Wahrhaftigkeit.

Vertrauen herzustellen bedeutet nicht, sich durch überfürsorgliche Betreuung oder Drohgebärden die kindlich-ängstliche Zuneigung zu erschleichen. Einen Menschen wirklich zu verstehen meint, diesen in (aus) seinem sozialen und kulturellen Umfeld zu erfassen, seine Sprache zu sprechen bzw. zu begreifen und die Beweggründe seines Handelns nachvollziehen zu können – soweit dies möglich ist –, ohne diese Motive für gut heißen zu müssen.

Vertrauen stellt Entspannung her, in entspannten Situationen sind die meisten Menschen authentisch, vernünftig, denkfähig und zugänglich.

Das hoffentlich entspannte Einstiegsgespräch erweist sich in der Praxis als ein möglicher Erfolgsfaktor. Ebenso wichtig scheint, wie gesagt, die räumliche Umgebung zu sein. Ein dunkles, enges Zimmer, in dem Angst als bestimmendes Gefühl hervorgerufen wird, ist sicherlich kontraproduktiv. Ein möglichst neutrales Ambiente, kein Prunksaal und kein Verlies, ist anzustreben. In den seltensten Fällen ist heutzutage durch Angstmache bei einem Verhör etwas zu erreichen. Ich denke, das war in den ersten Jahrzehnten nach dem Krieg noch anders, da war unter vielen Verhörspezialisten die Ansicht verbreitet, man könne durch Einschüchterung einen Menschen gesprächig machen. Besser fuhr man aber schon damals, wenn man sein Gegenüber achtete, ernst nahm und ihm etwa die Vorteile eines frühen Geständnisses für die kommende Gerichtsverhandlung nahelegte.

Das sogenannte „Abfragen der Generalien“ als Einstieg in das Gespräch bot, wie Max Edelbacher erzählt, die Möglichkeit, Interesse an der Person zu entwickeln, Sprache und soziales Umfeld kennenzulernen und einen „gewissen Sympathiefaktor“ wirken zu lassen. Eine wirklich erfahrene, gute Richterin oder ein Polizist sollte sowohl sprachlich – hier geht es um Wortschatz, typische Redewendungen, Dialekt – wie „habituell“ (also in der Art sich zu benehmen) mit jemandem aus der Unterschicht ebenso kommunizieren können wie mit jemandem aus der „upperclass“, mit jemandem vom Land ebenso wie mit einer Person aus der Großstadt.

Max Edelbacher kann dies offenbar, sonst wäre er übrigens kein so erfolgreicher Verhörspezialist mit höchster Aufklärungsquote geworden. So gelang es ihm, den Einbrecher zu einem Geständnis zu überreden, zumal auch die Beweislage zu offensichtlich war. An dieser Stelle taucht die Frage auf, ob es für den jungen Mann klug gewesen wäre, gar nichts zu sagen und einen Anwalt beizuziehen. Er hätte das Recht gehabt zu schweigen. Hat er überhaupt von seinem Recht gewusst? Ist ihm dieses auch nahegebracht worden? Wir wissen es nicht. Ob es bei dieser Sachlage für ihn nützlich gewesen wäre, steht auf einem anderen Blatt. Die Geschichte nahm ja eine andere, überraschende Wendung. In dem vertrauensvollen Gespräch, das sich zum Erstaunen der anderen Kriminalbeamten über mehrere Stunden hinzog, legte der Mann eine „Lebensbeichte“ ab und gestand über vierhundert Autoeinbrüche.

Über die Beweggründe des jungen Mannes können wir nur mutmaßen. Es kann sein, dass sich über die Jahre eine Last durch Schuldgefühle aufgebaut hatte und sich der Einbrecher einfach erleichtern wollte. In dem Fall hatte Max Edelbacher die Rolle/Funktion des Pfarrers oder Beichtvaters übernommen. Denkbar ist auch, dass der schüchterne junge Mann endlich Anerkennung wollte. Vielleicht hielt er sich für einen Meister seines Faches, aber kein Mensch wusste davon, dann hatte Max Edelbacher die Rolle des Bewunderers und Weitererzählers zu spielen. Vielleicht war der Verbrecher ein einsamer Mann und Max Edelbacher seit vielen Jahren der Erste, der interessiert und aufmerksam zuhörte. Manches davon ist denkbar und klingt plausibel, all diese denkbaren Motive für eine umfassende Aussage sind nur möglich, wenn es gelingt, eine wenn auch kurzfristige Beziehung aufzubauen.

3. Der Exhibitionist

Im April 1972 wurde ich vom heute noch legendären Polizeipräsidenten Josef Holaubek angelobt. (Sein Ausspruch anlässlich einer Entführung, „Ich bin's, dein Präsident", macht ihn so legendär). Die erste Dienststelle, an der ich tätig sein sollte, war das Polizeikommissariat Meidling. Der Bezirk Meidling und noch dazu das Polizeikommissariat Meidling selbst hatten ein ganz eigenes Ambiente. Meidling zählte in den Siebzigerjahren zu den Hochburgen der „Kriminalität" in Wien. Dementsprechend war das Publikum des Polizeikommissariats sehr gemischt. Der „Urtyp" des Wieners war hier ebenso anzutreffen wie der „gstandene Strizzi" und Angehörige der zugewanderten Generation der balkan- und türkischstämmigen „Gastarbeiter".

Auf Grund meiner Herkunft, Vorbildung und bisherigen Lebenserfahrung (Mittelschule am Alsergrund, Jusstudium an der Universität Wien, Tätigkeit als Friseurlehrling und Geselle im Friseurgeschäft meiner Mutter,

Rechtspraxis am Strafbezirksgericht Josefstadt, Referententätigkeit in der Dokumentenabteilung in der Länderbank) war die sehr unterschiedliche personelle Besetzung mit Akademikern des Polizeikommissariates für mich eine höchst denkwürdige Erfahrung. Es gab hier den Herrn Stadthauptmann: einen Kärntner, der einen eher zurückgezogenen Eindruck machte, einer ethnischen Minderheit angehörte, intellektuell vielseitige Interessen hatte und nicht so sehr als Polizeihofrat wirkte, wie man es erwarten hätte können. Der Leiter des Polizeikommissariates beschäftigte sich offensichtlich nicht allzu gerne mit mir, sondern vermittelte mich, den „Neuen", rasch an den erfahrenen „Verwaltungsjuristen".

Der Verwaltungsjurist war ein sehr konservativ wirkender Mann, der gegenüber den Parteien streng und autoritär agierte. Er war als äußerst routinierter Referent im Bereich Verwaltungsstrafsachen bekannt. Diese Verfahren konnten relativ rasch abgewickelt werden. Der Sachverhalt war meist klar und überschaubar und beruhte in der Regel auf Berichten von uniformierten Polizisten im Dienst. Dem/den Polizisten war praktisch immer eher Glauben zu schenken als Verdächtigen und daher folgte auf dieses Verfahren in der Regel ein Schuldspruch des Verdächtigen. Die Verwaltungsstraftäter nahmen die verhängten Strafen auch fast immer unter „Rechtsmittelverzicht" an.

Dann gab es noch den Stellvertretenden Leiter des Polizeikommissariates, einen Polizeioberrat, dem ein legendärer Ruf vorauseilte, da er als besonders geschulter Mann für die Bearbeitung von Fällen der „Schwerkriminalität" galt. Die erste Begegnung mit ihm war tatsächlich überaus beeindruckend und imponierte mir sehr. Ich erlebte ihn dabei, wie er sich mit dem leitenden Kriminalbeamten des Bezirkes die Arbeit aufteilte. Der Polizeioberrat verfügte über eine enorm rasche Auffassungsgabe, sah und las einen Akt im Blitztempo und entschied ebenso rasch, was damit geschehen sollte. Der Morgenrapport, den ich mehrfach miterleben durfte, war immer von seiner Brillanz und Aktivität geprägt. Man hätte sein Handeln auch mit jenem von Cäsar vergleichen können: „Er kam, sah und siegte."

Diese drei Männer bestimmten den Führungsstil des Polizeikommissariates. Ich versuchte in der Einschulungszeit so rasch und so viel Wissen wie möglich aufzunehmen, da es von jedem etwas zu lernen galt. Am faszinierendsten habe ich natürlich den Kriminalisten empfunden, der meine Zukunft entscheidend geprägt hat. Ich fand es unheimlich spannend, mich mit der Lösung von Kriminalfällen zu beschäftigen, und war von dieser Tätigkeit weit mehr beeindruckt als von der „Verwaltungsjuristerei", die einem zwar viel Detailkenntnisse abverlangte, aber bei Weitem nicht die Faszination ausübte, wie es das weite Feld der kriminellen Erscheinungen tat.

Relativ bald wurde ich auch beim Kriminalisten zur Schulung eingeteilt. Nach der organisatorischen Einschulung über die Arbeitsteilung zwischen Kriminaldienst, Kriminalbeamten und Juristen lernte ich auch, wie man Einvernahmen durchführt. Dabei handelt es sich meiner Meinung nach um die im Polizeidienst interessanteste kriminalistische Arbeit. Die Einvernahme wirkt gewissermaßen wie ein Wettstreit zwischen dem Vernehmenden und dem Einvernommenen. Dabei stellt sich heraus, wer von den beiden der geschicktere, klügere, raffiniertere Mensch zu sein scheint, der auf Grund seiner Persönlichkeit, seines Einfühlungsvermögens, seiner Geduld, Beharrlichkeit und Zielstrebigkeit dem anderen seinen Denkstil und seinen Charakter gewissermaßen aufzwingt. Nicht zuletzt geht es aber um die Wahrheit, die spannende Suche nach dem, was wirklich geschehen ist, warum es sich so ereignet hat und was das Motiv des Handelns war.

Der Polizeioberrat war ein Meister seines Metiers. Er hatte die Begabung, die Gesamtpersönlichkeit seines Gegenübers intellektuell und instinktiv rasch zu erfassen. Er verfügte über die Fähigkeit, Menschen auf der Kopf- und Bauchebene rasch zu analysieren. Meistens lag er mit seiner Einschätzung richtig. Seine Fragestellungen ermöglichten es ihm, rasch die Schwachstellen einer Argumentation aufzudecken und die Gründe, warum die Wahrheit verheimlicht wurde, aufzuspüren. Seine Sprache und seine Art und Fähigkeit zur Kommunikation, sowohl die verbale als auch die nonverbale, waren beeindruckend.

Die Begegnung mit solchen Menschen, den „Profis" der Einvernahme, lässt die Technik und Strategie der Einvernahme als eigene Kunst erscheinen und zeigt, worum es hier eigentlich geht bzw. wie kunstvoll diese Tätigkeit ist. Dieser Beruf hat viele Facetten, aber die königliche Disziplin scheint dabei tatsächlich die „Kunst der Befragung und Einvernahme" zu sein. Immer wieder war ich von Menschen wie den Polizeioberrat fasziniert, die aus der Einvernahme eine hohe Schule der menschlichen Begegnung machten.

Mit seinen leuchtenden Augen und seinem regen Geist durchdrang er sein „Einvernahme-Opfer" und man gewann den Eindruck, er würde bis in das Innerste des Betreffenden vorstoßen, sodass ihm nichts verborgen bliebe. Seine charismatische Persönlichkeit und die enorme Präsenz machten es seinem Gegenüber schwer, sich dem persönlichen Bann dieses Mannes zu entziehen.

Eines Tages stand die Einvernahme eines Verdächtigen wegen der Begehung eines Sexualdeliktes auf dem Plan, es bestand die Vermutung, er sei „Exhibitionist". Da ich bei einer solchen Einvernahme noch nie anwesend gewesen war, war ich gespannt und voller Erwartung, wie diese vor sich gehen würde. Es hätte eine spannende Lehr- und Lernstunde werden sollen. Der Verdächtige erschien zur vorgeschriebenen Zeit im Büro des Stadthauptmannstellvertreters und die Schriftführerin hatte für die Einvernahme alles vorbereitet. Sie hatte einige relevante Fragen gestellt, um vorab zu einem Gesamtbild der zu vernehmenden Person zu kommen und die Meldedaten, das Strafregister, die sogenannten persönlichen Verhältnisse und die erkennungsdienstlichen Unterlagen erfragt. Grundlage zur Einvernahme war die Wahrnehmung einer Zeugin, die dem Mann begegnet war und das exhibitionistische Verhalten des Mannes bei der Polizei angezeigt hatte. Über die Täterbeschreibung kam man auf die verdächtige Person, die im Zuge der Erhebungen von der anzeigenden Frau identifiziert wurde.

Das Zimmer des Polizeioberrates war sehr groß. In der Mitte stand sein Schreibtisch, auf der einen Seite saß er und auf der anderen Seite des Tisches war der Stuhl, auf dem der Verdächtige Platz nahm. Etwas abseits saß die Schriftführerin an einem kleinen Schreibmaschinentischchen und war bereit, mit dem Tippen zu starten. Die Einvernahme beginnt üblicherweise mit der Befragung zur Person, wie ich es bereits im vorigen Kapitel erzählt habe. Diese an sich neutralen Fragen dienen grundsätzlich nicht nur zur Information über die Person, sondern schaffen auch ein neutrales Klima. Aufgrund dieser Fragen kann man sich auf das Verhalten des zu Vernehmenden einstellen, zudem kann man erwarten, dass man bei der Beantwortung dieser neutralen Fragen nicht angelogen wird, wodurch man auch eine Menge über das Verhaltens- und Reaktionsmuster feststellen kann.

Der Polizeioberrat zeigte sich in dieser Vernehmung als ein unruhiger Mensch, der nie auf seinem Platz sitzen bleiben wollte oder konnte. Ständig stand er auf und ging im Zimmer hin und her. Der Verdächtige saß „brav“ auf seinem Stuhl. Wie vorgesehen hätte er direkt gegenüber dem Polizeioberrat sitzen sollen, was nicht der Fall war, da dieser nun besonders dynamisch war und regelmäßig im Kreis um die ganze Sitzgruppe herumwanderte. Das Zimmer war entsprechend groß und daher war diese Form der Einvernahmeführung möglich. Der Polizeioberrat war von mittlerer Statur, klopfte sich immer wieder auf seinen Bauch und strich sich über seinen Kinnbart, wenn er Fragen an den Verdächtigen stellte oder zum Sitzplatz der Schriftführerin wanderte und deren Mitschrift kontrollierte. Ja, mich gab es ja auch noch im Zimmer. Ich stand etwas entfernt von der Schriftführerin in einem toten Winkel zum Verdächtigen und fiel diesem daher auch nicht weiter auf, da ich mich ruhig verhielt und nur das Geschehen verfolgte. Als die Rede auf die angeblich exhibitionistischen Handlungen kam, wurde es etwas unruhiger. Der Verdächtige bestritt zunächst die Vorwürfe. Nach mehrfachem Vorhalten erklärte er, dass er sich nicht mehr erinnern könne, da er an diesem Abend – die Tatzeit war der spätere Abend, so gegen 20.00 Uhr (es war Herbst und daher schon sehr dunkel um diese Zeit) – bereits etliche alkoholische Getränke zu sich genommen habe. Während der Polizeioberrat wieder regelmäßig in konzentrischen Kreisen um die Tischgruppe und den Verdächtigen herumging, versuchte dieser mit dem Polizeioberrat Blickkontakt zu halten und drehte seinen Kopf in die Richtung, in der sich der Polizeioberrat befand. Das gelang ihm nur teilweise, da er sich in seinem Sessel nicht um 360 Grad drehen konnte. Immer wenn sich der Polizeioberrat genau hinter dem Verdächtigen befand, fühlte sich dieser besonders „unwohl“. Er wollte den Blickkontakt sichtlich aufrechterhalten, was natürlich misslang, bis es ihm schließlich zu viel wurde. Er sprang von seinem Sessel auf und schrie: „Ich halte das nicht mehr aus, ich kann Ihnen nicht folgen, wenn Sie nicht sitzen bleiben! Ich lasse mich nicht mehr weiter befragen." Er rannte zur Tür und wollte das Zimmer verlassen. Der Polizeioberrat drückte den Alarmknopf. Sofort stürmte ein Polizist vom Wachzimmer in das Einvernahmezimmer des Polizeioberrates und hinderte den Verdächtigen am Verlassen. Nach einigen Wortgefechten zwischen dem Polizeioberrat und dem Verdächtigen, der Androhung der Festnahme und Beruhigung des Verdächtigen, nahm dieser wieder auf seinem Stuhl Platz. Der Polizeioberrat allerdings nicht. Er entschied, dass ich, der Zuschauer, nun die Einvernahme fortführen sollte, und verließ das Zimmer.

Das war natürlich für alle Anwesenden eine Überraschung. Der vom Wachzimmer herbeigeeilte Polizist blieb im Zimmer stehen, unschlüssig, was er machen sollte, die Schriftführerin musste sich auch erst umstellen und ich selbst nahm nur zögerlich im Stuhl des Polizeioberrates Platz.

Es war meine erste heikle Einvernahme. Immerhin hatte ich noch nie einen Verdächtigen zu einem angeblichen Sexualdelikt befragt. Ich fühlte mich daher auch nicht wirklich wohl in meiner Haut und war mir sicher, dass man meine Unsicherheit wahrnehmen müsste. Es blieb mir nur die „Flucht" nach vorne. Ich nahm energisch Augenkontakt zum Verdächtigten auf, wiederholte in aller Ruhe die Vorhaltungen aus der Anzeige und nach längerem Zögern entschloss sich der Verdächtige dazu, die Wahrheit zu sagen. Er gestand die Tat, aber gab als Motiv an, dass er dringend „austreten" hätte müssen, da er schon so viel getrunken hatte, und dass er daher versucht habe, seine Blase im Rinnsal zu entleeren. Dass die Frau die später Anzeige erstattet hatte, des Weges gekommen sei, hätte er zunächst gar nicht bemerkt und es war ihm auch peinlich.

Aus der exhibitionistischen Handlung wurde damit eine Anstandsverletzung. Da die Tatzeugin es vorgezogen hatte, zum Ladungstermin nicht zu erscheinen, einer Wahlkonfrontation und Einvernahme fernzubleiben, musste man davon ausgehen, dass die Darstellung des Verdächtigen korrekt war, zumal auch aus der Anzeige nicht wirklich hervorging, ob der Täter in exhibitionistischer, also sexuell provozierender Art und Weise, gehandelt hatte oder ob seine Aussage der Wahrheit entsprach. Der gerichtliche Sachverhalt reichte für eine sogenannte Sachverhaltsdarstellung an die Staatsanwaltschaft Wien aus. Der Polizei stehen die Möglichkeiten einer Anzeige oder einer Sachverhaltsdarstellung offen. Ist sie sich sicher, dass tatbildmäßiges und schuldhaftes Verhalten vorliegt, dann erstattet sie eine Anzeige. Nimmt sie einen diesbezüglichen Mangel an, dann verfasst sie eine Sachverhaltsdarstellung. Damit zeigt sie dem Leiter des Verfahrens, dem zuständigen Staatsanwalt, was sie persönlich für einen Eindruck hat. Dieser ist natürlich in keiner Weise an eine solche Qualifizierung gebunden, sondern entscheidet selbstständig, welcher weitere Weg nun zu gehen ist.

Die Verletzung des Anstandes hatte aber die Eröffnung eines Verwaltungsstrafverfahrens zur Folge und ich verhängte aufgrund seines eingestandenen Verhaltens eine Geldstrafe, die der Mann sofort, unter Rechtsmittelverzicht, annahm.

Der Fall war somit polizeilich gelöst und ich hörte auch nie mehr wieder etwas von der Einleitung einer Anklage oder eines Strafverfahrens in diesem Fall. Wahrscheinlich ist die Zeugin beziehungsweise das Opfer auch bei Gericht nicht entschieden genug aufgetreten, sodass ihre Aussage für die Eröffnung und Durchführung eines Strafverfahrens ausgereicht hätte. Die ruhige und besonnene Einvernahme hat dazu geführt, in dieser Causa zu einem vernünftigen, wahrscheinlich sogar gerechten Ende zu kommen.

Für mich war es allerdings der Sprung ins kalte Wasser. Diese Einvernahme kam für mich überraschend, ich konnte mich nicht vorbereiten und fühlte mich zunächst überfordert. Interessant war, dass man sich in solchen Situationen wohl eher auf sein „Gespür" und seinen „Hausverstand" verlassen kann. Das war eine Lehre, die ich auch aus dieser Geschichte in Erinnerung behielt. Gelassenheit, das Konzentrieren auf die Fakten und das „schlichte" Zuhören-Können reichen in der Regel aus, um mit einer (schwierigen) Situation fertig werden zu können. Instinktiv habe ich vieles richtig gemacht, was wesentlich zum Gelingen einer Befragung und Einvernahme beiträgt.

Dem Polizeioberrat war der Fall nicht wichtig gewesen. Einerseits war er mit meinem Ergebnis zufrieden, was er aber nur durch wohlwollendes Schweigen zum Ausdruck brachte (Lob gibt es bei der Polizei wenig), andererseits sah er in dem Verdächtigen nur einen „nervösen Menschen", mit dem er nicht reden konnte, und damit war die Sache für ihn erledigt.

Wie lernt man kommunizieren? Halo-Effekt, selektive Wahrnehmung und Empathie

Man kann es als großes Glück für einen jungen Polizisten bezeichnen, gleich zu Beginn der Laufbahn in einem Bezirk arbeiten zu können, der von einem interessanten, vielschichtigen Kriminellenmilieu geprägt ist, und dort Führungspersonen zu begegnen, die sich durch Bildung, Expertise und Berufspraxis auszeichnen. Gute Lehrmeister und ein reiches Lern- und Betätigungsfeld sind wünschenswert für jeden „Lehrling“, um selbst einmal „Meister“ zu werden. Es gibt streng betrachtet keine „geborenen“ Meister der Einvernahme. Was Menschen tatsächlich können, hängt immer mit deren Lerngeschichte zusammen. Wir wissen, dass auch kommunikative Fähigkeiten, wie Einfühlungsvermögen, Empathie, Ausdrucksfähigkeit, Sprachvielfalt und vieles mehr, beim Heranwachsen *gelernt* werden. Viele Kompetenzen, die heute unter dem Begriff „soziale Intelligenz“ zusammengefasst sind, werden unter günstigen Sozialisationsbedingungen im familiären Umfeld oder in der Peergroup der Gleichaltrigen vermittelt, geübt und ständig kultiviert. Diese Fertigkeiten können aber auch noch im Erwachsenenalter, etwa in dafür vorgesehenen Seminaren und Schulungen, geübt oder „verfeinert“ werden.

Die soziale Herkunft, die Möglichkeit, sich in unterschiedlichen sozialen Gruppen zu bewegen und dort selbst Lebenserfahrungen zu sammeln, bilden eine günstige Voraussetzung dafür, differenzierte kommunikative Fähigkeiten zu entwickeln. Dass Max Edelbacher eine Friseurlehre ebenso wie ein Jusstudium absolvierte, war – so darf ich wohl annehmen – äußerst förderlich für seine Fähigkeit mit Menschen aus der Unterschicht ebenso wie mit

Akademikern angemessen, verständlich und eben „anschlussfähig" – auf gleicher Ebene – zu sprechen.

Überdies ist gerade der Friseurberuf mehr als viele andere „Handwerke" eine kommunikative Tätigkeit. Der Salon ist meist ein Ort der Begegnung. Selten, vielleicht noch in der psychoanalytischen Praxis, werden aushäusig so ungeniert Intimitäten und Sorgen erzählt. Die Friseurin ist oft Beraterin, Beichtmutter und jedenfalls geduldige Zuhörerin in einer Person.

Für Organisationen, die mit allen Schichten der Gesellschaft Kontakt pflegen wollen bzw. müssen – Polizei, Gerichte, Spitäler, Finanzbehörden, Schulen usw. –, trifft Folgendes zu: Je vielfältiger die soziale Zusammensetzung der Belegschaft und je höher entwickelt die soziale Intelligenz der Organisation bzw. der Mitarbeitenden ist, desto erfolgreicher können diese ihren jeweiligen Aufgaben gerecht werden. In den Vereinigten Staaten läuft die gesteuerte Entwicklung der Organisationen in Richtung soziale Anpassungsfähigkeit unter dem Begriff „Diversity Management". Dort sind etwa Frauen, Schwarze oder Latinos als Polizistinnen und Polizisten seit Jahren selbstverständlich. Bei uns in Österreich dauerte es sehr lange, bis die ersten Frauen – außer als Schreibkraft – im Polizeidienst eingesetzt wurden. Der berufliche Einstieg der Frauen bei der Wiener Polizei war von engstirniger Skepsis der dort arbeitenden Männer begleitet. Auch die in Wien lebenden Ethnien sind kaum, um nicht zu sagen in keiner Weise, repräsentativ in der Wiener Polizei vertreten. Darum müsste sich diese aber bemühen. Ein für Österreich (und Deutschland) im Vergleich zu anderen EU- Ländern ungünstiger Befund ist auch die in vielen Untersuchungen festgestellte soziale Undurchlässigkeit unserer Gesellschaft. Akademiker kommen hierzulande selten aus der Unterschicht. An österreichischen Universitäten studieren fünfmal so viele Jugendliche aus Akademikerhaushalten wie aus solchen ohne akademischen Hintergrund. Man kann sich also vorstellen, dass unter Polizeijuristen wenige zu finden sind, deren persönliche Lebenserfahrung einen direkten, unkomplizierten Umgang mit Menschen aus der Unterschicht ermöglicht, da sie schlichtweg nicht deren sprachliche und habituelle Codes beherrschen.

Ich will, wie schon erwähnt, nicht behaupten, dass man diese Fähigkeiten nicht auch noch als Erwachsener erlernen kann. Auch bin ich sicher, dass es in der Wiener Polizei immer Personen mit hoher sozialer und kommunikativer Kompetenz gegeben hat und gibt. Wenn solche Personen als Multiplikatoren innerhalb der Organisation anerkannt und geschätzt sind, wenn diese ihr Wissen und ihre Erfahrung „geplant und gestaltet" an jüngere Kolleginnen und Kollegen weiterreichen können, dann spricht man von einer „lernenden Organisation".

Jeder wird sich also glücklich preisen können, wenn seine Karriere von echten „Lehrmeistern" begleitet wird. Wobei die wahren Lehrmeister sich dadurch auszeichnen, dass sie selbst immer „Lehrlinge" bleiben. Die Skepsis gegenüber der eigenen Expertise ist eine hohe Kunst. Das Sokratische „Ich weiß, dass ich nichts weiß" ist die oft zu wenig geübte Selbsthinterfragung von Experten. Die Selbstüberschätzung vieler Menschen ist gerade in jenen Fach- oder Wissensgebieten am höchsten, in denen diese tatsächlich Experten sind. Die akkumulierte reiche Erfahrung, die erworbene routinierte Problemlösungskompetenz, das schnelle intuitive Erfassen von heiklen Situationen, das Erkennen von Regeln und Mustern machen das Handeln von Expertinnen in sehr vielen Fällen erfolgreich und ebenso effizient. Je erfolgreicher eine Person aber ist, desto unkritischer kann sie den eigenen Fertigkeiten gegenüber werden. Der *eine* wichtige Spezialfall, der den bisherigen Erfahrungen *nicht* entspricht, der *nicht* den bekannten Regeln folgt, wird nicht erkannt. Je routinierter Handlungs- und Denkabläufe werden, desto schematischer werden sie unter Umständen – besonders unter dem Gesichtspunkt der Effizienz und Zeitersparnis – in Anwendung gebracht. Gerade von Experten geht daher oft große Gefahr aus, ihre Einschätzungsfehler bedrohen nicht nur deren eigene Existenz, sondern gefährden nicht selten die öffentliche Sicherheit. Das hat vor allem zwei Gründe: Erstens die oben erwähnte Neigung von Expertinnen und Experten zu Selbstüberschätzung gerade in ihrem ureigensten Metier und zweitens wagen es Mitarbeiter, „Lehrlinge“ und Untergebene nicht, ihren vorgesetzten Experten zu widersprechen oder sie auf offensichtliche Fehler aufmerksam zu machen. Hierarchiedenken und (Kadaver-)Gehorsam, früher hat man das auch Treue genannt, sind hohe Risikofaktoren. Die Katastrophenforschung hat diesbezüglich Ungeheures zutage gefördert. Assistenzärzte wagen es bei Operationen nicht, den Chefchirurgen auf einen offensichtlichen Fehler aufmerksam zu machen, wenn sie fürchten müssen „unangenehm“ aufzufallen. Ähnliches weiß man von Kopiloten.

Der Flugzeugabsturz der polnischen Maschine am 10. April 2010 bei Smolensk geht ebenfalls auf das Konto von „Gehorsamkeit wider besseren Wissens“. Der Pilot, der mit dem polnischen Premier Lech Kaczynski und weiteren 131 Menschen abstürzte und dabei ums Leben kam, hätte den Befehl seines Premiers, trotz widrigster Umstände doch einen Landeversuch zu unternehmen, verweigern müssen.

Gehorsamkeit und Expertenselbstüberschätzung sind experimentell gut nachgewiesen.

Insofern ist ein „alter Fuchs“ der Kriminalistik vor einer krassen Fehleinschätzung, wenn ihm ein vermeintlicher Delinquent vorgeführt wird, ebenso wenig gefeit wie eine erfahrene Richterin vor einem Fehlurteil. Das Sokratische Element der kritischen Selbsteinschätzung ist ein hilfreiches Werkzeug, aber es kostet Zeit und führt dazu, dass mühsam erworbene Sicherheit prekär wird. Wer gut damit lebt, ist der *wahre* Meister. Eine weitere Möglichkeit, sich vor voreiligen (Fehl-)Schlüssen zu schützen, ist eine Geisteshaltung, die in der griechischen skeptischen Philosophie „Epoché" genannt wird.

Epoché meint Urteilsenthaltung bzw. Zurückhaltung. Diese geistige Grundhaltung muss geübt werden. Dadurch wird es erst möglich, Sachlagen und Menschen möglichst vorurteilsfrei zu betrachten.

Von Paul Watzlawick wird jener köstliche Spruch kolportiert: „Wer nur einen Hammer als Werkzeug kennt, für den ist jedes Problem ein Nagel." Dieses Bild passt auch auf das „Schablonendenken" und unsere Vorurteile: Dieses „Eh schon wissen!" und das „Das kennen wir schon, so war es schon immer!" sind Schablonen. Bei der Befragung des „Exhibitionisten" ging der erfahrene Kriminalist davon aus, dass *jeder* Mann, der bestimmte Teile seines Körpers bloßlegt, ein Exhibitionist sei. Urteilsenthaltung – Epoché – hätte auch andere Deutungsmöglichkeiten offengelassen. Wie sich später herausstellte, war der Mann betrunken gewesen und musste seine Notdurft an einem unpassenden Ort und unter „strenger" Beobachtung einer Dame verrichten.

Erfahrene Richter und Kriminalistinnen behaupten oft, sie würden sofort erkennen, ob jemand lügt oder etwas verheimlicht. Sie meinen, dies an gewissen Gesten oder einer signifikanten Mimik zu erkennen. Das würde bedeuten, dass jeder, der stottert oder sich nervös in die Lippe beißt, lügt. Jede, die unruhig auf dem Sessel hin und her rutscht, hätte etwas zu verbergen. (Auf die komplizierten Fragen und Probleme der Glaubwürdigkeit von Zeugen und Angeklagten gehe ich im Kapitel „Lügenmerkmale & Glaubwürdigkeitsmerkmale“ ein.) Wenn man jedoch beruflich immer stärker von solchen Klischeevorstellungen geprägt ist, läuft man Gefahr, ein ganz eingeschränktes, mitunter deprimierendes Menschenbild zu haben. Mir haben ältere Strafrichter in Seminaren erzählt, dass sie sich fast davor hüten müssen, nicht in jedem Menschen gleich einen Verbrecher zu vermuten.

Ich habe schon über den „first impression error“ geschrieben. Einen typischen Fehler dieser Art nennt man den „Halo-Effekt“. Halo nennen Astronomen eine Lichterscheinung am Himmel und bei den Griechen war Halo der Lichtring um Sonne und Mond. Mit Halo-Effekt ist gemeint, dass eine einzelne Eigenschaft oder eine bestimmte Verhaltensweise eines Menschen als besonders aussagekräftig wahrgenommen wird und alle anderen möglichen Eindrücke „überstrahlt“. Der Mensch wird dadurch fast ausschließlich entsprechend eines sehr auffälligen Verhaltens beurteilt.

Wenn etwa ein Polizist auf der Streife einen Menschen beobachtet, von dem er zu wissen glaubt, dass dieser ein Dieb sei, wird er jede seiner Handlungen in diese Richtung deuten. Jedes vorsichtige Umblicken wird verdächtig sein und als Beleg dafür gelten können, dass die Annahme, es handle sich um einen Dieb, richtig sei. Es gibt aber mehrere, ganz unverdächtige Gründe, warum sich ein Mensch ängstlich umblicken könnte. Vielleicht hat die beobachtete Person eine Phobie, möglicherweise will sie aus privaten Gründen nicht gesehen werden. Viele Gründe sind denkbar, aber diese werden dem Polizisten unter Umständen nicht in den Sinn kommen. Auch hier wäre Epoché die richtige Gegenstrategie.

Die Zurück- oder Urteilsenthaltung ist übrigens keinesfalls Desinteresse! Ganz im Gegenteil ist es eine neugierige, lernfreudige Grundhaltung, die die Begegnung mit fremden Menschen erst wirklich interessant machen kann. Eine ähnliche Grundhaltung ist in der psychoanalytischen Praxis Voraussetzung für erfolgreiche Therapien, man nennt diese „freischwebende Aufmerksamkeit". Sie soll verhindern, dass eine Analytikerin oder ein Analytiker zu früh eine diagnostische Hypothese erstellt und alle Wahrnehmungen (Gesten, Gesprächsausschnitte, Emotionen usw.) im Lichte dieser Hypothese interpretiert. Kommunikative Ereignisse, die der einmal aufgestellten Hypothese nicht entsprechen, werden oft nicht wahrgenommen. Das Phänomen der „selektiven Wahrnehmung" ist ein häufig auftretender psychischer Mechanismus und experimentell gut untersucht. Wir begegnen dieser Erscheinung auch in unserem Alltagsleben. Man könnte sagen, wir sehen und hören nur das, was in unser Weltbild passt, und übersehen, was unsere einmal aufgestellten Hypothesen zu Fall bringen könnte. Das hat mit unserem „Sicherheitsbedürfnis" zu tun. Wir meinen uns in der Welt auszukennen und scheuen alles, was uns in den seelisch belastenden Zustand der Unsicherheit werfen könnte. Daher versuchen wir tendenziell jeweils *das* zu beweisen, wovon wir (ohnehin) überzeugt sind, und das zu widerlegen, woran wir *nicht* glauben (wollen). Karl Popper war einer jener Philosophen, die den umgekehrten Weg der Beweisführung als den wissenschaftlich redlichen beschrieben haben. Auf die Alltagspraxis einer Kriminalistin oder eines Richters heruntergebrochen besagt Poppers „kritischer Rationalismus" Folgendes: Wenn ich der Meinung bin, dass ein Beschuldigter ein bestimmtes Verbrechen begangen hat, so sollte ich nicht ausschließlich versuchen seine Schuld zu beweisen, sondern auch versuchen, entgegen meiner Überzeugung, dessen Unschuld zu belegen. Wenn dies nach redlichen Versuchen *nicht* gelingt, dann kann ich davon ausgehen, dass der Delinquent tatsächlich schuldig ist.

Zur Illustration dieses Gedankens sei noch auf das bekannte Beispiel von den weißen und schwarzen Schwänen verwiesen. Wenn man beweisen will, dass der Satz „*Alle* Schwäne sind weiß" richtig ist, sollte man sich nicht auf die Suche nach weißen Schwänen begeben, sondern die schwarzen Exemplare ausfindig machen. Jeder weitere gesichtete weiße Schwan macht den besagten Satz bestenfalls wahrscheinlicher. Mit einem einzigen schwarzen Schwan kann ich aber den Satz „Alle Schwäne sind weiß" zu Fall bringen. In der Statistik wird die sogenannte „Gegenthese" als Null-Hypothese bezeichnet und dieser Begriff ging auch in die forensische Psychologie ein. Grundsätzlich ist die Regel „in dubio pro reo", also „im Zweifel *für* den Angeklagten", Ausdruck der Anerkennung der Null-Hypothese.

Die Beachtung jener Denkgesetze macht die Arbeit von Richtern und Polizisten nicht leichter, das ist klar. Eine Abfertigung nach Schema F ist schnell, routiniert, effizient und selbststabilisierend. Auf der anderen Seite kommt es zu Fehlentscheidungen, Ungerechtigkeiten und bei häufigem Auftreten zu deutlichen Defiziten im Bewusstsein von behördlich zugesicherter Rechtssicherheit. Man weiß aus Befragungen, die das Justizministerium in Österreich durchgeführt hat, dass durch ein wirklich fair geführtes Verfahren selbst bei verurteilten Personen ein besseres Image der Justiz entsteht als bei freigesprochenen Personen durch ein unfair geführtes.

Ein weiterer sehr wichtiger Aspekt von Haltungen wie freischwebende Aufmerksamkeit, Urteilsenthaltung, Vermeidung vorschneller Vorurteile ist die Möglichkeit, eine Fülle von neuen Einsichten zu erlangen, seine Menschenkenntnis zu verfeinern und das fast uneingeschränkte

Vertrauen von in vielen Fällen ungewöhnlichen Menschen zu erlangen. Viele Menschen, denen man unerwartet Vertrauen entgegenbringt, versuchen sich dieses Vertrauens würdig zu erweisen. Unter solchen Bedingungen sind diese bereit sich zu öffnen und man kann in Gedanken- und Erlebniswelten vordringen, die man bisher nicht gekannt hat. Daher fand Max Edelbacher es „unheimlich spannend, sich mit Kriminalfällen zu befassen". Was bewegt Menschen dazu, strafbare Handlungen zu begehen? Welche Motive haben sie? Hätten sie Alternativen gehabt?

Sich in andere Menschen hineinzuversetzen, zu versuchen deren Gedanken nachzuvollziehen, unter Umständen zu prognostizieren, was sie als Nächstes denken und tun werden, gehört zu den spannendsten und auch kompliziertesten kognitiven Vorgängen. Wir Menschen haben diese Fähigkeit, uns in die Denkvorgänge anderer „einzuschleichen", empathisch mitzuempfinden, nur „an sich", quasi als Anlage. Lediglich die *Möglichkeit*, diese Fähigkeit zu entwickeln, ist angeboren. Als Kinder müssen wir im sozial-kommunikativen Umfeld diese urmenschliche Fähigkeit, die man „theory of mind" nennt, erlernen und tatsächlich können Kinder erst ab einem bestimmten Alter – etwa ab drei bis vier Jahren – die Gedanken und Emotionen anderer Menschen mit- und nachempfinden, und auch dies anfänglich nur rudimentär.

Eine „Einvernahme" oder ein „Verhör" – es ist interessant, alleine über die Bedeutung der beiden Begriffe nachzudenken – pendelt immer zwischen vertrauensvollem Gespräch und einem „Wettstreit, bei dem der Klügere und Raffiniertere versucht, dem anderen seinen Denkstil und Charakter aufzuzwingen", wie Max Edelbacher schreibt.

Dabei ist zu beachten, dass die Situation der Befragung bei Polizei und Gericht niemals wirklich egalitäre, symmetrische Verhältnisse zulässt. Die einvernommene Person wird vorgeladen oder gar vorgeführt, sitzt in einem Raum, den sie nicht kennt, weiß nicht, wohin das Gespräch führen soll, und fühlt sich bedroht. Mir haben Richterinnen und Richter erzählt, welch heilsamer Schock es für sie war, erstmals selbst als Zeuginnen und Zeugen vorgeladen zu werden. Obwohl sie das Gebäude und die Situation sehr gut kannten, fühlten sie sich auf der „anderen Seite" sehr unwohl und legten Verhaltensweisen an den Tag, die sie selbst nicht von sich kannten. Sie waren schüchtern, trotzig, verunsichert, muffig und vieles mehr.

Für eine erfolgreiche Wahrheitsfindung ist es in den meisten Fällen angebracht, selbst unter tatsächlich schwierigen Bedingungen eher das vertrauensvolle Gespräch zu suchen. Die „Bad Cop – Good Cop"-Methode stellt *eine* der Möglichkeiten dar – vielleicht nicht immer die beste. Das Prinzip ist dabei ähnlich wie beim Sommerschlussverkauf. Wenn man eine Hose, die normalerweise 80 Euro kostet, folgendermaßen anschreibt: „Von 120 Euro auf 75 Euro reduziert!", denken dabei fast alle potenziellen Käufer, es handle sich um ein günstiges Angebot. Wenn ein Vorgeladener bei einem Verhör ein besonders strenges, oft brutales Gegenüber hat, wenn der „böse" Polizist etwa den Verhörten, der sich nicht vom Sessel rühren darf, wie ein Raubtier umrundet, wenn der Blickkontakt immer wieder abreißt, wenn gebrüllt wird, bis es der Delinquent „nicht mehr aushält", freut dieser sich schon über Normalität. Der Good Cop braucht also nur normale Umgangs- und Kommunikationsformen an den Tag legen und wird nach dem Bad Cop schon als besonders angenehm und vertrauenswürdig empfunden werden.

Mich erinnert die Situation an einen alten Graf-Bobby-Witz. Graf Bobby schlägt immer abends mit seinem Fuß gegen die Bettkante. Als er gefragt wird, warum er das mache, antwortet er: „Es ist so angenehm, wenn der Schmerz vergeht.“

Die „Bad Cop“-Methode birgt allerdings auch die Gefahr in sich, dass die verhörte Person in Angstzustände versetzt wird. Wenn sich eine Person existenziell bedroht fühlt, werden faktisch alle kognitiven Leistungen stark beeinträchtigt. Das heißt Denk-, Erinnerungs-, Ausdrucksvermögen, eigentlich alles, worauf eine gelungene Einvernahme aufbaut, steht nur sehr eingeschränkt zur Verfügung. Ein anderes Ergebnis von Angstmache und Einschüchterung ist das mögliche Zurückfallen, die Regression der einvernommenen Person in kindliche Zustände. Darin erleben Menschen nicht nur kognitive Einschränkungen, sie werden manchmal unmoralisch, trotzig oder apathisch, sie verlieren den Realitätsbezug, verweigern die Kommunikation überhaupt und vieles mehr, was wir von unseren Kindern kennen. Unter solchen Bedingungen ist Wahrheitsfindung fast unmöglich. Daher funktioniert die Methode „Bad Cop – Good Cop“ nur dann, wenn der gute Polizist all die vorher beschriebenen kindlichen Phänomene wieder zurückdrängen kann und die befragte Person sich kognitiv und emotional in einem vernehmungsfähigen Zustand befindet.

Und so wage ich zu vermuten, dass die „Bad Cop – Good Cop“-Methode in Hollywood weitaus erfolgreicher angewandt wird als in den Polizeistuben in Meidling.

4. Der Boss der Unterwelt

„Das organisierte Verbrechen“ bzw. die „Organisierte Kriminalität“ gibt es schon seit langer Zeit. Beispielsweise hat der berüchtigte Räuberhauptmann Johann Georg

Grasel, mit seinen Genossen Johann Fühdinger und Ignaz Stangl in den Jahren 1817 und 1818 in der Monarchie entgegen jeder Rechtsschranke gehandelt. Grasel erwarb sich damals den Ruf eines „Robin Hood“. Der damalige Herrscher musste sogar das Militär einsetzen, das die vermutlichen Aufenthaltsörtlichkeiten großräumig durchsuchte, da es der Polizei unmöglich war, dem Treiben der Grasel-Bande ein Ende zu setzen. Johann Georg Grasel, der beim Militär diente und dort desertierte, wurde schließlich dem Kriegsgericht übergeben. Zu seiner Hinrichtung kamen viele Schaulustige, vor allem Damen, die den in Ketten vorgeführten berüchtigten Räuberhauptmann sehen wollten. Dieser Erzählung macht deutlich, dass das oft idealisierte organisierte Verbrechen in der Bevölkerung immer wieder eine Ambivalenz aus Zustimmung und Ablehnung hervorruft.

Zur Zeit des Zweiten Weltkrieges trieb die „Simon-Platte“ in Wien ihr Unwesen, was jedoch von den Nazis totgeschwiegen wurde. Erst im Jahr 1947 konnten die Mitglieder der „Simon-Platte“ einer gerichtlichen Verurteilung zugeführt werden. So stand am 3. und 6. Dezember 1947 in der Tageszeitung „Neues Österreich“: „Siebzig Verbrecher vor dem Richter: es wurden 20 Morde und Mordversuche, 48 Einbrüche, 20 Autodiebstähle, eine Reihe von Betrugsfakten in den vorliegenden Akten im Umfang von mehr als 3000 Seiten vom Gericht abgehandelt.“ Bei diesem Großprozess wurden fünfzig Gangster der Stadt verurteilt. Simon war der sogenannte Anführer, die Mittäter wirkten in unterschiedlicher Zusammensetzung bei den verschiedenen Straftaten.

In der Nachkriegszeit bildeten sich infolge des Schleichhandels neue Strukturen in der „Wiener Unterwelt“. Es entstanden zwei Großgruppierungen, die „Praterpartie“ und die „Gürtelpartie“, die sich oft heftige Kämpfe lieferten. Zwischen 1950 und den späten Siebzigerjahren beherrschten diese Gruppierungen vor allem das Glückspiel, die Prostitution sowie die klassischen Zweige der organisierten Kriminalität.

Bald nach meinem Wechsel in die Hochburg der Kriminalitätsbekämpfung, dem Sicherheitsbüro, hatte ich eine dramatische Begegnung mit der „Wiener Unterwelt". Ich war Referent für die Bekämpfung von Kraftfahrzeugdiebstählen und hatte kurze Zeit später einen scheinbar einfachen Fall eines vermeintlich gestohlenen Mercedes der S-Klasse auf dem Tisch, der mich unmittelbar in die Gefilde der „Wiener Unterwelt" führte. Das Fahrzeug war in Hamburg gestohlen worden und wurde von einem „Mitarbeiter" des „Roten Heinzi", des damaligen „Unterweltbosses" in Wien, benützt. Bezüglich des gestohlenen Fahrzeuges wurde damals übrigens ein Strafverfahren gegen den Benützer des Fahrzeuges, Herrn M., eingeleitet, der wegen Hehlerei verurteilt wurde. Nach der klassischen Definition des organisierten Verbrechens gibt es verschiedene Hierarchieebenen: Der „Rote" war der Boss, M. war ein „Soldat", also einer auf der unteren Ebene, jemand, der die Befehle vollzog. Da er immerhin einen Mercedes fuhr, konnte man annehmen, dass er nicht mehr ganz „unten" tätig war, sondern in der Hierarchie schon etwas höher aufgestiegen war.

Unmittelbar nach dieser Information langte eine weitere Mitteilung ein: Es wurde bekannt, dass ein Schließfach einer Bank unter falschem Namen angemietet worden war. In diesem Fach wurden Beutestücke aus einem spektakulären Einbruchsdiebstahl in Düsseldorf verwahrt. Dieser Einbruch war von niemand Geringerem als von Heinz Karrer (dem bekannten „Einbrecher- und Ausbrecherkönig") begangen worden, der später bei der Verübung eines weiteren Einbruchs im Zuge der Fahndung erschossen wurde. Es gab immer wieder Hinweise darauf, dass engste Beziehungen zwischen Heinz Karrer und den damaligen Größen der Wiener Unterwelt bestanden hatten. Bei der Mitteilung über dieses Bankschließfach handelte es sich quasi um den „Missing Link“ der Beweisführung. Nach längerer Observation wurde der Wiener Unterweltboss, auch bekannt unter dem Namen „Roter Heinzi“, beim Versuch, das Schließfach zu öffnen, angetroffen. Bald stellte sich heraus, dass er der tatsächliche Mieter des Schließfaches war. Unter den Beutestücken fand sich unter anderem eine vergoldete PPK-Pistole. Der „Rote Heinzi“ wurde festgenommen und im Zuge der weiteren Ermittlungen versuchte man, die beiden anderen Größen der Wiener Unterwelt, nämlich den „Alten“ und den „Waldi“, festzunehmen. Damals herrschte dieses „Dreigestirn“ am Firmament der „Wiener Unterwelt“. Der „Alte“ flüchtete nach Brasilien, wie man später dank einer Ansichtskarte, die er verschickt hatte, erfuhr. Er konnte erst einige Jahre später in Deutschland ausgeforscht und festgenommen werden. „Waldi“ wurde den Armen seiner Geliebten entrissen und ins Polizeigefangenenhaus überstellt. Im Sicherheitsbüro wollten wir unbedingt die 48-stündige Frist zur Durchführung der Befragungen, Einvernahmen und zur Sammlung der Beweisführung nützen. Wir hatten viel Wissen, das einerseits in Aktenunterlagen, andererseits in den Köpfen der Kriminalbeamten existierte, zusammengefasst, um daraus ein umfassendes Konvolut für Staatsanwaltschaft und Gericht zusammenzustellen.

Dieser Schlag gegen die Führungsebene der Wiener Unterwelt war für die damalige Zeit schon sehr beachtlich, da man immer wieder versucht hatte, an diese „Führungspersönlichkeiten“ heranzukommen, aber es bis dahin nie gelungen war, genügend belastendes Material zu sammeln. Nun standen jedoch einige gravierende Fakten zur Verfügung. Es gab Hinweise auf die Organisation von illegalem Glücksspiel, Nötigung und Erpressung, Mittäterschaft bei Kunstdiebstählen, Kunstfälschungen sowie Hinweise auf Schmuggel von Diamanten, Benzin und Zigaretten. Die besten Anwälte und Strafverteidiger Wiens kümmerten sich um die Verdächtigten und so war es absehbar, dass wir nicht mit umfassenden Geständnissen der Inhaftierten rechnen konnten. Wir stellten uns auf ein beinhartes Indizienverfahren ein, wo nur Stück um Stück nachgewiesen hätte werden können.

Der „Rote Heinzi", der große Boss, wollte nicht wirklich viel mit uns reden. Er präsentierte sich zunächst als „Schweiger", verharmloste so ziemlich alles und gab nur zu oder eigentlich an, was unbedingt notwendig war – wie zum Beispiel seinen Namen, den er nicht abstreiten konnte. Seine Lebensumstände erwiesen sich als sehr „bescheiden": Er wohnte in einer 200 m^2 großen Wohnung, benützte einen Rolls-Royce als „Dienstfahrzeug" und hatte eine „kleine" Jacht im Mittelmeer liegen. Die Organisation rund um die drei Größen der Wiener Unterwelt war effizient aufgestellt. Sie beherrschten das Nachtleben in Wien, vor allem die wichtigsten Nachtlokale, die Prostitution, das Glückspiel und viele andere kriminelle Bereiche. Die Organisation war nicht allein auf Wien beschränkt, sie umfasste auch andere Bundesländer, bis hin nach Vorarlberg.

Wir teilten uns die Einvernahmen auf. Es waren ja nicht nur die beiden festgenommenen Köpfe der Wiener Unterwelt zu befragen und formell zu vernehmen, sondern auch weitere Mitglieder dieser Organisation. Die Kriminalbeamten begannen mit der Einvernahme des „Roten Heinzi" und fragten zunächst nach dem gemieteten Banksafe. Da der Safe unter einem falschen Namen angemietet worden war, konnte sich der Verdächtige diesem Vorwurf nicht wirklich entziehen. Er musste in bestimmter Art und Weise eindeutig dazu Stellung beziehen und gestehen.

Einvernahmen sind grundsätzlich immer taktische und strategische Vorgehensweisen, denn ohne Taktik bzw. Strategie erreicht man gerade bei solchen kriminellen Größen kein Geständnis. Hier war beispielsweise von vorneherein klar, dass ein Mann wie der „Rote Heinzi" nur dann eine Aussage tätigen würde, wenn alle Umstände offenlagen und die Möglichkeit einer ihn schützenden Aussage kaum mehr vorhanden war. Die Angelegenheit mit der Anmietung des Safes war relativ leicht aufklärbar. Schwieriger wurde es bei der Tatsache, dass sich eine vergoldete Faustfeuerwaffe, die seinerzeit von Heinz Karrer bei einem Einbruch erbeutet worden war, im Safe befand. Wie war sie dahin gekommen?

Diese beiden Beispiele zeigen, dass die Ermittler von objektiven Sachverhalten, also Beweisen, ausgegangen waren und sich dann im Lauf der Einvernahme auf das dünnere Eis der Spekulationen begeben hatten. In solchen Situationen gelingt es Verdächtigen oft, eine Darstellung zu liefern, die den tatsächlichen Ereignissen nur teilweise entspricht. Beim Sachverhalt mit der vergoldeten Waffe war es zwar ein Fakt, dass diese sich im Banksafe des „Roten Heinzi" befunden hatte, aber der Übergeber der Waffe, Heinz Karrer war ja bei einer Straftat getötet worden und so konnte der „Rote Heinzi" eine Geschichte dazu erzählen oder vermutlich sogar auftischen, die nie mehr wirklich objektiv überprüfbar ist. Wir konnten diesbezüglich also nichts beweisen und gingen daher von den offenen Fragen auf geschlossene Fragestellungen über.

Ein Verdächtiger tut sich naturgemäß bei jenen Bereichen leichter, wo er sich sicher ist auf festem Boden zu stehen, da er vermutet, dass die Polizei hier keine strafbaren Handlungen nachweisen kann. Zum Beispiel war es für den „Roten Heinzi" wesentlich angenehmer, über seine Münzsammlung zu plaudern als über das Bankschließfach. Für die Polizei war von vornherein nicht klar, ob diese Sammlung einer strafbaren Handlung entstammte oder redlich erworben worden war. Im Zuge der Einvernahme konnte der „Rote Heinzi" nachweisen, dass er diese Münzsammlung tatsächlich nur bei Auktionen und bei Münzhändlern erworben hatte. Man merkt bei Einvernahmen immer sehr rasch, ob das Gegenüber locker sprechen kann oder ob es zwanghaft nach Ausreden und Verschleierungen sucht, um die Polizei „an der Nase herumführen" zu können.

Wenn es aber, wie es so schön im „Amtsdeutsch" genannt wird, um die Mitwirkung zur Aufklärung eines Sachverhaltes ging – hier lagen ja etliche Tatbestände vor –, gestaltete sich die Einvernahme des „Roten Heinzi" schon wesentlich zäher. Natürlich teilten wir stets die Belehrung und den Ratschlag mit, dass ein Geständnis ein wichtiger Milderungsgrund sei, um die Gesamtstrafe nicht zu hoch ausfallen zu lassen. Doch unserem prominenten Verdächtigen kam es überhaupt nicht in den Sinn, auf dieses Angebot einzugehen. Für ihn ging es scheinbar darum, abzuwägen, was wichtiger war: die mildere Strafe oder die Verbundenheit mit seiner Gruppe. Gerade für den Boss der „Wiener Unterwelt" bestand noch dazu der Druck, unter seinesgleichen als Vorbild zu gelten. Ein „Umfallen" hätte für alle, nicht nur für den Boss selbst, fatale Folgen gehabt.

Auf die vielen weiteren Details der Einvernahme kann hier leider nicht eingegangen werden, da sie auch heute noch, mehr als dreißig Jahre später, dem Amtsgeheimnis unterliegen. Nur eines sei noch zur Demonstration der verschiedenartigen Rollen (des Vernehmenden und des Verdächtigen) gesagt: Es spielen sich bei stundenlangen Verhören viele kleine Ereignisse ab, die wesentliche Interpretationshilfen für das Gesamtgeschehen sind. Das können zum Beispiel höchstpersönliche Bemerkungen über die Freundin oder Rauchgewohnheiten sein oder der Vernommene will etwas trinken, essen, auf die Toilette gehen oder es ergeben sich spontane Reaktionen aufgrund von Kommentaren, Zwischenrufen, Anrufen oder Personen, die plötzlich ins Zimmer kommen. Manchmal lohnt es sich, diese Ereignisse in einem eigenen Aktenvermerk festzuhalten, damit sich die Staatsanwältin oder der Richter später, bei der Hauptverhandlung, ein besseres Bild vom Angeklagten machen kann. Es kann zum Beispiel sein, dass trotz hartnäckigen Leugnens der Eindruck entsteht, dass der Verdächtige schuldig ist, weil seine Körpersprache und seine Reaktionen im kompletten Widerspruch zu seiner Aussage stehen. Als es beim „Roten Heinzi" um den Vorhalt massiver Straftaten ging, war an seinem Verhalten deutlich ablesbar, dass er in die Straftat verwickelt war, aber nicht gestehen wollte oder es aus den angeführten Gründen nicht konnte. Wir verfügten über viele sogenannte „weiche Informationen", die wir dem „Roten" nie nachweisen konnten; er wusste es und wir wussten es – daher wurde darüber geschwiegen. Er wurde schließlich zu dreieinhalb Jahren unbedingte Haft verurteilt.

Unvergesslich wird mir auch die Einvernahme von „Waldi" bleiben. Dazu muss ich die Vorgeschichte erzählen, die „Waldi" später nämlich sehr verunsicherte. Durch eine Dienstreise nach Deutschland konnte festgestellt werden, dass der Unterweltler „Waldi" mit hoher Wahrscheinlichkeit dort an einem schweren Raubüberfall an einem Ehepaar beteiligt gewesen war. Die Opfer erkannten auf vorgelegten Lichtbildern „Waldi" als einen der Räuber. Ich war begierig diese Straftat bei der Einvernahme zu klären. Eine solche Einvernahme gehört, wie schon erwähnt, gründlich vorbereitet. Man muss jede Information über dokumentierte Vorfälle sammeln, sich sehr gut in die Materialien einlesen und sich ein umfassendes Bild über den Verdächtigen machen. Die polizeilichen Aktenmaterialien lassen so eine gründliche Vorbereitung zu, da vieles aus der Lebensgeschichte von Kriminellen polizeilich dokumentiert wird. Neben dieser intellektuellen Aufbereitung eines Falles bedarf es aber auch des Zurechtlegens einer Taktik und Strategie für die Befragung. Im Wesentlichen muss überlegt werden, wie man die Einvernahme beginnt, welche Vorhaltungen man anfangs vorbringt und welche man eventuell für einen späteren Zeitpunkt der Befragung aufhebt.

All das relativiert sich aber, wenn der Vernehmende und der zu Vernehmende aufeinandertreffen. Denn wie bereits erwähnt: In diesen wenigen Sekunden entscheidet sich, ob ein Gespräch und eine Einvernahme möglich und sinnvoll sind. Die Konfrontation spielt sich auf der rationalen und emotionalen Ebene ab. Treten im Zuge der Begegnung gravierende Störungen im Bereich der Bauchebene auf, stimmt einfach die Chemie zwischen den beiden Menschen nicht. In diesem Fall sollte überlegt werden, ob der Vernehmende ausgetauscht werden kann. Der Tausch muss zwar nicht sofort erfolgen, aber im Zuge der Befragungen ergibt sich diese Notwendigkeit oft doch sehr bald.

Wenn ich das damalige Geschehen aus heutiger Sicht retrospektiv betrachte, muss ich kritisch feststellen, dass die Ausgangssituation für die Einvernahme bei „Waldi“ zunächst nicht gerade optimal war. Ort und Zeit waren zwar gut ausgesucht, da es am späteren Nachmittag im Journaldienst üblicherweise schon ruhiger war. Aber ein

Journaldienst unter der Woche birgt immer eine gewisse Gefährdung durch unerwartete Störungen, da man nie genau weiß, was anfällt. Es kann beispielsweise jemand unangemeldet in den Raum kommen, um etwas zu berichten, oder aber es stören Anrufe, die man entgegennehmen muss. Diese möglichen Hindernisse nahm ich bei der Einvernahme in Kauf.

„Waldi" wurde von einem Kriminalbeamten aus dem Gefangenenhaus in das Zimmer gebracht und nach der üblichen vorbereitenden Unterhaltung wurden seine Personalien aufgenommen. „Waldi" wurde im Sicherheitsbüro wie ein prominenter Star behandelt. Manche Kriminalbeamte zollten ihm unverhohlen Hochachtung, was für mich überraschend war, wenn man bedenkt, dass er in der „Wiener Unterwelt" nicht unbedingt „zimperlich" mit seinen Leuten umging. Später wurde das Bild der Bedeutung „Waldis" und seiner begangenen Straftaten klarer, da er den Kriminalbeamten des Gewaltreferates früher wichtige Informationen zukommen lassen hatte. Das war der Grund dafür, dass diese positiv auf ihn reagierten. Auch „Waldi" selbst erwartete, dass er mit Samthandschuhen angegriffen würde, und war höchst erstaunt, als dies bei mir nicht geschah. Dementsprechend steht im Protokoll der ersten Einvernahme Folgendes:

„Niederschrift aufgenommen mit ... Der Verdächtige wird aus der Haft vorgeführt und gibt Folgendes auf die Fragen an:

Vorhalt: Sie werden bezüglich des Faktums Verdacht der Erpressung, Verdacht der gefährlichen Drohung und Verdacht der Körperverletzung, begangen in München, zu Ihrer Verantwortung gefragt?

Antwort: Ich sage nichts.

Vorhalt: Sie werden gefragt, ob Sie im Frühjahr und Sommer (...) mit B. und A. in Italien, Rom, waren?

Antwort: Ich sage nichts.

Vorhalt: Sie werden gefragt, ob Sie am 17. 5. 1977 in der Diskothek George P. und Ernst D. geschlagen haben?

Antwort: Ich sage nichts."

Da der Beschuldigte nichts sagen wollte, kann diese Einvernahme als nicht wirklich harmonisch und gelungen bezeichnet werden. Das Klima war von Anfang an äußerst gereizt. Da „Waldi" bereits als Informant „gedient" hatte, erwartete er sich scheinbar eine „schonende Behandlung" und damit eine angenehme „pro Forma"-Einvernahme. Er hatte wohl nicht damit gerechnet, dass ihm tatsächlich ernste Vorhaltungen gemacht würden und dass er zu begangenen Straftaten Stellung nehmen hätte sollen. Die Einvernahme endete damit, dass „Waldi" auch die Unterschrift unter dem getippten Einvernahmeprotokoll verweigerte, was ihm natürlich rechtmäßig zustand.

Bei einer neuerlichen Einvernahme änderte ich sämtliche Umfeldbedingungen. Sie wurde in einem ruhig gelegenen Zimmer, abseits jeglicher Ablenkung, durchgeführt. Diesmal nahm ich mir alle erdenkliche Zeit, war gelassen und ruhig und versuchte keine Emotionen hochkommen zu lassen. Auch „Waldi" dürfte mit einer anderen Einstellung zu dieser Einvernahme gekommen sein. Er war mittlerweile in Untersuchungshaft und wusste, dass er ohnehin länger in Haft bleiben würde und dass wir von ihm erwarteten, dass er bestimmte Aussagen machen würde. In diesem neuen Umfeld und unter diesen geänderten Bedingungen ergab sich dann nach mehreren Stunden eine sehr entscheidende Situation: Ich machte eine kleine Pause, um in der Kanzlei des Sicherheitsbüros Nachschau zu halten, ob neue Post in mein Fach gelegt worden war. Als ich aus der Kanzlei zurückgekommen war, stellte ich fest, dass sich mittlerweile zwischen meiner Schriftführerin und „Waldi" ein Gespräch ergeben hatte. Meine Schriftführerin war eine sehr gut aussehende junge Frau, die „Waldi“ offensichtlich dazu anregte, gesprächig zu werden.

Als wir wieder mit der Einvernahme begonnen hatten, erklärte er: „Spannt's ein. Um meine Bereitschaft zu bekunden, dass ich nicht grundsätzlich leugne, gebe ich Folgendes an …“ Das war schlichtweg die Wende und eine echte Sensation für uns. Offensichtlich wollte „Waldi“ auf Frauen bzw. in diesem Fall auf die Schriftführerin Eindruck machen – ihr Aussehen und die sympathische Art lösten anscheinend dieses Bedürfnis in ihm aus. Angst vor der Strafe hatte „Waldi“ zu dieser Zeit bestimmt nicht. Er gab freimütig an, dass seine Haupteinkunftsquelle das illegale Glückspiel war, und gestand, dass er davon lebte. „Waldi“ berichtete sogar über die „Filiale“ in München, die der „Wiener Kreis“ dort eröffnet hatte. Es gab in diesem Zusammenhang zwar mehr Probleme mit der Polizei, aber er trickste sie aus, indem alle paar Monate das Lokal gewechselt wurde und so die behördlichen Verfolgungsmaßnahmen immer zu spät kamen.

Aufgrund der Aussagen von „Waldi“ rundete sich das Gesamtbild von der „Wiener Unterwelt“ ab, die Staatsanwaltschaft konnte sämtliche Anklagepunkte gefestigt vertreten. Der Strafprozess war spektakulär. Täglich wurde in allen Medien berichtet und es gelang erstmals in der langen Geschichte des Kampfes der Polizei gegen die „Wiener Unterwelt“, einen entscheidenden Erfolg einzuholen. Das bedeutete natürlich keineswegs, dass damit die „Wiener Unterwelt“ endgültig zerschlagen war. Es ist hinlänglich bekannt, dass Unterweltbosse auch aus dem „Häfn“, dem Gefängnis, heraus das Geschehen lenken können. Nach der Haftentlassung des „Roten Heinzi“ spielte dieser wieder eine wichtige Rolle im Gürtelmilieu.

Die offiziellen Stellen der Justiz und Polizei in Österreich haben die Existenz der „Wiener Unterwelt" bzw. des Organisierten Verbrechens lange bestritten oder nicht wirklich dazu Stellung bezogen. An dieser Einstellung hat sich bis heute nur sehr bedingt etwas geändert. Im Jahr 2003 schaffte der damalige Polizeipräsident bei der Kriminalpolizei die Einheit zur Bekämpfung der Organisierten Kriminalität einfach ab. So wurde im Zuge der Polizeireform mit einem „Federstrich" des Polizeipräsidenten auch das Referat zur Bekämpfung der Organisierten Kriminalität, die „OK", wie man dieses Phänomen in Kurzform bezeichnet, abgeschafft. Damit sollte es in Wien keine „Wiener Unterwelt" geben – meinte man. Dass dem nicht ganz so war, zeigten die späteren Vorfälle und Verwicklungen prominenter Polizeiführungskräfte in den Jahren 2006 und 2007. Eine unangenehme, deutliche Nähe zwischen dem „Rotlicht" und „Blaulicht" fiel mehrfach in der Öffentlichkeit auf und schlug dramatische Wellen. Die Beschwichtigungstaktik der offiziell Verantwortlichen konnte den Sturm der Entrüstung nicht mehr bändigen. Eine alte Weisheit hat sich somit wieder einmal bestätigt: „Die Bosse der Organisierten Kriminalität versuchen Einfluss auf politische und mediale Größen zu gewinnen und sonnen sich im Licht der Mächtigen. Es genügt ihnen nicht, nur die Macht auszuüben, sie wollen ihre Bedeutung auch in aller Öffentlichkeit demonstrieren."

Im April 2010 kam die „Wiener Unterwelt" wieder überraschend in die Schlagzeilen der Medien, thematisiert wurde die „Organisierte Kriminalität" als Tabuthema in Österreich, über das offizielle Stellen nicht gerne sprechen oder schreiben. Frei nach Christian Morgenstern geht man damit in etwa so um: „Was nicht sein darf, auch nicht sein kann." Das im Jahre 2003 gegründete Bundeskriminalamt Österreich setzte dieser „Philosophie" nun offenbar ein deutliches Zeichen der Wende. Im April 2010 wurden mehrere „Größen der Organisierten Kriminalität" in Wien festgenommen. Es wird sich nun zeigen, ob dieser „Schlag" gegen das Schwerverbrechen ein wirkungsvoller war. Einen vollkommenen Sieg wird man gegen das Phänomen der Organisierten Kriminalität allerdings nie erreichen können, dazu ist der Markt, der Wunsch nach dem „Verbotenen", zu stark bei den Menschen ausgeprägt.

Vom 18. bis 22. Oktober 2010 wurde an der UNO in Wien, in der UNODC, dem United Nations Office on Drugs and Crime, das zehnjährige Bestehen der „Palermo-Konvention" gegen das Organisierte Verbrechen gefeiert. Seit der Finanzkrise des Jahres 2007 wurde deutlich bewusst, dass die Phänomene Organisiertes Verbrechen, Wirtschaftskriminalität und Korruption eng miteinander verbunden sind und deren aktuelle Gefährlichkeit darin besteht, dass die Grenze zwischen legalen und illegalen Geschäften schwer auszuloten ist. Damit scheitern Polizei und Justiz immer öfter beim Nachweis kriminellen Geschehens.

Warum wir dem Verbrechen vorwerfen, was in fast allen anderen Lebensbereichen positiv bewertet wird

Der Begriff „organisiertes Verbrechen" ist *schillernd*, er wird teils bewundernd, teils mit Abscheu verwendet. Bei näherer Betrachtung drängen sich Fragen auf, die den Umgang der Gesellschaft mit dem Verbrechen überhaupt erst in den Fokus rücken. Schelmisch gefragt: „Wie sieht denn das *unorganisierte* Verbrechen aus?" Ist es schlampig, schlecht vorbereitet, erfolglos, ja sogar „patschert", wie wir Wiener vielleicht sagen würden? Und würde es uns dann besser gefallen?

Fast alles, was der Mensch – seit jeher – macht, ist in gewisser Weise organisiert. Der hohe Organisationsgrad unserer Tätigkeiten ist vielleicht selbst just ein wichtiger Bestandteil unseres Menschseins. Sehr frühe Kulturen betrieben organisiert Landwirtschaft, man ging organisiert auf die Jagd, man organisierte sich in Familien, Stämmen, Stadtstaaten usw. Gerade unsere moderne Zeit zeichnet sich durch einen extrem hohen, globalisierten Organisationsgrad aus. Das trifft auf Finanz und Wirtschaft ebenso zu wie auf das Private. Wir buchen über das Internet in unseren Fernreisezielen jenes Speiselokal, in welchem wir am dreiundzwanzigsten Tag unserer Reise zu Mittag exakt um 13:15 Uhr zu speisen gedenken. Selbst das Ultraspontane wird gründlich und akkurat organisiert. Die Verbrechensbekämpfung übrigens ist seit jeher mehr oder weniger organisiert, warum sollte es also das Verbrechen nicht sein?

Das Verbrechen, genauer dessen Ausmaß – die Häufigkeit der Delikte und das Schadensausmaß –, wirft ein schlechtes Licht auf eine Gesellschaft. Das hat zwei Gründe: Erstens ist das Verbrechen insbesondere da, wo Eigentumsdelikte im Vordergrund stehen, ein deutlicher Hinweis auf geringe Verteilungsgerechtigkeit und soziale Spannungen. Zweitens sind hohe Kriminalität und eine geringe Aufklärungsrate ein Indiz für eine schlecht funktionierende Verbrechensbekämpfung. Der britische Sozialwissenschafter Wilkinson hat in ganz neuen Studien erhoben, dass sich Gesellschaften mit großen Reich-Arm-Differenzen durch hohe Verbrechensquoten auszeichnen, während eher egalitäre Gesellschaften unter deutlich geringerer Kriminalität leiden. Es ist klar, dass neben diesen ökonomischen Faktoren auch andere, etwa soziokulturelle, einen gewissen Einfluss ausüben. Die Vermögens- bzw. Einkommensunterschiede sind aber die entscheidenden. Aus diesem Aspekt der Verteilungsgerechtigkeit haben bestimmte Vergehen immer auch die Sympathie der Bevölkerung genossen. Wer hat nicht dem genialen Posträuber Ronald Biggs heimlich die geglückte Flucht aus dem Gefängnis und die millionenschwere Beute vergönnt. Im Übrigen zeichnete sich auch dieser berühmte Fall durch Intelligenz und hervorragende Organisation aus.

Über viele Räuber wurde berichtet, dass sie ihre Beute an arme Leute verteilten, Robin Hood ist wohl der bekannteste, aber auch über Robert Grasel (Niederösterreich/Südmähren) erzählte man sich Ähnliches. „Räuberhauptmann“ Robert Grasel kam ebenso wie der berühmte und in der Literatur von Carl Zuckmayer verewigte Schinderhannes (Johannes Bückler aus dem Taunus) und Hannikel (Jakob Reinhard aus Würtenberg) aus der untersten Schicht des Volkes. Hannikel entstammte einer Vagantenfamilie, schon sein Vater war ein gefürchteter Räuber, der verurteilt durch das Rad zu Tode gebracht wurde. Grasel und der Schinderhannes gingen dem „unehrenhaften“ Beruf des Schindens oder Abdeckens nach.

Diese Tätigkeit bestand darin, Tierkadaver zu verwerten bzw. zu entsorgen. Die Häute wurden in die Gerbereien gebracht, die Knochen zur Seifenerzeugung und die unverwertbaren Reste wurden oft im Wald vergraben. Diese Arbeit war sehr ungesund und missachtet, die Schinder lebten meist wie Aussätzige abseits der Orte und heirateten untereinander, denn niemand wollte mit ihnen zu tun haben.

Dass aus den untersten, armen und ungebildeten Schichten des Volkes die meisten Verbrecher kommen, erkannte auch schon Jakob Georg Schäffer. Er war um 1800 Oberamtmann in Sulz am Neckar und brachte den oben erwähnten Hannikel zur Strecke. Man kann ihn mit Recht als einen der ersten modernen Kriminalisten, aber auch Kriminalsoziologen bezeichnen. Ihm war klar, dass Verbrechen „sozialem Unglück“ entspringt. Um seine Thesen zu erhärten, studierte er Hunderte Biografien. Er recherchierte die Lebensgeschichte der von ihm gefassten Verbrecher bis zu deren früher Kindheit. In seine Schuldsprüche flossen die Umstände der Geburt, die ererbten sozialen Missstände, welche er als „Fehler der Gesellschaft“ bezeichnete, mildernd ein. Jakob Georg Schäffer war sich sicher, dass bestimmte soziale Umstände Menschen zu Verbrechern machen. So gelang es ihm, den württembergischen Landesherrn zu überzeugen, die Kinder von in Kerkern einsitzenden oder zu Tode verurteilten „Gaunern“ im Waisenhaus in Ludwigsburg erziehen zu lassen. Die Kleinsten wurden bürgerlichen Familien zur Obhut übergeben, der Staat bezahlte die Ausgaben von Kost, Quartier und Pflege.

Ein berühmtes, in vielen Volksliedern besungenes Eigentumsdelikt am Lande ist übrigens das Wildern. Das Wildern hatte mehrere Gründe und verweist auch auf die problematischen Übergänge von Gemeineigentum zum immer mehr ausdifferenzierten Privateigentum. Einerseits diente das Wildern tatsächlich der Versorgung mit Nahrung, andererseits war das Jagen auch zur Eindämmung des Tierbestandes notwendig, da zu viele Waldtiere der Landwirtschaft erheblichen Schaden zufügen konnten, worunter die Bauern litten. Mit dem Übergang zum Privateigentum von Grund und Boden wurde auch das Jagdrecht allmählich privatisiert. Es war bald ein Privileg des Adels und der Kirchenfürsten. Schließlich war die Jagd fast nur mehr eine sportliche Herausforderung, Vergnügen für gelangweiltes Adelsdasein und gesellschaftliches Ereignis. Die Treibjagden, die nun abgehalten wurden, nahmen auf die in Blüte stehenden Felder der kleinen Bauern keine Rücksicht. Man ritt noch knapp vor der Erntezeit wild durch Kornfelder und vernichtete dadurch einen Großteil des möglichen Ertrages. Auch das war ein Grund dafür, warum Bauern an einem hohen Viehbestand kein wirkliches Interesse hatten.

Man sollte daran denken, dass die Jagd bis ins hohe Mittelalter Recht jedes freien Bürgers oder Bauern war. Später reservierten die hohen Herren für sich immer größere Jagdreviere, die sie durch Wildhüter schützen ließen. Letztendlich wurde das freie Jagen grundsätzlich untersagt und unter Strafe gestellt. Um die Wilderei zu bekämpfen, wurden teils drakonische Strafen verhängt. So schickte etwa ein Salzburger Erzbischof Wilddiebe als Galeerensklaven nach Venedig. Ein Wiederholungstäter konnte tatsächlich auch mit der Todesstrafe belegt werden. Vollzogen etwa mit der überaus grausamen Methode, den zu Tode Verurteilten öffentlich durch Hunde zerreißen zu lassen. Der Kulturanthropologe Roland Girtler befasst sich in seinem Buch „Wilderer – Soziale Rebellen in den Bergen" mit diesem äußerst interessanten Bereich der Kriminalgeschichte.

Das häufige Auftreten von Eigentumsdelikten ist nicht nur ein Indiz für geringe Verteilungsgerechtigkeit in der Gesellschaft, sondern wirft auch ein schlechtes Licht auf jene Teile des Staatsapparates, die für die Verbrechensbekämpfung zuständig sind: Polizei, Sicherheitsdienste und manchmal eine überforderte Justiz. Das ist ein Grund dafür, warum in totalitären Staaten die Kriminalstatistiken nicht veröffentlicht werden. Daraus wird überdies ersichtlich, warum die Untaten der Wiener Unterwelt, etwa jene der „Simon-Platte", während der Zeit des Nationalsozialismus totgeschwiegen wurden. In demokratischen Gesellschaften, in welchen die Zensur nicht so einfach den Mantel des Schweigens über das Verbrechen werfen kann, kommen andere Mechanismen der gesellschaftlichen Reinwaschung zum Tragen. Die Schuld wird nicht den eigenen Verhältnissen zugeschrieben, sondern das Übel wird *exportiert*. So wird Verbrechen ethnisiert und ausländischen Organisationen zugeschrieben. Autodiebstahl ist das Metier der „Polnischen Mafia“, der Wohnungseinbruch wird fast ausschließlich von „organisierten Rumänen, die eigentlich aus Moldawien stammen“, betrieben, Drogendealer sind gemeinhin schwarz und so fort. Umso interessanter ist es zu erfahren, dass der kriminelle sogenannte „Wiener Kreis“ – und hier ist nicht der Philosophenzirkel um Moriz Schlick gemeint – in den sechziger Jahren nach ganz Europa expandierte und Tochtergesellschaften (Filialen eben) in wesentlichen Hauptstädten errichtete. Und das noch vor der Gründung der EU. Oft ist das organisierte Verbrechen der allgemeinen gesellschaftlichen Entwicklung voraus. Wie bei wertfreier Betrachtung mit einer Prise Sarkasmus überhaupt gesagt werden muss: Ohne Verbrechen gäbe es überhaupt keinen gesellschaftlichen, technischen Fortschritt. In dieser Nietzscheanischen Haltung der „Umwertung aller Werte“ konnte auch schon Karl Marx (Abschweifung über *produktive* Arbeit) festhalten – ich zitiere etwas länger, weil es so köstlich ist:

„Ein Philosoph produziert Ideen, ein Poet Gedichte, ein Pastor Predigten, ein Professor Kompendien usw. Ein Verbrecher produziert Verbrechen. Betrachtet man näher den Zusammenhang dieses letztren Produktionszweigs mit dem Ganzen der Gesellschaft, so wird man von vielen Vorurteilen zurückkommen. Der Verbrecher produziert nicht nur Verbrechen, sondern auch das Kriminalrecht und damit auch den Professor, der Vorlesungen über das Kriminalrecht hält, und zudem das unvermeidliche Kompendium, worin dieser selbe Professor seine Vorträge als ‚Ware' auf den allgemeinen Markt wirft. Damit tritt Vermehrung des Nationalreichtums ein.

Der Verbrecher produziert ferner die ganze Polizei und Kriminaljustiz, Schergen, Richter, Henker, Geschworene usw.; und alle diese verschiednen Gewerbszweige (...) [das Verbrechen] entwickelt verschiedne Fähigkeiten des menschlichen Geistes (...) Die Tortur allein hat zu den sinnreichsten mechanischen Erfindungen Anlaß gegeben und in der Produktion ihrer Werkzeuge eine Masse ehrsamer Handwerksleute beschäftigt.

Der Verbrecher produziert (...) nicht nur Kompendien über das Kriminalrecht, nicht nur Strafgesetzbücher und damit Strafgesetzgeber, sondern auch Kunst, schöne Literatur, Romane und sogar Tragödien, wie nicht nur (...) Schillers ‚Räuber', sondern selbst ‚Ödipus' und ‚Richard der Dritte' beweisen (...) Bis ins Detail können die Einwirkungen des Verbrechers auf die Entwicklung der Produktivkraft nachgewiesen werden. Wären Schlösser je zu ihrer jetzigen Vollkommenheit gediehn, wenn es keine Diebe gäbe? Wäre die Fabrikation von Banknoten zu ihrer gegenwärtigen Vollendung gediehn, gäbe es keine Falschmünzer? (...) Verdankt die praktische Chemie nicht ebensoviel der Warenfälschung und dem Bestreben, sie aufzudecken, als dem ehrlichen Produktionseifer?"

Ebenso ambivalent, wie das Verhältnis von Gesellschaft und Verbrechen im Allgemeinen ist, so ist es der Person des Verbrechers oder der Verbrecherin gegenüber. Bestimmte Delikttypen und deren Ausführung werden unterschiedlichen Menschentypen oder den Geschlechtern angedacht. Eine Frau, die ihren Mann mit der Hacke erschlägt, wird tendenziell missachtet und höher bestraft als eine, die ihren Mann vergiftet. Ein Giftmord durch einen Mann wird wahrscheinlich als „feige" bezeichnet werden. Überhaupt passt Mord in der gängigen Volksmeinung nicht zu Frauen. In Deutschland werden bei „missglückten“ Morden durch Männer diese häufiger des Deliktes *Totschlag* (geringeres Strafausmaß) für schuldig befunden, bei Frauen in ähnlichen Fällen wird auf *Mord* (höheres Strafausmaß) entschieden. Ich berichte genauer darüber in meinem Beitrag zum Kapitel „Frauen im Zentrum der Ermittlungen“. Wir treffen dann in der Beurteilung des Verbrechens keine Urteile nach Gesetzeskonformität, sondern fällen – oft ohne dass wir es wissen ästhetische Urteile. Ein *gefinkelter* Einbruch, ein *feiger* Mord, ein *genialer* Coup. Dass wir im Alltag solche Urteile fällen, mag unbedenklich sein, wenn aber rechtsprechende Personen oder Kriminalbeamte in ihren Ermittlungen von solch unbewusst wirkenden ästhetischen Urteilen geleitet werden, kann es sein, dass sie dem Gebot der Objektivität und Gleichbehandlung nicht mehr Folge leisten können. Es gehört zur professionellen Souveränität, sich seiner Gefühle, seiner Gedanken und Werthaltungen bewusst zu sein. Es ist nicht notwendig, *keine* Vorurteile zu haben, man muss nur wissen, dass man welche hat und in ihnen befangen ist. Wer seine Ansichten und Thesen jederzeit zur Disposition stellt und dazu bereit ist, sie durch neue zu ersetzen, wird nicht so leicht in die Fallen seiner eigenen Vorurteile tappen.

Wenn wir vom „gestandenen“ Verbrecher lesen, kann man unweigerlich an den „gefallenen“ Verbrecher denken. Man kann vom rechten Glauben abfallen. Gefallene Engel weichen von den Geboten Gottes ab. Der gefallene Verbrecher kennt seine Schuld, er weiß, dass er Unrecht begeht, aber er kann nicht anders, aus Not, aus Verführung. So gehört er zum Abfall.

Der gestandene Verbrecher hingegen „steht“ zu seinen

Taten. In einer ungerechten Welt, in welcher jeder nur auf seinen eigenen Vorteil bedacht ist, ergreift er ohne spätere Reue die ihm gebotenen Chancen. Kann er keine Bank gründen, so muss er eine ausrauben, frei nach Bert Brecht. Beides ist ethisch gleichwertig. Man braucht nicht davon ausgehen, dass der gestandene Verbrecher ein ausgefeiltes, abgerundetes Weltbild hat. Er ist nicht unbedingt der Philosoph der Gegenseite wie etwa Nietzsche. Er vertritt nicht ungeniert „das Böse". Aber er wird sich nicht ohne Weiteres einordnen wollen in die uns üblicherweise durch Gesellschaft und Kultur vermittelten Bilder von Gut und Böse, Anständig oder Unanständig, Richtig und Falsch.

In Verhören zeigt sich, dass man dem „gestandenen" Verbrecher nicht „auf moralisch kommen" kann. Er wird tatsächlich keine Einsicht von Schuld zeigen. Er wird auch nicht das Bedürfnis haben, sich in einer umfassenden Beichte von einer ihn schon länger drückenden Last zu befreien. Der gestandene Verbrecher zeigt Steherqualitäten. Er steht auf dem stabilen Fundament eines speziellen Rechtfertigungssystems. Mit jedem neuen Vergehen, mit jedem neuen Verhör, dem er unterzogen wird, erwirbt er sich nicht nur neue praktische, sondern auch ideologische Fähigkeiten. Die Rechtfertigungssysteme werden immer ausgeklügelter.

Die sogenannten Steherqualitäten erwirbt man sich also auch durch Erfahrung. Meist haben Unterweltkönige viele Lehrstellen durchwandert, sind durch viele formende Hände gegangen, haben so mancherlei Machtkämpfe mit rivalisierenden und auch in den eigenen Banden gefochten, denn erst dann wird man zu einem Boss der Unterwelt. Und leider, eine der besten Schulen in dieser Hinsicht ist immer noch auch der Strafvollzug.

Der verhörgeübte Verbrecher kennt die psychologischen Tricks, er verweigert Vertrauensbildung, spricht nur das Notwendigste und kann oder will sich an das meiste nicht erinnern.

Es ist übrigens eine weitverbreitete Laienmeinung, dass eine gut ausgeklügelte, mit mehreren möglichen Zeugen abgesprochene, in sich logische Lügengeschichte gegenüber einer Einvernahme eher Bestand hat. Tatsächlich zeigt die Praxis Folgendes: Je mehr verschworene Zeugen als Stützen dieses Lügengebäudes einbezogen sind, umso eher kann ein geübter Kriminalist, eine erfahrene Richterin Widersprüche zwischen den Aussagen der Personen provozieren. Es ist einfach nicht möglich, jedes kleinste Detail abzusprechen. Die Widersprüche in aufeinanderfolgenden Aussagen ein und derselben Person oder im Zuge einer längeren Befragung sind ebenso unvermeidlich. Wie gesagt, der wirklich Geübte kann sich einfach an nichts erinnern. Diese totale Vergesslichkeit ist zwar selbst absolut unglaubwürdig, für das Hervortreten von Widersprüchen oder Schuldbeweisen aber das größte Hemmnis.

Auch im Falle einer Einvernahme von einem sogenannten „Steher" ist es grundsätzlich möglich, eine gewisse Vertrauensbasis herzustellen. Es wäre in diesem Fall notwendig, wenigstens den Versuch zu unternehmen, das ethische Gedankengebäude und die Motivlage des Gesprächspartners zu verstehen. Verstehen heißt wie gesagt nicht gutheißen.

Eine Möglichkeit, in einer komplizierten Verhörsituation Teilerfolge zu erzielen, ist das Angebot eines Deals. Das gibt es nicht nur in den US-amerikanischen Fernsehserien. Die Kriminalgeschichte ist reich an gelungenen und erfolgreichen Deals. Im Wesentlichen geht es hier um das Angebot der Strafminderung. Die Strafprozessordnung sieht vor, ein reumütiges baldiges Geständnis als strafmildernd gelten zu lassen. Wenn etwa nach langen, erfolglosen Verhören dem Kriminellen dennoch glaubhaft gemacht werden kann, dass er mit einer sehr langen Untersuchungshaft oder auch mit einer sicheren Strafe zu rechnen hätte, könnte der Deal folgendermaßen aussehen: Der einvernehmende Polizist schlagt vor, alle bisher geführten oft seitenlangen Protokolle zu vernichten und ein neues Protokoll anzulegen, welches mit den Worten beginnt: „Der/die befragte Person X legte sofort ein reumütiges Geständnis ab ... usw."

Die Gegenleistung des Delinquenten könnte aus zweierlei Arten von Angaben bestehen. Erstens legt er ein Teil- oder Totalgeständnis ab und liefert dafür zweckdienliche und glaubwürdige Hinweise. Oder aber er ist sogar bereit, andere am Vergehen beteiligte Personen zu nennen oder gar Vergehen aufzuzeigen, von deren Existenz die Polizei bisher entweder gar nichts wusste oder schon lange vergeblich auf Tätersuche war. In letzterem Fall ergab es sich öfters, dass der Verbrecher die Seite wechselte und zum Überläufer wurde. Der Steher wird also zum Läufer. Wenn ein Verbrecher die Seite wechselt, kann er sich in seiner ehemaligen Community der Gesetzesbrecher nicht mehr sehen lassen, er ist sich oft seines Lebens nicht mehr sicher. Heutzutage wird einem wichtigen Überläufer eine neue Identität gegeben, manchmal muss sogar eine chiroplastische Operation die Person vor Wiedererkennung schützen.

Aber auch bevor diese Möglichkeiten bestanden, gab es in der Kriminalgeschichte berühmte Überläufer. Einer davon war der württembergische Räuber Johann Baptist Herrenberger, der knapp vor Ende des 18. Jahrhunderts lebte. In Vagantenkreisen und im Volksmund wurde er Konstanzer Hans genannt, da sein Vater aus Konstanz stammte. 1782 wurde er vom Sulzer Oberamtmann Jacob Georg Schäffer gefangen, von ihm war bereits einige Seiten vorher die Rede. Schäffer bot dem Konstanzer Hans Begnadigung für folgenden Deal an: Er müsse ein vollständiges Geständnis all seiner Verbrechen abgeben, zudem müsse er dabei helfen, den gefürchteten Räuber und Mörder Jakob Reinhard, genannt Hannikel, dingfest zu machen.

Als dies gelungen war, wurde der Konstanzer Hans gar zum Hilfspolizisten ernannt. In weiterer Folge machte er über 500 Gauner namhaft, entdeckte der Polizei über 100 Verstecke, Unterschlupfe und Diebesherbergen. Er verhinderte einen Brandanschlag auf ein Kloster und von Schäffers kriminalsoziologischen Überlegungen offensichtlich beeindruckt verfasste er ein „Wörterbuch der Gaunersprache". Das war offensichtlich ein erfolgreicher Deal, es gelang aber ehemaligen Gaunern nicht nur, zu Hilfspolizisten zu werden. Es gab auch höhere Posten zu ergattern.

Eugène François Vidocq, der wenige Jahrzehnte später lebte, war nach seiner schillernd ruhmreichen Verbrecherkarriere, die ihn durch das ganze Land brachte, der Gründer und erste Direktor der „Sureté Nationale" in Paris, quasi der ersten Sicherheits- und Kriminaleinsatztruppe. Von Kriminalhistorikern wird er als der Vater der modernen Kriminalistik bezeichnet. Er war de facto der Gründer der französischen Polizei und gilt als der erste „Detektiv" überhaupt.

Man sieht, dass die Verbindung von Polizei und Verbrechen stets enger war als vermutet. Man lernte voneinander, „Blaulicht trifft Rotlicht", wie Max Edelbacher trefflich formulierte.

Aus unserer Zeit kennen wir auch den genialen Fälscher und Betrüger Frank William Abagnale (geb. 1948), der, von der Polizeibehörde lange verfolgt, später dieser unschätzbares Wissen und Hilfe bot. Stephen Spielberg erzählt uns in seinem Film „Catch Me If You Can" aus dem Jahre 2002 diese wunderbare Geschichte.

Ich kehre noch einmal zurück zu den Bossen und der „Organisierten Kriminalität“, denn mein etwas leichtfertig-schnoddriger Umgang mit dem Phänomen der Organisation – „Alles auf der Welt ist organisiert, warum nicht das Verbrechen auch?“ – unterschlägt eine moderne, tatsächlich sehr gefährliche Entwicklung. Das von mir vorgetragene Verbrecherbild der Ausgestoßenen, Armen, Entrechteten, Wilderer und Robin Hoods, denen viele klammheimlich eine gewisse Sympathie entgegenbringen, ist nur die halbe Wahrheit.

Auf der anderen Seite kennen wir Drogenkartelle, die Mafia, den organisierten Menschen- und Waffenhandel, die keinesfalls mit augenzwinkerndem Wohlwollen bedacht werden dürfen. Die enge Verbindung von Mafia und Politik wird immer deutlicher und seit rund 20 Jahren häufen sich, besonders im Bereich der Wirtschaftskriminalität, Fälle von unvorstellbarem Ausmaß. Die Summen, um die es hier geht, übersteigen alles bisher Dagewesene. Die Schäden müssen von (hundert)tausenden Menschen getragen oder beglichen werden. Die Täter sind Banker, Politiker, Börsenspekulanten, Waffenschieber, Drogen- und Menschenhändler oder Lobbyisten. Sie alle sind in Netzwerken verbunden. In diesen Organisationen sind die Grenzen von Rechtsstaat und Verbrechen kaum mehr existent. Der britische Politologe Collin Crouch spricht von postdemokratischen Zuständen, die den vordemokratischen Strukturen ähnlich sind, in denen Feudalherren faktisch im rechtsfreien Raum agieren konnten, wie sie wollten. Diese Art der organisierten Kriminalität stellt eine extreme Belastungsprobe für alle westlichen Demokratien dar. Eine wache Zivilgesellschaft ist aufgerufen der Korruption, dem Bilanzschwindel, der Bestechung und anderen verbrecherischen Aktivitäten der „OK“ Einhalt zu gebieten.

GEHÖRT LÜGEN ZUR MENSCHLICHEN NATUR?

5. Wahrheit, Lüge, Wirtschaftskriminalität

Die Kernaufgabe kriminalpolizeilicher Aufklärungsarbeit ist die Aufklärung von Straftaten. Bei dieser Arbeit befindet man sich mitten im Dickicht von Wahrheit und Lüge und oft ist es recht schwer, sich darin zurechtzufinden und den wahren Sachverhalt eines Geschehens zu eruieren. Insbesondere Betrugsdelikte lassen die Grenzen zwischen Täuschung und Wahrheit ziemlich verschwimmen. Dazu kommt noch, dass die böse Absicht bzw. der böse Wille, den anderen in die Irre geführt zu haben, seitens der Polizei nachgewiesen werden muss. Als Polizist stellt man die objektiven Tatbestandsmerkmale fest und sammelt Beweise für die subjektive Tatseite, also die böse Absicht der Tat.

In der Psychologie geht man davon aus, dass Lügen lebensnotwendig sind. Lügen dienen dazu, das Selbstwertgefühl zu erhöhen und einen leichteren Umgang mit Vergangenheit, Gegenwart und Zukunft zu ermöglichen. Statistisch betrachtet lügen manche Menschen bis zu zweihundert Mal am Tag. Im Buch „Die Wahrheit: Wir lügen alle“ von Peter Stiegnitz wird dargestellt, dass es vor allem Selbstlügen sind, die manchen Menschen das Leben erträglich machen, wobei diese Schwindeleien allmählich in die Persönlichkeit integriert werden und es zunehmend schwierig wird, sie von einer objektiven Position aus als Unwahrheit zu erkennen. Man unterscheidet zwischen verschiedenen Formen der Lüge, es gibt die Selbstlüge, die Notlüge, die Geltungslüge, die Angstlüge oder die skrupellose Lüge. Die wichtigsten Lügen dienen dem Selbstschutz, um sich Ärger zu ersparen (41%), der Regelung von Konfliktsituationen (14%), der Angst, nicht geliebt zu werden (8,5%), und der Eitelkeit, um sich besser darzustellen (6%).

Kleine Lügen bzw. „selektive Informationsweitergaben" gehören zum alltäglichen Leben, um jemanden nicht zu kränken, um komplizierte Erklärungen oder Auseinandersetzungen zu umgehen. Strafrechtlich relevant wird die Lüge erst, wenn sie gezielt eingesetzt wird, um einen anderen in die Irre zu führen und sich dadurch selbst oder einen Dritten zu bereichern. Zu den klassischen Elementen der Tat zählen der böse Wille, die Täuschung und die Bereicherungsabsicht.

Österreich zählt zu den reichsten Ländern der Welt. Man hätte also allen Grund, auf das Land, seine Bewohner und seine Wirtschaft stolz zu sein. Umso überraschender ist es wohl, die tagtäglichen Meldungen über bedenkliche Vorgänge, vor allem im Wirtschaftsbereich, zur Kenntnis zu nehmen. Was sich derzeit in Österreich abspielt, haben wir schon lange nicht mehr in dieser Intensität erlebt. Die Grundprinzipien des Wirtschaftslebens werden schamlos missachtet, man hat den Eindruck, dass Lügen vorherrschen und dass diese sogar zu einem wirtschaftlichen Prinzip geworden sind, nach dem gehandelt wird.

Wirtschaftskriminalität wird es wahrscheinlich immer geben, dass sie in Österreich derzeit so wuchert, stimmt allerdings bedenklich. Diese Tatsache führt dazu, dass sich Unternehmer immer öfter mit den Grundlagen des

Erkennens und Differenzierens von Wahrheit und Lüge auseinandersetzen müssen. Es ist heute nicht mehr selbstverständlich, dass man dem Geschäftspartner oder dem Angestellten vertrauen kann. Seminare, die dabei helfen, Rüstzeug für das leichtere Handhaben dieser neuen Herausforderung zu erwerben, sind daher derzeit sehr gefragt. Diese Entwicklung verwundert insbesondere deshalb, da wir einerseits den Trend zu immer größeren Märkten und wirtschaftlichen Einheiten, wie z.B. die Entwicklung der Europäischen Gemeinschaft, erleben, aber auf der anderen Seite an den individuellen Unzulänglichkeiten zu scheitern drohen.

In demokratischen Gesellschaften basieren die Formen der Wirtschaft nicht nur auf den marktwirtschaftlichen Mechanismen, sondern sind tief im demokratischen Selbstverständnis verwurzelt. Banken und Versicherungen funktionieren beispielsweise nur, wenn Verträge eingehalten werden. Wenn nun die Mitglieder einer Gesellschaft Verträge mit Versicherungen oder Geldinstituten abschließen, müssen sie einander vertrauen.

Sobald kriminelle Angriffe überhandnehmen, können die Marktmechanismen nicht mehr aufrechterhalten werden, die mathematischen Grundlagen des Bank- und Versicherungswesens geraten ins Schwanken und Angriffe organisierter krimineller Banden können demokratische Systeme stürzen. Die italienische Mafia verfügt angeblich über fünfzehn Prozent des italienischen Aktienkapitals. Wirft sie diese Aktien auf den Markt, kann er vollkommen verändert werden. Der damalige Generalsekretär der United Nations, Boutros Boutros-Ghali, führte bei seinem Vortrag anlässlich des Ministertreffens in Neapel aus, dass kriminelle Organisationen, wie die südamerikanischen Drogenkartelle, über mehr Geld, Vermögen und Macht verfügen als kleine, arme Staaten.

Wenn man die Entwicklung der Kriminalität beobachtet, stößt man automatisch auf die Frage, ob sich das Unrechtsbewusstsein bei den Menschen im Laufe von Generationen ändert. Der Generaldirektor für die öffentliche Sicherheit, Mag. Michael Sika, hat vor einigen Jahren einen aufsehenerregenden Vortrag zum Thema „Gesellschaft und Kriminalität" bei einer Tagung des Kuratoriums Sicheres Österreich in Salzburg gehalten. Da die Inhalte leider noch immer Gültigkeit haben, sei einiges daraus zitiert: „Es steht für mich außer Zweifel, dass der Gesellschaft in einer Zeit, in der sich die internationale Kriminalität immer gefährlicher ausbreitet, die entscheidende Rolle unserer Abwehrstrategien zukommt. Dass wir bei der Mobilisierung der Abwehrkräfte nicht allzu optimistisch sein sollten, zeigt die Situation im Drogenbereich. Hier hat die Gesellschaft bisher versagt. Was nicht verwundern sollte. Wird doch in unserem Land seit Jahrzehnten unter Gesellschaftspolitik Parteipolitik verstanden, die mit festem Blick auf den Wähler betrieben wird. Dies hat vor allem für Familie und Schule, die Eckpfeiler unseres Abwehrsystems sein sollten, Schaden gebracht. Es war nicht der unbeirrbare Lauf der Dinge, der die Familie mit einem so hohen Anteil an Straftaten in unsere Kriminalstatistik geraten ließ. – Bekanntlich werden mehr als zwei Drittel der schweren Blutdelikte in der Familie begangen! – Und es kommt auch nicht von ungefähr, dass die Schule ihre Erziehungsarbeit nicht mehr im gewünschten Ausmaß leistet. Es ist vieles aus den Fugen geraten in den letzten Jahrzehnten, in denen wir es zum Wohlstand gebracht haben. Das macht uns angreifbar! Es ist eine Tatsache, dass in unserem Land der Mangel an Bereitschaft steigt, nach den Regeln zu leben, die sich die Gesellschaft gegeben hat. Das hat zunächst nur am Rande mit Kriminalität zu tun. Etwa dann, wenn am Sonntag die Zeitung ‚gratis' ins Haus geholt wird (...) Unser Dilemma ist, dass wohl alle zustimmend nicken, wenn die Einhaltung der Spielregeln für ein reibungsloses Zusammenleben der Menschen gefordert wird, dass aber viele Mitbürger dabei selbstverständlich nur die anderen meinen und für sich uneingeschränkte Freizügigkeit in Anspruch nehmen. Das sind die Folgen falscher Erziehung, eines schlechten Einflusses der Medien und jahrzehntelanger verfehlter Politik (...) Es ist wenig erfreulich, dass wir ein Gemeinwesen geworden sind, in dem es mehr ‚Kavaliersdelikte' gibt als Kavaliere. Ich beklage zunehmende Regel- und Rücksichtslosigkeit in unserer Gesellschaft; eine gestörte Einstellung zu den Begriffen."

Auf Grund der jahrzehntelangen Tätigkeit im Polizeibereich antwortet man auf die Frage, ob das Unrechtsbewusstsein gestiegen ist, aus dem Bauch heraus mit: Ja. Es haben sich sicher in den letzten drei Jahrzehnten die ethischen und moralischen Einstellungen der Menschen zu den Werten und Wertvorstellungen geändert. Dies wird auch durch Teilerkenntnisse in bestimmten Bereichen bestätigt. Exogene und endogene Faktoren tragen zur Entwicklung der Kriminalität bei. Bei Wirtschaftskriminalität spielen endogene Faktoren, also unter anderem der Wertewandel, eine entscheidende Rolle.

Lügenmerkmale & Glaubwürdigkeitsmerkmale

Der Weg zur Wahrheitsfindung bei Verhören, Einvernahmen und Befragungen ist das Erkennen von *Unwahrheit* durch fehlende Anzeichen von Wahrheit. Das klingt wie ein Zirkelschluss, wie eine Tautologie – und es ist auch eine. Dennoch macht es Sinn, hier gedanklich kurz zu verweilen, denn es ist tatsächlich unter Fachleuten strittig, ob die befragende Person den Fokus vorwiegend auf sogenannte „Lügenmerkmale" richten soll, um die Unwahrheit zu erkennen. Man kann auch den umgekehrten Weg gehen und die Aufmerksamkeit besonders den sogenannten „Glaubwürdigkeitsmerkmalen" zuwenden. Wenn diese nicht in ausreichender Menge vorhanden sind, sind Zweifel angebracht.

In manchen Zusammenhängen wäre es sinnvoll, zwischen *wahr* und *richtig* bzw. *unwahr* und *falsch* zu unterscheiden. Das ist keine Wortklauberei. Denn die Aussage „2 plus 2 ist 5" ist *falsch* und nicht *unwahr*, die Aussage „2 plus 2 ist 4" ist eine *richtige* Aussage, keine *wahre*. Wenn sich jemand an eine Regel nicht hält, so sagen wir doch, er habe sich *falsch* verhalten. Wenn jemand mit seinem Auto gegen eine Einbahn fährt, sagen wir auch, er sei *falsch* gefahren, und nicht, er sei *unwahr* gefahren. Über diese „feinen Unterschiede" schreibe ich im Kapitel „Die Suche nach der Wahrheit in Philosophie und Kriminal". Für diesen Abschnitt ist diese Differenz nicht so bedeutend, ich wollte sie nur ansprechen und darauf aufmerksam machen.

Unwahre oder falsche Aussagen können mehrere Ursachen haben, die Lüge ist nur eine davon. Es sei daran erinnert, dass der überwiegende Teil von *Falschaussagen* dem Irrtum, der falschen Erinnerung oder der produktiven Kraft der Fantasie entspringt – viel seltener der Lüge. Allerdings kann die Fantasie oft die „Magd", die unentbehrliche Helferin der Lüge sein. Falschaussagen werden ferner durch Beeinflussung und Suggestion in ihren vielfältigen Formen hervorgerufen. Ob Suggestion erfolgt, hängt vom Verhalten der fragenden Person und von der Art der Fragen ab. Suggestivfragen wie „Ist es nicht so, dass …“ oder „Du hast dich doch sicher gewehrt, oder?“ sollte man bei Einvernahmen grundsätzlich vermeiden, da in der ungewohnten, meist als bedrohlich empfundenen Verhörsituation diesen Fragen tendenziell zugestimmt wird, auch wenn die Sachlage völlig anders ist. Richter und Richterinnen sollten, insbesondere wenn diese oft Kinder befragen müssen, vor einer Befragung ein Art „Anti-Suggestionstraining“ mit der betreffenden Person durchführen. Schon kleine Hinweise an die zu befragende Person wie „Sie müssen nicht alles wissen“, „Fragen Sie mich, wenn etwas unklar ist“, „Wenn Sie etwas nicht wissen, ist das auch OK“, „Es kann sein, dass ich mich irre. Bitte korrigieren Sie mich“ können unter Umständen suggestible Situationen hintanhalten.

Richter und Polizisten befragen nicht nur vermeintliche (Übel-)Täter und (Übel-)Täterinnen, sondern auch Zeugen, Sachverständige, Opfer und im Zivilverfahren Streitparteien. Bei Beschuldigten ist die Vermutung angebracht, dass sie ein Motiv haben, zu lügen, bei allen anderen Personen sollte man dies nicht von vornherein annehmen. Es zeigt sich aber, dass auch an einem Geschehen völlig unbeteiligte Personen sich nicht nur irren oder falsch erinnern, sondern auch aus ganz speziellen Motiven heraus lügen können.

Interessant scheint auch, dass es unterschiedliche Formen des „geschmeidigen Umgangs“ mit der Wahrheit gibt. Wir sprechen etwa von der Täuschung oder dem Verheimlichen. Beides kann der Irreführung dienen, ist aber keine Lüge. „Sie haben das Recht zu schweigen“ ist keine Berechtigung zum Lügen. In manchen Büchern kann man lesen, dass auch Tiere lügen, indem sie sich tarnen – das kommt mir ein bisschen aberwitzig vor.

Tarnen, Täuschen, Verheimlichen, Beschönigen und Lügen – wir alle kennen diese Formen der Kommunikation aus dem Alltag, wobei die „Fälscher“ gerne glaubwürdig erscheinen wollen und die Getäuschten deren Täuschungsmanöver oder Lügen aufdecken wollen. Man könnte also meinen, wir Menschen hätten im Laufe unserer Geschichte ein gutes Sensorium dafür entwickelt, uns einerseits so zu verstellen, dass wir glaubwürdig erscheinen, und andererseits die Lügen anderer zu entlarven. In Wikipedia und populärwissenschaftlichen Büchern wird von typischen körperlichen Zeichen berichtet und von Merkmalen im Sprachduktus, die einen sicheren Hinweis auf Unwahrheit darstellen sollen. Auch geben in etlichen Umfragen Menschen an, dass sie an bestimmten Merkmalen Lügen recht sicher erkennen könnten. In Befragungen des Psychologen Charles Bond von der Texas Christian University (USA) von mehreren Tausend Menschen aus über 50 Ländern meinten diese: Lügnerinnen und Lügner würden den Blick abwenden, nervöse Handbewegungen machen und auf ihrem Sitz herumrutschen.

(Daneben wird noch von anderen „typischen“ Lügenmerkmalen gesprochen wie etwa Lippen schmal machen, auf die Lippen beißen, schwitzen, erröten usw.) Genaue Verhaltensanalysen und Vergleiche von ehrlich Aussagenden und Lügenden ergaben allerdings, dass Lügende ebenso häufig ihrem Gegenüber in die Augen blicken und auch nervöse Handbewegungen und unruhiges Sitzen bei Lügenden und Ehrlichen ausgewogen verteilt sind. Jene Merkmale, an denen sich die meisten Menschen orientieren, sind also im Großen und Ganzen dafür ziemlich ungeeignet. Das ist ein ernüchternder Befund, vor allem für jene Experten, die meinen, schon aufgrund ihrer Erfahrung eine hohe Trefferquote beim Aufspüren von Lügengeschichten zu haben.

In unseren Seminaren für Richter und Staatsanwälte machen wir am Beginn des Seminars ein ähnliches spielerisches Experiment. Alle Teilnehmenden haben jeweils zwei Geschichten vorbereitet. Eine davon soll wahr sein und eine erfunden – aber grundsätzlich möglich. Aufgrund der Sprache oder des Inhalts soll nicht hervorgehen, welche der beiden Geschichten sich wirklich zugetragen hat und welche erfunden ist. Nun setzen sich jeweils drei Personen zusammen. Person A erzählt eine Geschichte, die anderen beiden wissen nicht, ob es die wahre oder die erfundene ist. Person B schließt an die Erzählung eine Befragung an – quasi ein Verhör. Person C beobachtet den Prozess und gibt abschließend Feedback, welche Fragen wohl nützlich, unwichtig oder gar irreführend waren. Am Ende der Befragung müssen Person B und C eine Einschätzung abgeben, ob sie die wahre oder die erfundene Erzählung gehört haben. Auch bei diesem Spiel sind die Ergebnisse für alle Beteiligten mehr als ernüchternd. Die Teilnehmenden halten erlogene Geschichten für wahr und umgekehrt und die erzählenden Personen berichten von der ungeheuren Frustration, die sie erleben, wenn sie eine wahre Geschichte erzählen und merken, dass ihnen *nicht* geglaubt wird. „Jetzt kann ich mir vorstellen, wie es manchen Zeugen geht, denen ich nicht glaube." Diesen Satz bekommen wir nach dieser Gruppenübung öfters zu hören.

Aber nicht nur unser Seminarexperiment – das auf Grund des geringen Samples keine allgemeine Aussagekraft hat – bringt dieses „enttäuschende" Ergebnis. In zahlreichen Untersuchungen hat sich gezeigt, dass selbst Anwender von Lügendetektoren, Kriminalermittlerinnen, Richter und Psychiaterinnen in der Zuverlässigkeit ihrer Einschätzungen nicht über Zufallsergebnisse hinauskamen. Man könnte ebenso gut eine Münze werfen.

Warum kann man sich auf die vermeintlichen nonverbalen und sprachlichen Zeichen nicht in der Weise verlassen, wie es uns der „Hausverstand" und manche Druckwerke nahelegen? Das hat mehrere Gründe. Einer davon ist jener, dass Verhaltensweisen stets vom interaktiven, kommunikativen Kontext abhängen. Wenn einem Menschen Misstrauen entgegengebracht wird – was etwa bei der Polizei und vor Gericht faktisch immer der Fall ist – und er dadurch das Gefühl hat, möglicherweise für einen Lügner gehalten zu werden, dann wird er wie ein Lügner am Sessel hin und her rutschen, einfach aus Angst, für einen solchen gehalten zu werden.

Paul Ekman, der Mitentwickler und Berater der TV-Serie „Lie To Me", nannte dieses Phänomen den „Othello Effekt". In Shakespeares Drama *Othello* träufelt der listige Jago durch gezielte Lügen seinem Herrn Othello Misstrauen und Eifersucht gegen dessen Gattin Desdemona in die Seele. Als Othello die stets treue Desdemona zur Rede stellt, ist sie ob seiner Beschuldigungen sehr empört und erregt. Gerade diese Emotionen legt aber Othello nun als Lügenmerkmale aus, blind vor Eifersucht erwürgt er seine Gattin.

Wir haben es hier mit interessanten Zirkelphänomenen zu tun. *Weil* jemand das gegen ihn gerichtete Misstrauen *fühlt*, benimmt er sich so, dass das Misstrauen gerechtfertigt erscheint.

Ein ähnliches zirkuläres Phänomen gibt es bei Patienten mit Bluthochdruck. Allein aus Angst vor einem schlechten Ergebnis steigt der Blutdruck in den meisten Fällen bei der Untersuchung noch höher, das weiß aber übrigens jede Ärztin und jeder Arzt. In meinem Beitrag zum Kapitel „Frauen im Zentrum der Ermittlungen" weise ich auch auf den Effekt des „Strereotype Threat" hin, welcher ähnliche Funktionsmechanismen aufweist.

Vor Gericht und beim Polizeiverhör ist jede Person – außer wenn sie quasi „Dauergast" ist – nervös. (Zum Glück ist es für die meisten keine gewohnte Umgebung!)

Ein zweiter Grund, warum scheinbare „Lügenanzeichen“ nicht verlässlich sind, sind unterschiedliche kulturspezifische Verhaltensformen. Dazu zwei Beispiele: Der Augenkontakt wird in verschiedenen Ethnien unterschiedlich gehandhabt. Bei manchen Völkern ist es schlicht unhöflich, jemand Fremdem direkt in die Augen zu schauen. Auch bei uns war es vor hundertfünfzig Jahren noch ungebührlich. „Sie haben mich fixiert“ konnte damals in Wien noch eine Aufforderung zum Duell bedeuten. Hier hätte der für uns ungewohnte fehlende Blickkontakt *keine* Aussagekraft.

Eine wunderbare Geschichte hat mir unlängst ein Richter des Asylgerichtshofs erzählt: In narrativen Kulturen, in denen Geschichten *erzählt* und nicht geschrieben/gelesen werden, ist es unhöflich, eine Begebenheit fast wortwörtlich zweimal zu erzählen. Das würde die Zuhörenden langweilen. Deshalb muss immer etwas in charmanter Weise abgeändert werden, ohne dabei aber den Hauptstrang der Erzählung abzuändern. Kleine Weglassungen und Dazu-Erfindungen werden also durchaus gewollt und als belebend empfunden. Wenn nun aber ein Asylsuchender vor Gericht die Schilderung z.B. seiner Flucht bei jeder Befragung etwas ändert, wird das bei österreichischen Richtern notgedrungen enormes Misstrauen wecken.

Das Ergebnis vieler Versuche ist, dass es ungemein schwierig ist, mit dem in der einschlägigen Populärliteratur angepriesenen „durchschnittlichen Handwerkszeug“ der Unwahrheit in Aussagen auf die Spur zu kommen.

Ein weiteres interessantes Experiment zum Thema Wahrheit und Lüge führte Robert Wiseman durch. Wiseman war vor seiner wissenschaftlichen Karriere als professioneller Illusionist, das ist eine Art Zauberkünstler mit großen Inszenierungen, tätig. Später verfasste er das sehr amüsant geschriebene und lehrreiche Buch „Quirkologie – die wissenschaftliche Erforschung unseres Alltags". Wiseman machte Videos von Menschen, denen er auftrug eine wahre und eine Lügengeschichte ähnlicher Qualität zu erzählen. Seinen Testpersonen führte er nun entweder das Video vor oder nur die Tonspur, sodass die Probanden die Erzählenden nicht sahen. Einer dritten Gruppe gab er nur den niedergeschriebenen Text zu lesen. Die Testpersonen sollten erkennen, welche Erzählung wahr bzw. gelogen war.

In Anbetracht der oben aufgelisteten sogenannten Lügenmerkmale, die sich fast alle auf Gestus und Mimik beziehen, sollte man annehmen können, dass jene Personen die höchste Trefferquote erzielten, die das Video zu sehen bekamen. Das erstaunliche Ergebnis brachte zutage, dass die *Hörer* die Besten waren und die Leser und Seher knapp beieinanderlagen. Die Ergebnisse dieses Experimentes werfen ein neues Licht auf die Frage, wie gut blinde Menschen das Richteramt ausüben können. Noch 2002 wurde einer blinden Kärntner Juristin der Antritt zur Richterprüfung mit der Begründung verweigert, man könne der rechtssuchenden Bevölkerung eine blinde Richterin nicht zumuten. In Deutschland gibt es übrigens eine blinde Richterin. Auch in die Debatte um das Verschleierungsverbot vor Gericht müssten die Ergebnisse von Wisemans Experiment einfließen. Es zeigt sich, dass fast sämtliche verlässliche Glaubwürdigkeitsmerkmale die Sprache und die Stimme betreffen – Inhalt, Wortwahl, Detailreichtum und emotionale Beteiligung usw.

Im Lichte der oben zitierten Experimente kann also nur betont werden, wie extrem unverlässlich „Symptome von Falschaussagen" oder „Lügensignale" wie etwa Nervosität, Erröten, übermäßiges Transpirieren, Sprunghaftigkeit, unbegründet scheinende Vergesslichkeit und vieles mehr sind. Daher wird im professionellen Bereich üblicherweise der umgekehrte Weg gegangen: Der Fokus wird auf definierte Glaubwürdigkeitsmerkmale gerichtet und erst das *Fehlen* einer durchschnittlichen Menge von verlässlichen Glaubwürdigkeitsmerkmalen kann unter Umständen auf eine Falschaussage hindeuten.

In der modernen Aussagepsychologie wird nicht mehr von der Glaubwürdigkeit einer *Person*, sondern einer ganz konkreten *Aussage* gesprochen. (Denn auch eine notorische Lügnerin kann in einem konkreten Fall die Wahrheit sagen und umgekehrt.) Dennoch wird die Glaubwürdigkeit von Personen mit ins Kalkül gezogen. Man spricht dann von „allgemeiner Glaubwürdigkeit". Hier geht es um Alter, Geisteszustand, Sinnesschärfe, Wahrnehmungsfähigkeit, intellektuelle Disposition, Alkoholeinfluss etc. Neben den Umweltbedingungen wie Geräuschpegel, Lichtverhältnissen usw. wird die „spezielle Glaubwürdigkeit" einer befragten Person in Betracht gezogen. Sie bezieht sich auf Kriterien wie direkte Betroffenheit, emotionale Verflechtung mit dem Geschehen oder mit handelnden Personen oder Werthaltungen den Delikttypus betreffend. Werthaltungen den speziellen Delikttypus betreffend können sehr unterschiedlich ausfallen. So kann es sein, dass ein kleiner Diebstahl in einem Supermarkt bei einem Zeugen kaum Empörung hervorruft, vielleicht hat er sogar Verständnis für einen etwas üppig ausgefallenen „Mundraub" und interpretiert diesen als einen bescheidenen Akt der Umverteilung. Denselben Zeugen wird vielleicht ein Vater, der sein Kind heftig schlägt, ungeheuerlich erregen. (Man kann sich – leider – auch den umgekehrten Fall vorstellen.) Beim kleinen Diebstahl vergisst der Zeuge unter Umständen ein paar wichtige Details, bei der Kindesmisshandlung übertreibt er vielleicht mit seinen Aussagen, um den Übeltäter sicher seiner verdienten Strafe zuzuführen. Daran kann man erkennen, dass selbst „unbeteiligte" Zeugen in ihren Aussagen von Motiven – die ihnen oft selbst nicht bewusst sein mögen – geleitet sind.

Wie erforscht man typische Glaubwürdigkeitsmerkmale und wie beweist man deren Gültigkeit? Die forensisch-psychologische Forschung arbeitet neuerdings hauptsächlich mit der Analyse von Aussagen, die sich im Nachhinein mit hinlänglicher Sicherheit als falsch oder richtig erwiesen haben. Dies ist etwa durch gesicherte Geständnisse bzw. handfeste Beweise grundsätzlich möglich. Dabei werden eine Unmenge von Aussagen, die auch auf Video festgehalten wurden, analysiert. Die forensische Psychologie und Neurobiologie sind mittlerweile wichtige Zweige der Humanwissenschaften, viele US-amerikanischen Universitäten haben seit Jahren diesbezügliche Forschungsprogramme.

Aber auch in Europa ist die forensische Psychologie ein wichtiges Fachgebiet und aus der polizeilichen und gerichtlichen Praxis nicht mehr wegzudenken. Ein Urgestein dieser Disziplin im deutschsprachigen Raum ist Prof. Udo Undeutsch, der Anfang der 1960er-Jahre seine berühmte „Undeutschhypothese" veröffentlichte (nachzulesen in seinem Buch „Beurteilung der Glaubhaftigkeit von Aussagen"). Diese verweist auf den Unterschied von erlebnisbasierter Erinnerung zu nicht-erlebnisfundierten Aussagen und spricht die Merkmale konkret an. Seine Hypothese lautet: „Aussagen über selbsterlebte Vorgänge müssen sich von Äußerungen über nicht selbsterlebte Vorgänge unterscheiden durch Unmittelbarkeit, Farbigkeit, Lebendigkeit, sachliche Richtigkeit und psychologische Stimmigkeit, Folgerichtigkeit der Abfolge, Wirklichkeitsnähe, Konkretheit, Detailreichtum, Originalität und – entsprechend der Konkretheit jedes Vorfalls und der individuellen Erlebnisweise eines jeden Beteiligten – individuelles Gepräge."

Man geht davon aus, dass das „autobiografische Gedächtnis" – das Erinnern an selbst Erlebtes – sich von Erinnerungen, die keinen *autobiografischen* Hintergrund haben, etwa Begebenheiten, die man gelesen, gehört oder die einem berichtet wurden, unterscheidet. Wenn ganz und gar *Erfundenes* in Aussagen vorkommt, kann man noch deutlicher Unterschiede in der Aussageweise feststellen. Die Unterschiede zeigen sich etwa in der Art der Organisation der Gedächtnisinhalte. Wenn jemand über Selbsterlebtes aussagt, kann er die Chronologie verlassen, kann nach Abschweifungen leicht den Faden der Geschichte wieder aufnehmen und er ordnet seine Gedanken nicht vorwiegend nach der Zeitenabfolge, sondern eher nach Bedeutungen. Auch in der Emotionalität und Ich-Bezogenheit der Aussageweise unterscheiden sich solche Aussagen merklich. Erlebte Gefühle werden wieder wachgerufen, manchmal beginnt eine Person zu lächeln, zu weinen, zu singen, wenn sie von einem bewegenden Geschehnis berichtet. Zudem geht man in der Aussagepsychologie davon aus, dass das Erfinden und Konstruieren wie das stringente Weiterverfolgen von nicht-erlebnisfundierten Aussagen ungemein schwieriger ist als das wirkliche „Er-Innern". Insofern werden die Kriterien der Undeutschhypothese mit hoher Wahrscheinlichkeit bei wahren, erlebnisfundierten Aussagen in deutlicher Ausprägung zu finden sein. Bei erfundenen Aussagen dagegen mit deutlich geringerer Wahrscheinlichkeit und Ausprägung.

Das Aufwachsen der Menschen in unserer heutigen Welt der überbordenden emotionalen und kognitiven multimedialen Einflussnahme macht die Anwendung der Undeutschhypothese allerdings immer schwieriger. Darüber werden Sie an späterer Stelle noch etwas lesen können.

Viele Hinweise auf Glaubwürdigkeit ergeben sich mit einiger Sicherheit erst aus dem *Vergleich* von Aussagen ein und derselben Person zu *verschiedenen* Zeiten *denselben* Sachverhalt betreffend. Man spricht dann von relativer Konstanz. Fast noch wichtiger ist der Vergleich von psychisch unbelasteter Rede (freie Rede oder „ungesteuerte Aussageweise“) mit der psychisch belastenden Rede. Belastend ist es, wenn man etwa zu möglicherweise strafbaren Handlungen befragt wird. Erst in Kenntnis typischer Persönlichkeitsmerkmale können bestimmte Merkmale in Befragungssituationen angemessen beurteilt werden. Ob etwa eine sehr schüchterne Person oder eine „Plaudertasche“ bei einer Frage plötzlich verstummt, bedeutet Unterschiedliches. Günstig ist also die Vertrautheit mit dem Basis- oder Referenzverhalten. Das Referenzverhalten prüft auch ein Lügendetektor: Der Hautwiderstand wird zuerst bei Antworten zu unverfänglichen Fragen gemessen, erst dann können signifikante Änderungen des Hautwiderstandes unter Umständen Hinweise auf bestimmte Emotionen, die mit dem Verbreiten von Unwahrheit in Zusammenhang gebracht werden, darstellen. Aber auch der Lügendetektor ist relativ unverlässlich. So können Befragte allein schon die Fragesituation so belastend empfinden, dass sie trotz Wahrhaftigkeit so nervös sind, dass der Lügendetektor reagiert wie bei einer Lügnerin oder einem Lügner. Das zirkuläre System funktioniert wie beim oben geschilderten Blutdruckmessen. Umgekehrt kann man durch Erfahrung und das Üben von Mechanismen der Selbstkontrolle – Entspannung, Kaltschnäuzigkeit etc. – auch einen Lügendetektor überlisten.

Es gibt *inhaltliche* Glaubhaftigkeitsmerkmale, die sich in Details der Sprache (bestimmte Wörter, Redewendungen, Formulierungen) und in der Systematik der Erzählweise – chronologisch, sprunghafte, umgekehrte Reihenfolge der erzählten Geschehnisse – zeigen, und Merkmale der Aussageweise, sogenannte *formale* Merkmale. Das wären etwa emotionale Beteiligung beim Berichten, das Wiederaufleben von früher erlebten Gefühlen im Zusammenhang mit einem bestimmten Ereignis und Ähnliches.

Die Genauigkeit der Darstellung, die Anzahl auch unbedeutender Einzelheiten, insbesondere, wenn sie unerwartet oder ausgefallen sind, erhöhen die Glaubwürdigkeit einer Aussage. Ebenso das Schildern *charakteristischer* Eigenarten oder unerwarteter Komplikationen, durch die der geschilderte Vorgang sein individuelles Gepräge erhält. Man nennt diese Hindernisse im Ablauf „Vorgangskomplikationen“.

Eines der beliebten Beispiele aus der Literatur ist der „Badezimmermörder“, der den laufenden Föhn in die volle Badewanne mit dem vor sich hindösenden Opfer werfen wollte, aber das Kabel war zu kurz, daher musste der Übeltäter erst ein Verlängerungskabel suchen. Wenn in Erzählungen originelle und unerwartete Vorgangskomplikationen geschildert werden, spricht dies für erhöhte Glaubwürdigkeit. Wir gehen davon aus, dass unerwartete Komplikationen üblicherweise nicht erfunden sind.

Plausibilität, Einfühlbarkeit, Farbigkeit und Gefühlsbeteiligung der schildernden Person können – mit Vorsicht – ebenso als Glaubwürdigkeitskriterien betrachtet werden.

Ein hoher Anteil an Einzelheiten (Ortsangaben, Lichtverhältnisse, Witterung usw.) spricht besonders dann für die Glaubwürdigkeit, ein reales, selbsterlebtes Geschehen geschildert zu bekommen, wenn diese Einzelheiten von der befragten Person auch über *mehrere Wochen* erinnert werden. Untersuchungen ergaben, dass bei Fantasieproduktionen signifikant weniger Details gemerkt werden.

Überdetaillierungen, wenn sie etwa genaue Zahlen, präzise Zeitabstände, genaue Entfernungsangaben enthalten, sind allerdings eher bedenklich. Untersuchungen zeigen, dass selbst erfahrene Verkehrsteilnehmende, Expertinnen usw. bei fingierten Verkehrsunfällen, denen sie ihre Aufmerksamkeit schenken sollen, gerade Entfernungen, Zeitabläufe und Ähnliches – etwa auch Farben von Fahrzeugen – erstaunlich ungenau schätzen und erinnern können.

Genaue Zahlen, sehr präzise Angaben über Zeitabläufe in Erzählungen erwecken daher eher den Eindruck der „eingelernten, vorbereiteten Erzählung" und sind im Allgemeinen wenig glaubwürdig.

Dennoch erscheint die Forderung nach Detailreichtum geradezu als Grundforderung an jede Aussage, die Glaubwürdigkeit beansprucht. Gestische Präzisierungen, wenn etwa Gedankengänge mit Handbewegungen begleitet oder „erläutert" werden, gelten besonders bei wenig sprachbegabten Befragten ebenfalls als Detaillierungen.

Die *Qualität* des Detailreichtums, die Originalität und Ausgefallenheit einer Aussage kann im Allgemeinen nur beurteilen, wer schon etliche Aussagen in einem bestimmten Deliktfeld gehört hat. Fantasierte Details entspringen meistens Filmen, Fernsehserien, Büchern und Verknüpfungen von Alltäglichem. Nur Erfahrung mit delikttypischen Abläufen kann helfen, glaubhaft Ausgefallenes von unglaubwürdig Abstrusem zu scheiden.

Ich habe schon über unsere von Medien aller Art fast überschwappende Welt gesprochen. Heute kann in Fernsehen und Kino fast jedes Verbrechen detailgenau betrachtet, quasi „erlebt" werden. Das macht die Beurteilung von Erzählungen im Vergleich zur vormedialen Zeit um ein Vielfaches komplizierter. Psychologische Untersuchungen zeigen nämlich auch, dass ein intensiv empfundenes Leseerlebnis eines Romanes im Hirn ähnliche Strukturen bildet wie ein tatsächlich erlebtes Geschehen. Menschen können daher von Medien inspirierte Fantasien fast ebenso glaubhaft wiedergeben wie autobiografische Erinnerungen.

Unter „Systematik der Erzählweise“ versteht man die Struktur einer Schilderung. Der Rhythmus, das Ergänzungstempo, nachträgliche Präzisierungen und Verbesserungen sind Elemente dieser Struktur. Aussagen *ohne* Verbesserungen sind *keineswegs* glaubhafter, denn kein Geschehen kann, insbesondere über einen längeren Zeitraum, lückenlos gemerkt werden. Bei Falschaussagen werden Verbesserungen tendenziell erst dann eingebracht, wenn offensichtlich Widersprüche auftauchen. Auch spricht die vollkommene Chronologie einer Ereignisschilderung *nicht* für besondere Glaubwürdigkeit, sondern eher für eine „eingelernte“ Aussage.

Interessanterweise stellen viele Menschen und insbesondere Kinder die Chronologie der Ereignisse eher auf den Kopf. Sie berichten zuerst von der jüngsten Erinnerungsspur und arbeiten sich dann in die Vergangenheit vor. Untersuchungen zeigen, dass der Erinnerungsablauf selten dem Geschehensablauf entspricht. So können auch impulsiv-ungesteuerte Aussagen, deren Chronologie etwas durcheinandergeraten ist, als eher glaubhaft erachtet werden. So eine Erzählweise wird als „inkohärent“ bezeichnet. Unbefangene Aussagende berichten den Erinnerungsverlauf. Je größer die Zahl der zunächst unverbundenen Aussageteile ist, die sich später zu einem geschlossenen organischen Bild zusammenfügen lassen, desto glaubwürdiger ist eine inkohärente Aussageweise. Bei Kindern ist diese, wie gesagt, oft die *natürliche* Art, von Erlebnissen zu berichten. Diese Inkohärenz verliert sich mit der Anzahl der Befragungen. Es muss aber beachtet werden, dass bei der vierten Befragung unter Umständen nicht mehr erinnert wird, was *geschehen* ist, sondern was man bei der dritten Befragung geantwortet hat. In diesem Zusammenhang sei an den schon erwähnten Aspekt der Suggestion erinnert. Bei der vierten Befragung antwortet man endlich, was der Richter oder die Polizistin hören möchte.

Ein bedeutendes Element der Glaubwürdigkeit stellt die Schilderung „eigenpsychischer Vorgänge" dar. Die Beschreibungen von Begleitaffekten wie Ekel, Enttäuschung, Argwohn und Ähnlichem gilt als Glaubwürdigkeitsmerkmal, insbesondere wenn Affekt*verläufe* geschildert werden. Auch hier ist auf Detaillierung und Differenzierung zu achten.

Wenn jemand sagt: „Da hatte ich große Angst", ist das im Allgemeinen nicht sehr aussagekräftig. Das „Geständnis" einer für eine Situation oder für das Ansehen der befragten Person unangemessenen Emotion hingegen kann als Glaubhaftigkeitsmerkmal gedeutet werden. Wie übrigens vieles, was Menschen Nachteiliges über sich selbst berichten, eher glaubwürdig ist. Von der geübten Lügnerin kann dieses Wissen wiederum geschickt eingesetzt werden.

Kleine sprachliche Indizien, die auf erlebnisbasierte Schilderungen hindeuten, machte Richard Wiseman in vielen seiner Versuche aus (nachzulesen im bereits erwähnten Buch „Quirkologie" von Richard Wiseman). Er untersuchte gesprochene wahre und unwahre Berichte aus der Kindheit und stellte folgende Unterschiede fest: In den wahren Schilderungen kam das Wörtchen „ich" deutlich öfter vor. Ein weiterer Unterschied war, dass in den wahren Berichten die direkte Rede signifikant häufiger verwendet wurde. Ebenso wurde mehr von Gefühlen und Empfindungen berichtet wie: „... da war ich sehr lustig ...", „... das hatte ich gerne ...", „Es machte so richtig Spaß ..." In den unwahren Schilderungen wurden eher

Werthaltungen transportiert: „… zu viel Fett schadet …“, oder „… das sollte man nicht machen …“

Bei den meisten Erlebnissen sind wir nicht nur von einem, sondern von mehreren, oft sich widersprechenden Gefühlen durchdrungen. Die Schilderung einer differenzierten Gefühlspalette ist daher ein deutliches Merkmal für Glaubwürdigkeit. Die Befragungen von Missbrauchsopfern im Kindesalter, welche keine körperliche Gewalt erfuhren, zeigen recht differenzierte Gefühlsmischungen von Neugier, Ekel, Gefallen, Angst, Zuneigung, furchtsamer Duldung, Stolz und Scham. Für Zuhörer nachvollziehbare Affektverläufe aus der Fantasie zu schildern, ist sehr schwierig und bedarf einiger Übung.

Bei der Schilderung eigenpsychischer Vorgänge geht es nicht nur um Gefühle, sondern auch um die Schilderung von Gedanken, die das Deliktgeschehen begleiten.

Ein Kind, das von seinem Onkel sexuell missbraucht wurde und dem als Lockmittel Schokolade angeboten wurde, berichtete: „Ich wollte es eigentlich nicht, wollte aber bald nach Hause gehen, da habe ich die Schokolade genommen und habe schnell getan, was er wollte“ (Friedrich Arntzen „Psychologie der Zeugenaussage“).

Einen hohen Glaubwürdigkeitswert haben „phänomengebundene“ Schilderungen, wenn Befragte aufgrund ihres Alters, allgemeiner Unkenntnis oder des Fehlens von Spezialwissen Vorgänge rein auf der phänomenalen Ebene, so wie sie eben erscheinen, beschreiben, ohne den Funktionszusammenhang derselben mit dem Geschehen zu verstehen. Wenn etwa typische und notwendige Handlungen eines Einbrechers beim Öffnen eines Safes beschrieben werden, von deren Notwendigkeit und Wirkung der Aussagende keine Ahnung hat. Oder wenn Handlungen geschildert werden, die dem Verwischen von Spuren gedient haben könnten, ohne dass die Aussagende überhaupt von einer kriminellen Handlung der beobachteten Person ausgeht. Beschriebene Handlungen dieser Art werden *delikttypisch* genannt. Die Schilderung von delikttypischen Vorfällen macht eine Aussage *homogen* und damit glaubwürdig.

Ein typisches Beispiel einer phänomengebundenen Schilderung liegt vor, wenn ein missbrauchtes Kind einen sexuellen Vorgang schildert, dessen Bedeutung es nicht versteht. Ein äußerst anschauliches Beispiel dafür ist der Bericht eines Missbrauchsopfers im Kindesalter: „Wenn der Opa mir ein Küsschen gab, hat er mir mit seiner Zunge die Zähne geputzt" (s.o.). Das Kind schilderte hier offensichtlich einen „Zungenkuss", den es als eine bestimmte Art von Zärtlichkeit unter Erwachsenen nicht kannte. Ihm kam es daher wie „Zähneputzen" vor, so etwas wird sich kaum ein Kind „ausdenken" können.

Umgekehrt gelten *bedeutungsgebundene* im Gegensatz zu *phänomengebundenen* Aussagen dann als wenig glaubwürdig, wenn sie einem Wissen oder Verständnis entsprechen, das der aussagenden Person nicht zugedacht werden kann. Man kann dann eher von einer *suggerierten* oder *eingelernten* Aussage ausgehen.

Ein weiteres wichtiges Merkmal für Glaubwürdigkeit ist die Wiedergabe wörtlicher Gesprächsausschnitte. Genaue, in sich logische Gesprächsabläufe sind schwieriger zu *erfinden* als Begebenheiten. Die Wiedergabe von *Gesprächen* ist besonders dann ein relativ sicheres Glaubwürdigkeitsmerkmal, wenn verschiedene Rollen der Gesprächsteilnehmenden geschildert werden, deren unterschiedlicher Sprachgebrauch oder deren unterschiedliches Wissen in die Schilderung eingehen. Oft bleiben unter dem Zeitdruck, unter dem die meisten Befragungen vor Gericht und in der Polizei durchgeführt werden, gerade wichtige Glaubhaftigkeitsmerkmale unbemerkt, da geschilderte „Abschweifungen", „Umwege" oder für den Fortgang „unnütze" Handlungsteile mit dem Verweis „Kommen Sie endlich zur Sache" oder „Bleiben wir doch beim Thema" unterbunden werden.

Unser Gedächtnis strukturiert beobachtete Ereignisse anders als „am eigenen Leib erlebte" Geschehnisse. In Schilderungen von *beobachteten* Geschehen spielen Vergessen, geringe Aufmerksamkeit, zeitweilige Abwesenheit und geringe emotionale Beteiligung eine größere Rolle und führen zu „logischen Lücken". Daraus kann man weder auf Richtigkeit oder Falschheit der Schilderung schließen. Bei *erlebten* Ereignissen muss diesen Lücken höhere Bedeutung beigemessen werden. Miterlebte, mehrgliedrige Interaktionsketten eines verzweigten Geschehens werden dann glaubhaft vorgebracht, wenn Gesprächsfetzen, begleitende Gefühle, Reaktion und Gegenreaktion der beteiligten Personen detailreich und konkret geschildert werden. Wenn also Gefühle beispielsweise nicht nur benannt, sondern deren körperliche Ausdrucksformen erwähnt werden. Für Angst stehen dann ein Schweißausbruch, zitternde Hände, eine fahrige Stimme oder Orientierungslosigkeit: „Ich wusste nicht mehr, wohin ich rennen sollte."

Grundsätzlich muss von der folgenden Annahme ausgegangen werden: *Bei keiner Vernehmung ist ein Mensch fähig eine bis ins Letzte vollständige Aussage zu machen.* Wenn eine befragende Person diese Erkenntnis beherzigt und die Möglichkeit hat, über einen längeren Zeitraum hinweg mehrere Befragungen durchzuführen, sollte sie keinesfalls bei der ersten Einvernahme alle Lücken schließen wollen. Die Lücken sollten aber gemerkt und dokumentiert werden. Eine auffällige Lücke sollte zu einem späteren Zeitpunkt wieder angesprochen und den nachträglichen Aussageergänzungen erhöhte Aufmerksamkeit entgegengebracht werden. Erlebnisbezogene Aussagen sind leichter und organischer zu ergänzen als erfundene.

Wenn die Befragungen zeitlich weit auseinanderliegen, zeigt sich bei Falschaussagen eine weit geringere Ergänzbarkeit oder es treten vermehrt nicht nachvollziehbare Falschzutaten auf. Das Tempo bei vorgetragenen Ergänzungen lässt Rückschlüsse auf die Glaubwürdigkeit zu. Schnell vorgebrachte Ergänzungen entsprechen eher einer erlebnisbezogenen Aussage. Wenn das Einfordern von Ergänzungen „unsystematisch" und nicht dem chronologischen Ablauf des fraglichen Geschehens entsprechend erfolgt, haben spontan vorgebrachte logische Ergänzungen hohen Glaubhaftigkeitswert. Der Fokus auf das Kriterium der Ergänzbarkeit ist besonders dann angebracht, wenn die Motivlage der Geschehensbeteiligten schwierig zu beurteilen ist und wenn befürchtet werden muss, dass entweder von dritter Seite Einfluss auf die Aussage genommen wird oder psychische Barrieren wie Verdrängung oder Abwehr einer wahren Aussage im Wege stehen.

Zu den inhaltlichen Merkmalen der Glaubwürdigkeit kann zusammenfassend gesagt werden: Stimmiger Detailreichtum und organisch integrierbare Ergänzungen ergeben gemeinsam die *Homogenität einer Aussage*. Die *Konstanz einer Aussage* ist die inhaltliche Übereinstimmung einer Aussage bei aufeinanderfolgenden Befragungen mit zeitlichem Abstand.

Allerdings: *Wortwörtliche* Übereinstimmung bei zeitlich weit auseinanderliegenden Befragungen kann nicht ohne Vorbehalt als Konstanz gewertet werden.

Sind Aussagen vorwiegend über Suggestivfragen zustande gekommen, sollte man der Konstanz weniger Bedeutung beimessen. Dies ist bei Einvernahmen von Kindern zu beachten, denn diese sind sehr suggestionsanfällig.

Liegen zwischen den Befragungen etwa zwei, drei Jahre, kann man von Konstanz dann sprechen, wenn das *Kerngeschehen* gemerkt und wiedergegeben wird. Unter Kerngeschehen versteht man die wesentlichen *unmittelbar Beteiligten*, eine grobe Ortsangabe, Ortswechsel und Verkehrsmittel, für das Geschehen *wesentliche Gegenstände*, *Licht-* und *Wetterverhältnisse* und bei bestimmten Deliktarten auch *Körperpositionen*. Viel mehr ist oft nicht zu erwarten, denn es zeigen sich natürliche Erinnerungsverluste. Gedächtnislücken zeigen sich sehr bald bei geschätzten Entfernungen, geschätzten Zeitspannen, unbedeutenden Nebenhandlungen, Reihenfolgen in den Handlungsabläufen, Seitenverhältnissen (rechts – links). Selbst Angaben wie „Ostermontag“ oder „Neujahr“ sind sehr unverlässlich. Erinnerungen an Begleitpersonen und Farben von Kleidungen verblassen besonders schnell. Fast 80% der Versuchspersonen erinnern Farben sehr ungenau. Daraus ergibt sich, dass Erinnerungslücken oder Falschaussagen diese Daten betreffend *keine* hinreichenden Merkmale für Unglaubwürdigkeit sind.

Bisher haben wir „inhaltliche“ Merkmale einer Schilderung betrachtet. Es gibt aber auch bedeutende Merkmale der Aussage*weise*, der *Art*, wie ein Mensch Erlebnisse schildert.

Auch hier ist die Kenntnis des sogenannten Referenzverhaltens sehr wichtig. Eine Person, die sich in ihrem Normalverhalten überschwänglich und emotional zeigt, wird jedes Geschehnis – ob nun wahr oder unwahr – anders schildern als eine sehr verhaltene Person. Dies mitbedacht können Stimme, Gestus und Mimik Hinweise darauf liefern, ob eine Person Selbsterlebtes richtig schildert. Hier ist aber nicht gemeint, dass ehemals erlebte Gefühle *angesprochen* werden, sondern dass dem Konfliktgeschehen entsprechende Gefühle in der Befragungssituation *wiedererlebt* werden oder sich unbewusst bemerkbar machen. Auch hier gilt, dass der stete Wechsel ambivalenter Regungen und oft sprunghaftes Gefühlsgeschehen eher verlässliche Hinweise darstellen.

Gefühlsbeteiligungen, die während einer längeren Vernehmung stabil bleiben, sagen weniger über eine echte Erlebnisgrundlage aus. Denn auch Lügenaussagen werden meistens von Gefühlsäußerungen begleitet. Ebenso fördert die Befragungssituation selbst etwa Gefühle von Peinlichkeit, Angst oder Entrüstung.

Zur Beurteilung der Gefühlsbeteiligung ist das Deliktgeschehen selbst in Betracht zu ziehen. Die Beobachtung eines marginalen Diebstahls wird weniger Emotionen hervorrufen als die eines Tötungsdeliktes. Ebenso ist der Grad der Betroffenheit der befragten Person in Rechnung zu stellen. Sigmund Freud bringt in seinem Buch über den Witz ein schönes Beispiel über den Einfluss der persönlichen Betroffenheit. Bei einem „Stolperer" mit anschließendem „Fritzelacke" eines berühmten Tänzers in der Staatsoper werden wohl die meisten Zuseher lachen – nur nicht der ehemalige Lehrer des Tänzers, der diesen „Fehltritt" als eigenes Versagen empfinden könnte.

Ein aufschlussreiches Merkmal der Aussageweise ist auch die Impulsivität oder Unüberlegtheit. Man nennt diese Art zu sprechen „ungesteuert". Eine beobachtbare *ungesteuerte Aussageweise* lässt den Schluss zu, dass die aussagende Person eine *innere Vorbehaltlosigkeit* an den Tag legt. Darin äußert sich eine geringe innere Selbstzensur.

Manchmal regen sich befragte Personen auf, sie sind empört und schimpfen unflätig, wenn sie sich ungerecht behandelt oder missverstanden fühlen. Ihnen scheint der schlechte Eindruck, den sie dadurch machen, egal zu sein. Trotzdem wirken sie gerade dadurch authentisch. Auch werden vorgebrachte Aussageinhalte nicht auf Nützlichkeit, Verdächtigkeit oder Glaubhaftigkeit geprüft. Oft schaden sich impulsive Menschen in Aussagesituationen selbst, die ungesteuert aussagende Person bedenkt nicht die Wirkung des Vorgebrachten. Dennoch kann man davon ausgehen, dass impulsive Personen oft unmittelbar auf erlebnisfundierte Erinnerungen zurückgreifen.

In einer Gerichtssituation – mit vielen Anwesenden – ist ungesteuerte Aussageweise viel seltener als in intimen Befragungssituationen. Es wäre daher grundsätzlich wünschenswert, könnten bei der Einvernahme unterschiedliche Befragungssettings organisiert werden.

Bender weist in seinem Buch „Tatsachenfeststellung vor Gericht“ darauf hin, dass Mimik, Gestik und Aussagestil einer Person dann besonders aufschlussreich sind und als natürlich und spontan gelten können, wenn die empfundene Natürlichkeit auch beim Übergang von unverfänglichen Themen zu deliktrelevanten Fragen erhalten bleibt. Es wäre daher – wie schon öfters hingewiesen – wünschenswert, auch unverfängliche Themen zu besprechen und die befragte Person dabei zu beobachten.

Auch hier ist aber wieder Vorsicht angebracht, denn der Umkehrschluss gilt nicht! Eine gesteuerte Aussageweise ist kein Merkmal für Unglaubwürdigkeit. Es gibt eine Reihe von Persönlichkeitsmerkmalen – Gewissenhaftigkeit, Pedanterie, Vorsicht, Bedachtsamkeit, Schüchternheit –, die es verhindern, dass Erinnerungen impulsiv und rasch hervorgebracht werden. Alleine die Gerichtssituation und der Appell, die *„Wahrheit und nichts als die Wahrheit“* zu sagen, kann auch bei entspannten Naturen die ungesteuerte Aussageweise verhindern. Jugendliche, besonders Kinder, neigen allerdings eher dazu, unzensuriert auszusagen.

Im Zusammenhang mit der ungesteuerten Aussageweise, also wenn Personen so „daherplaudern", ungeachtet dessen, ob ihnen diese Kundgabe schaden kann, stehen auch quasi selbstschädigende Mitteilungen auf der Metaebene. Diese sind zwar beachtenswert, doch ihr Glaubhaftigkeitswert ist schwierig einzuschätzen. Z.B., wenn Zeuginnen oder Zeugen über ihre *Motive* in Verbindung mit den eigenen Aussagen sprechen. Was soll man von der Aussage „Ich weiß, dass meine Aussage mir den Vorwurf einbringen wird, ich möchte mich an meinem Bruder wegen des entgangenen Erbes rächen, aber …" halten? Die selbstkritische Haltung klingt glaubwürdig, sie könnte aber auch einer geschickten Manipulation entspringen.

Allgemein kann man aber schon sagen: Wenn Aussagende die nachteiligen Folgen ihrer Aussagen für sich kennen und sie dennoch tätigen, kann von einem Merkmal der Glaubwürdigkeit ausgegangen werden.

Aus welchen Motiven sprechen Menschen die Wahrheit oder bringen Lügen vor? Abgesehen von dem allgemein einsichtigen, recht einfachen Motiv eines Kriminellen, nicht entdeckt zu werden, sind Motivlagen von Zeugen oder Opfern recht vielschichtig.

In der Geschichte der Aussagebeurteilung spielte nach der Frage der Intelligenz und Zurechnungsfähigkeit von Zeugen das Motivstudium die zweitwichtigste Rolle. Über Motive können Beobachtende, aber oft auch die Handelnden selbst nur Vermutungen anstellen. Die meisten Motive sind uns nicht (ständig) bewusst, es sind oft komplexe Motivmengen, die unser Handeln bestimmen. Die meisten Menschen können auf die Frage „Warum hast du das gemacht?" gar keine befriedigende Antwort geben. Von Kindern kennen wir die Paradeantwort „So halt". Überdies fühlen sich die meisten Menschen von so einer Frage bedrängt. Durch die Entwicklung der Aussagepsychologie und moderner forensischer Beweissicherungstechniken

(Kriminalistik) tritt das Motivationsstudium heute eher in den Hintergrund.

Es ist angeraten, an die Erforschung der Motivlagen vorsichtig heranzutreten und den beschränkten Aussagewert zu bedenken. Ganz generell lässt sich sagen, dass kaum eine Aussage gänzlich ohne Motiv erfolgt und daher diverse „Korrekturen" der Wahrheit beinhaltet. Geltungsbedürfnis, Rache, Loyalität, Wunsch nach Zugehörigkeit und Hilfsbereitschaft sind Motive, die man aus dem Gerichtsalltag kennt.

Menschen berichten manchmal Dinge, die sie nie gesehen haben, nur damit sie einmal „wichtig" sind und gehört werden. Jugendliche innerhalb von Zeugengruppen schließen sich aus Geltungsbedürfnis bestimmten Aussagen an – sie wollen auch dazugehören.

Oder es werden Beschuldigungen oder belastende Aussagen – meistens sind es Übertreibungen – aus Rache an Personen und Familien vorgebracht. Man spricht dann auch vom Symptom der Befangenheit. Untersuchungen zeigen allerdings, dass das Motiv der Rache im Gerichtsalltag oft überschätzt wird. Den umgekehrten Fall, dass entlastende Aussagen aus Liebe, Abhängigkeit, Angst, Mitleid und vieles mehr vorgebracht werden, kennt man auch.

Neben den oben erwähnten Beweggründen haben auch Werthaltungen zu gewissen Deliktarten motivationale Wirkung, sind also handlungsrelevant. Soziale Sympathie kann ein eher geringfügiges Eigentumsdelikt entschuldigen. Bei Sexualdelikten etwa kann es heftigste moralisch-affektive Ablehnung geben. Eine impulsive Ablehnung eines bestimmten Deliktgeschehens kann damit zusammenhängen, dass die befragte Person selbst einschneidende unangenehme Erfahrungen machen musste. Motive wie bestimmte Werthaltungen können spezifisch und temporär, aber auch allgemein und permanent sein.

Allen Hinweisen auf Merkmale der Glaubwürdigkeit ist mit gebotener Skepsis entgegenzutreten. Der Irrtum und die mögliche Fehleinschätzung lauern auf Schritt und Tritt. Dennoch ist ohne dieses Handwerkszeug eine erfolgreiche polizeiliche und richterliche Tätigkeit undenkbar. Aber es ist bei diesen Regeln ähnlich wie bei anderen theoretischen Konzepten auch, etwa in der Musiktheorie: Manche Menschen kennen die Regel nicht explizit und wenden sie dennoch quasi intuitiv an. Manche Komponisten haben nie Harmonielehre gelernt und schreiben wunderschöne Stücke. Den umgekehrten Fall kennen wir leider auch, man kennt alle Regeln und kann sie nicht erfolgreich anwenden. Letztendlich gibt es aber doch nichts Praktischeres als eine gute Theorie.

6. Die Fälscher

Unter den Kriminellen gibt es eine Gruppe, die die Polizei mit Arbeit an speziellen Herausforderungen eindeckt: Die Fälscher übertreffen andere Kriminelle (sogar Betrüger) in der Regel an Einfallsreichtum und fachlichem Können und stellen einen besonderen Anreiz für eine effiziente und kluge polizeiliche Arbeit dar. Wie ich bereits erzählt habe, war mein erstes Arbeitsfeld im Sicherheitsbüro die Bekämpfung von Diebstahlsdelikten. Später kam dadurch der Bereich der Bekämpfung des Versicherungsbetrugs dazu, da oft Kraftfahrzeuge in betrügerischer Absicht als gestohlen gemeldet wurden.

Im Jahr 1979 eröffnete sich für mich eine neue interessante Perspektive. Der damalige Vorstandstellvertreter des Sicherheitsbüros fragte mich, ob ich Interesse daran hätte, zusätzlich zu meiner bisherigen Tätigkeit im Gewaltreferat auch im Suchtgiftreferat oder im Fälschungsreferat zu arbeiten. Nach Beratung mit meiner Schriftführerin, die schon viel länger im Haus tätig war und viele Kriminalbeamten persönlich kannte, entschied ich mich für das Fälschungsreferat. Es stellte sich in der Folge heraus, dass diese Entscheidung goldrichtig war. Erstens stimmte die Chemie, denn sowohl der Gruppenführer als auch sein Team waren ausgezeichnete Kriminalisten, mit denen man wunderbar zusammenarbeiten konnte. Zweitens stimmte die menschliche und freundschaftliche Beziehungsebene. Man konnte sich aufeinander verlassen, es gab eine ausgezeichnete Arbeitsaufteilung, wir saßen gerne zusammen, um uns über die folgenden Aktionen zu beraten oder Schwierigkeiten zu besprechen, wenn wir nicht genau wussten, wie es bei einer Amtshandlung weitergehen sollte. Drittens passte offensichtlich auch die Zeit genau. Kurz nachdem ich im Fälschungsreferat „eingestiegen" war, ergab sich, ähnlich wie zuvor im Diebstahlsreferat, eine Fülle an Kriminalfällen, die alle höchst spannend waren, ein tolles Arbeitsfeld umfassten und noch dazu auch glänzend von uns gelöst werden konnten.

Im Fälschungssektor gibt es mehrere Betätigungsfelder: Da geht es um falsche oder verfälschte Dokumente wie Reisepässe, Führerscheine, Schecks und Scheckkarten, Kreditkarten, aber auch Zeugnisse, die eine bessere Ausbildung bestätigen, sind sehr gefragt. Ein zweiter Bereich bezieht sich auf Geldfälschungen. Besonders oft wurden zu meiner Zeit US-Dollar gefälscht, heute gibt es, entsprechend der Wichtigkeit der Währung, sehr viele Euro-Fälschungen. Auch Fälschungen von Münzen kommen häufig vor. Ein dritter auffälliger Bereich der Fälschungen ist jener der Kunstfälschungen. Ich habe in der Zeit meiner Tätigkeit als Fälschungsreferent in jedem dieser drei Bereiche spannende Kriminalfälle zu erledigen gehabt.

Von einigen dieser Fälle werde ich nun erzählen, um die Vielfalt der Täterpersönlichkeiten zu demonstrieren, mit denen ich konfrontiert war.

Einer der ersten Kriminalfälle betraf ein Seriendelikt, dem viele Österreicher zum Opfer fielen. Über zweihundert Menschen stiegen auf ein Angebot in Form eines Inserats ein, „günstig" einen Führerschein zu erwerben. Der Anzeigentext lautete: „Führerschein garantiert in 6 Tagen – privat! Keine Fahrschule unter 21.708/A."

Jeder der Käufer zahlte für einen falschen Führerschein zehntausend Schilling. Einem kamen nach Erhalt des Führerscheines bald Bedenken und er ließ das erhaltene Dokument, einen rosa Führerschein in englischer Sprache, der angeblich aus dem Inselstaat und Fürstentum „Sealand" stammte, bei der Rechtsabteilung des ÖAMTC, der größten österreichischen Autofahrerorganisation, prüfen. Er fiel aus allen Wolken, als er erfuhr, dass es sich bei dem angeblichen Führerschein um ein wertloses Papier handelte. Der ÖAMTC verständigte die Wirtschaftspolizei, aber wir vom Sicherheitsbüro hatten bereits zuvor eine Information erhalten und Ende Juni mit den Ermittlungen begonnen. Hinter den Inseraten, die mehrmals erschienen waren, stand ein Triumvirat. Der Chef der drei Verdächtigen gab sich als Diplomat und „Konsul" des „Fürstentums Sealand" aus, war aber zu Beginn der Ermittlungen für die Polizei nicht greifbar.

Dazu gab es damals eine eigenartige Vorgeschichte: Ein gewisser Gerhard R. gab sich als „Konsul" des von keinem Staat der Welt anerkannten Inselreichs, das an der Südostküste Englands gelegen war, aus. Es handelte sich dabei um das angebliche „Fürstentum Sealand", welches aus nichts anderem bestand als einer Betonplattform in der Nordsee, mit etwa 1300 m² Größe, die während des Zweiten Weltkrieges von der britischen Luftabwehr genutzt wurde. Die Kriminalisten des Sicherheitsbüros eruierten, dass der „Möchtegern-Diplomat" der Drahtzieher der Führerscheinidee gewesen sein musste. Gerhard R. wies sich gegenüber den Kriminalbeamten mit einem pompösen Diplomatenpass aus, der aber genauso viel wert war wie die Führerscheine, die verkauft wurden, nämlich nichts. Eine Rückfrage bei Professor Alexander A., der in Belgien lebte und sich als „Außenminister des Inselstaats" bezeichnete, ergab, dass dieser die drei Österreicher angeblich nicht kannte. Alexander A. versandte die folgende Kurzinformationen: „Sealand ist ein unbeschränkter, freier Staat, der über eine freiheitliche Verfassung, notwendige Gesetze, Regierung und Rechtsprechungsorgane, eine eigene Währung (Sealand Dollar), ein eigenes Postwesen mit Briefmarken und über ein eigenes Register für die Eintragung von Gesellschaften und Einflaggung von Schiffen verfügt." Er schickte diese Information an mehrere Staaten, unter anderem auch an den damaligen Generalsekretär der Vereinten Nationen, Dr. Kurt Waldheim, um diplomatische Anerkennung für das „Fürstentum" zu erlangen.

Zurück zum damaligen Geschehen: Mitarbeitern des Verkehrsamts der Bundespolizeidirektion Wien war das besagte Inserat in der Zeitung aufgefallen und sie informierten sofort das Sicherheitsbüro. Die darauffolgenden Erhebungen ergaben, dass an einem Postamt jeden Tag ein Mann erschien, der die Post, also die Anschreiben der Kaufinteressenten der angebotenen Führerscheine, abholte. Es bestand „Gefahr im Verzug", was bedeutete, dass die Polizei den Mann festnehmen und dem Sicherheitsbüro überstellen konnte. Heute wäre das ohne Rücksprache mit der Staatsanwaltschaft nicht mehr möglich. Der Mann, er nannte sich Leopold M., war mit einem Personenkraftwagen gekommen, der aber nicht ihm gehörte, sondern einem gewissen Wolfgang K., wie sich bei der Überprüfung herausstellte. Die Einvernahme des Fahrzeugbesitzers Wolfgang K. ergab, dass ein Lokal als Drehscheibe für die falschen Führerscheine diente. Er gab später zu Protokoll, dass er „ahnte, dass es sich um eine ‚krumme Sache' handeln müsste".

Detailerhebungen brachten Hinweise und Erkenntnisse über die Herstellung der gefälschten Stempel, mit denen die Führerscheine versehen worden waren, es konnten auch Käufer der falschen Führerscheine ermittelt werden und schlussendlich eruierte man auch die Druckerei, in der die Blanko-Führerscheinformulare gedruckt worden waren.

Ferdinand W., der Kontaktmann zu den „Diplomaten" Gerhard R. und Alexander A., erschien freiwillig im Sicherheitsbüro, scheinbar war ihm der Fahndungsdruck zu groß geworden und er legte bei der Fälschungsgruppe ein volles Geständnis ab. Es stellte sich heraus, dass die Idee für die Fälschungen aus Österreich stammte, denn Ferdinand W., der Initiator, war fünf Mal beim Führerschein durchgefallen.

Not macht also erfinderisch: Betrug, Fälschungen und Wirtschaftskriminalität sind typische Methoden, illegal das zu erwerben, was man legal nicht geschafft hat oder schaffen hätte können.

Auch die folgende Fallerzählung ist nicht nur ein Beispiel dafür, wie schwierig Einvernahmen und Ermittlungen bei einem Kriminalfall mit internationalen Dimensionen sind, sondern ebenso dafür, wie schwierig es sein kann, die richtigen Strategien bei Erhebungen anzuwenden, da man nie eine absolute Sicherheit haben kann, ob man die richtigen Personen in sein Vertrauen zieht und wem man besser misstrauen sollte. Der Fall veranschaulicht die generellen Problematiken der Gesprächsführung, die sich bei der Zusammenarbeit von Opfer und Polizei ergeben können.

Zu Beginn der Achtzigerjahre ereignete sich in Wien ein schwerwiegender Fall von Scheckbetrug, der die Geldwirtschaft in Österreich in ziemliche Unruhe versetzte. Für die Polizei war der Kriminalfall zuerst nicht klärbar, da er enorme internationale Dimensionen aufwies und man feststellte musste, dass sogar die italienische Mafia ihre Hände im Spiel hatte.

In einer Druckerei, die auf die Herstellung von Schecks und Scheckkarten spezialisiert war, verschwanden, trotz hoher Sicherheitsvorkehrungen, im Jahr 1982 an die 15 Scheckkarten und 2.000 Stück Blankoschecks, die für eine Bank in Deutschland vorbereitet waren. Bald hatte man mit dem zunächst ungeklärten Diebstahl große Sorgen, da die gestohlenen und dann verfälschten Schecks aus Italien zur Einlösung nach Österreich zurückgesandt wurden. Dadurch musste ein Schaden von 550.000 Schilling (das entspricht heute in etwa 36.000 Euro) abgedeckt werden.

Die Firmenverantwortlichen erstatteten Anzeige im Sicherheitsbüro und die ersten Ermittlungen galten der Suche nach der „undichten Stelle“ in der Druckerei. Zu jenem Raum, in dem die Scheckkarten und Scheckformulare gelagert waren, hatte nur ein kleiner, privilegierter Mitarbeiterkreis Zutritt. Die ersten Ermittlungen schienen vielversprechend, ein erstelltes Täterprofil ermöglichte die Einengung der Auswahl der Verdächtigen, da die Kombination aus Zutrittsmöglichkeit, technischen Fähigkeiten und Italienischkenntnissen nur bei einer Person zu finden war, woraufhin diese als hoch tatverdächtig galt. Wir lagen mit unseren Vermutungen allerdings falsch. Diese bittere Erkenntnis ergab sich nach der ausführlichen Einvernahme unserer ersten Zielperson und daher mussten wir mit unseren Überlegungen und Ermittlungen wieder von vorne beginnen. Zu Hilfe kam uns dabei eine ganz andere Amtshandlung, die darauf gründete, dass ein Italiener (Mario R.) mit einem Komplizen plante, ein Frachtdepot, in dem zeitweise Summen bis zu 100 Millionen Schilling (das entspricht heute in etwa 7,3 Millionen Euro) gelagert wurden, zu überfallen. Der Komplize arbeitete als Frachtagent und wusste daher auch den Zutrittscode. Mario R. verfügte über enge Kontakte zur Mafia, höchstwahrscheinlich gehörte er ihr sogar an. Er war bereits wegen der Weitergabe von falschen US-Dollarnoten in Österreich aufgefallen.

Schließlich stellte sich heraus, dass ein Sicherheitschef der Druckerei, der bei allen Besprechungen zwischen der geschädigten Firma und der Polizei anwesend war, der sprichwörtliche „Wolf im Schafspelz" war. Er hatte den Diebstahl begangen und den Koffer mit den Scheckkarten und Scheckformularen weitergegeben. Über mehrere Hände und Mittäter gelangte der Koffer dann in die Hände der Mafia.

Der Fall konnte durch die Aussage von Mario R. geklärt werden. Sämtliche Täter, bis auf den Sicherheitschef der Firma, wurden verhaftet und zu bedingten und unbedingten Haftstrafen verurteilt. Der Sicherheitschef selbst flüchtete Richtung Asien und war unauffindbar.

Man würde es vielleicht nicht für möglich halten, aber Österreich ist ein Land mit großer Tradition im Bereich der Fälschungen. Ein Besuch des Wiener Kriminalmuseums zahlt sich auf jeden Fall aus, denn hier werden mehrere spannende Kriminalfälle von berühmt gewordenen Geldfälschern und deren Geldfälschungen dargestellt.

Geldfälschungen sind für ein Staatswesen immer gefährlich, da es durch diese möglich ist, den Staat in seinen wirtschaftlichen Grundlagen zu erschüttern. Daher ist die

Herstellung von falschem Geld und falschen Münzen mit strengen Strafen bedacht. Allein schon die Vorbereitungshandlungen (wie etwa die Beschaffung von geeignetem Druckpapier, Metall zur Münzherstellung, Druckmaschinen, Diebstahl geeigneter Fälschungsutensilien etc.) zur Geld- und Münzfälschung werden sanktioniert. Geldfälschungen zählen zu den international verfolgbaren Delikten, die auf der ganzen Welt geahndet werden.

Diese beiden Fallbeispiele bestätigen, dass Fälscher ein eigenes „Volk" sind. Man hat es oft mit sehr intelligenten Tätern zu tun, die über hervorragende Fähigkeiten verfügen. Die Fälschung von Dokumenten eröffnet einen unmittelbaren Bezug zum Betrug. Ein gut gefälschtes Dokument, ein Pass, ein Personalausweis, ein Führerschein oder ein Visum ermöglicht es demjenigen, der seine wahre Identität verschleiern will, sich hinter der neuen, der falschen Identität, zu verbergen und andere zu täuschen. Dabei können politische Motive die Ursache sein, auch viele Spione bedienen sich der Falschdokumente, es kann aber auch ein rein ökonomisches Interesse dahinter liegen, wenn sich Personen schlichtweg bereichern wollen. Oft dringt man bei Falschgeldermittlungen in den Bereich der Organisierten Kriminalität ein, dann wird es entsprechend schwieriger, zielführende Aussagen oder gar Geständnisse zu erzielen.

Die Chance der Polizei bei ihren Ermittlungen ist jene, dass der Fälscher immer eine Spur und eine bestimmte Handschrift hinterlässt. Einerseits tragen Fälschungen meist eine typische Handschrift, die auf die Arbeits- und Herstellungsweise schließen lässt, andererseits stellt die Verteilung der gefälschten Ware immer ein enormes Problem dar, da der Absatz der Fälschungen sie unter „Druck" bringt, wodurch möglichst rasch und viel umgesetzt werden muss. Gelingt es, dieser Spur sorgfältig zu folgen und alle Beweise zu sammeln, dann erfährt man über die Persönlichkeit des Täters oder der Täter mehr, kann eventuell ein Bewegungsprofil erstellen, wodurch Rückschlüsse auf den möglichen Aufenthaltsort gezogen werden können – was die Ausforschung und Festnahme enorm erleichtert und beschleunigt.

Über Profiling, Begabung, Intelligenz und Rasterfahndung

Unter den Verbrechern gibt es, wie in jeder größeren Menschengruppe, ganz unterschiedliche Typen. Kluge und blöde, sanfte oder gewalttätige, hinterlistige, schlaue und offene, da findet man „tumbe Toren" und witzig-intelligente Exemplare. Das hängt mit deren sozialer Herkunft, kulturellem Hintergrund, mit Bildungschancen und dem familiären Hintergrund während des Heranwachsens und vielem mehr zusammen. „Den Verbrecher schlechthin" gibt es nicht! Mir ist wichtig, das einmal festzuhalten. Dennoch behaupten manche Hirnforscher, man könne schon bei siebenjährigen Kindern, wenn man deren Gehirn untersucht, „überzufällig" prognostizieren, welches mit höherer Wahrscheinlichkeit einmal mit dem Gesetz in Konflikt geraten wird. Solche Hirnforscher wollen wohl gerne ihre Bücher gut verkaufen oder bei Gericht als Gutachter angeheuert werden, deshalb behaupten sie solchen Unsinn. Diese abstrusen Theorien werden auch von den Medien gerne aufgegriffen.

Zum Begriff „überzufällig" ist Folgendes erläuternd anzumerken: Wenn ich als selbsternannter Hellseher einer in der ersten Woche schwangeren Frau vorhersage, dass sie zu etwa 50% einen Buben zur Welt bringen wird oder zu 2% eine Zwillingsgeburt zu erwarten hat, wird sie mir höchstwahrscheinlich glauben und nicht sehr erstaunt sein. Meine Voraussage entspricht der Statistik, dem Zufall und ist also langweilig. Eine Prognose hat nur dann wirklich Aussagekraft, wenn sie eben *überzufällig* ist. Es ist hier nicht der passende Ort oder genügend Platz, um mich mit den oben genannten Hirnforschern auseinanderzusetzen, aber man hat noch kein Verbrecher-Gen gefunden. Es gibt keinen einzigen positiven Beweis, dass es eine „genetische Anlage" zum Verbrecher gäbe.

Aber, wie gesagt, innerhalb der Gruppe der Verbrecherinnen und Verbrecher gibt es jene Raffinierten und Einfallsreichen, die den Polizeiberuf wirklich spannend machen und mit denen es quasi eine Freude ist, zu kommunizieren. Mein Vater hat uns oft von solchen Begegnungen berichtet. Die Verhöre gestalten sich schwierig, man durchschaut sich gegenseitig. Die Gesprächssituation etnwickelt sich ähnlich einem Duell im Wilden Westen. Man belauert sich gegenseitig und keiner darf als Erster ziehen. Die Strategie, die man sich für das Gespräch zurechtgelegt hat, sollte nicht gleich erkannt werden. Für Polizeibeamtinnen und Polizeibeamte ergibt sich möglicherweise eine zusätzliche Gefahr. Man findet die Täter vielleicht sympathisch, ihre Motive verständlich. Fast solidarisiert man sich mit ihnen. Bei unerfahrenen Richtern und Polizisten könnte die Objektivität ihrer Urteile und Einschätzungen auf dem Spiel stehen, Erfahrene sollten sich durch Sympathie und Verständnis nicht beirren lassen. Die Rechtfertigungssysteme, die kluge Verbrecher für sich und für andere zurechtzimmern, klingen oft erstaunlich plausibel. Häufig argumentieren sie, dass sie nur gegen Gesetze verstoßen, um noch größeres Unrecht zu kompensieren oder gar zu verhindern. Versicherungsbetrüger etwa fühlen sich von der Versicherungsgesellschaft über Jahre hinweg durch zu hohe Prämien ausgebeutet. Die Paläste, die sich die großen Gesellschaften mit den Einnahmen errichten können, ragen als stumme Zeugen ungerecht hoher Prämien in den Himmel. Menschen, die Maturazeugnisse fälschen, begründen dies mit einem total ungerechten Bildungssystem. Und gefälschte Führerscheine sind die passende Antwort auf die Bestechungsgelder, die man dem Fahrlehrer und Prüfer zustecken musste, um an einen legalen Führerschein zu kommen. Terroristinnen sind Überzeugungstäterinnen. Ihnen scheint das *ganze* Rechtssystem faul zu sein und es muss daher bekämpft werden. Sie können demzufolge gar keine Schuldeinsicht erlangen.

Charmante Verbrecher, manchmal sind es wirklich charismatische Menschen wie etwa Udo Proksch, sind Gesprächspartner, die aus dem oft trüben polizeilichen Alltag ein geistreiches kommunikatives Erlebnis machen. Was etwa Udo Proksch alles an Polittratsch zu berichten hatte, muss gar erstaunlich gewesen sein. Offensichtlich gehörte auch Jack Unterweger, der auf verblüffend viele Menschen Faszination ausübte und diese von seiner Unschuld überzeugen konnte, zu jenen Menschen.

Wenn man Profile oder Persönlichkeiten von Kriminellen anspricht, muss man sowohl an jene denken, die das Verbrechen zu ihrem Beruf, quasi zum Broterwerb gemacht haben, und an mehr oder weniger „krankhafte" Kriminelle oder gar Serientäter. Ich halte allerdings die Begriffe „krankhaft" oder „abnormal" für grundsätzlich problematisch und diskussionswürdig. Ausführungen dazu würden aber zu weit führen. Jedenfalls geht es bei dieser Art von Verbrechen selten und nur am Rande um einen materiellen Gewinn.

Auf der anderen Seite gibt es eine Reihe von Vergehen,

die aus einer Gelegenheit, aus Laune oder einer heftigen Emotion heraus meistens zum ersten und einzigen Mal begangen werden. Da macht es keinen Sinn, von bestimmten „Verbrechertypen“ zu sprechen. Auch das sogenannte „Profiling“ gewinnt erst bei Serientätern an Bedeutung. Es gibt, nebenbei gesagt, eine Reihe von Serientätern, die in unserer Gesellschaft nicht als solche benannt wird. Das sind etwa Männer, die ihre Partnerinnen häufig demütigen, schlagen und vergewaltigen, Eltern, die ihre Kinder misshandeln, und Priester, die Zöglinge missbrauchen. Das Feld der Gewalt- und Sexualstraftäter ist riesig, viele Menschen aus allen Schichten, aus allen Kulturen können dazugehören. Auch Bildung und Intelligenz geben kaum Auskunft über eine mögliche Anfälligkeit.

Zwei Gedanken seien ergänzend vorgebracht: Bei vielen sogenannten Sexualdelikten stehen eigentlich Gewalt und Machtausübung im Vordergrund. Das zeigt sich in zahllosen psychologischen Gutachten über Sexualstraftäter. Man sollte die enge Verknüpfung von Sexualität und Gewalt daher nicht aus den Augen verlieren. Zweitens kann man dennoch feststellen, dass die „rohe“ Gewalt in unseren Kulturkreisen bildungs- und schichtspezifisch ist. Entstehende Konflikte zwischen Menschen können auf verschiedene Art gelöst oder beigelegt werden und Methoden der Konfliktlösung entspringen dem sozialen Lernprozess in der Familie und in der Gruppe der Gleichaltrigen. Sehr verkürzt: In Familien, in denen geschlagen wird, lernen die Sprösslinge schlagen. In solchen, wo diskutiert und verhandelt wird, lernen die Sprösslinge ebensolches. Wo zynisch gewitzelt wird, kann man das Witzemachen erlernen.

Jemanden wortgewaltig „runtermachen“ ist nicht verboten, sich mit der Faust zu revanchieren schon. Jeder setzt Gelerntes ein. Wenn man nun – darüber gibt es Untersuchungen – gewalttätigen Jugendlichen Sprachunterricht gibt, zeigen sich diese weniger gewalttätig. Auch die selbstsichere Haltung, dass man eine Kränkung oder Beleidigung nicht gleich gewalttätig ahnden muss, einem Streit also aus dem Weg geht, kann gelernt werden.

Die Art des Verbrechens, der Anteil der Gewalt und die *Art* der Gewalt sind abhängig von der Persönlichkeit des Täters und diese ist wiederum ein Gemenge aus Bildung, Lern- und Lebenserfahrung und Habitus. Nicht vergessen darf man die geistigen und materiellen Ressourcen, die einem Menschen zur Verfügung stehen. Ob man sich ein Fluchtauto leisten kann, ob man Sprengstoff herstellen kann, ob man fremde Sprachen beherrscht, ob man sich so elegant zu bewegen vermag, dass man in einer Bank um Kredit ansuchen kann, das alles beeinflusst die mögliche Art des Verbrechens. Ein Kreditbetrüger kann nur jemand sein, der überhaupt Kredit bekommt. Eine Fälscherin sollte wenigstens halbwegs zeichnerisch begabt sein und etwas vom Druckereigewerbe verstehen. Wer bestechen will, muss über Mittel verfügen und wer sich bestechen lassen möchte, sollte über Macht verfügen. Wer besticht schon einen Taugenichts?

Wir sehen also einen Zusammenhang von erlernten Fähigkeiten und vielen anderen Faktoren der Persönlichkeit mit der Art der begangenen Verbrechen. Selbstverständlich wird bei der Suche nach Tätern das alles mitberücksichtigt. Nicht selten herrscht die Meinung vor, dass auch die Intelligenz ein ganz wesentlicher Einflussfaktor ist. Das ist aber eine falsche Annahme. Überhaupt – nicht nur in Bezug auf eine mögliche Verbrecherlaufbahn – wird der Einfluss der Intelligenz auf den Lebensweg eines Menschen im Allgemeinen stark überschätzt.

1921 organisierte der US-amerikanische Psychologe Lewis Terman mit einem Team von Feldforschern eine großangelegte Untersuchung. Er wählte aus 250.000 kalifornischen Grundschülern rund 1.500 Kinder aus, die einen IQ höher als 140 aufwiesen. Er beobachtete sie den Rest seines Lebens – das waren immerhin noch 35 Jahre. Terman war davon überzeugt, dass diese „hochbegabten" Kinder einmal die Elite des Landes stellen würden, und nannte seine Studie „Genetic Studies of Genius". Seine Voraussagen erwiesen sich als ziemlich falsch. Kein Nobelpreisträger war unter seinen Schützlingen, nur 20% waren relativ erfolgreich, die meisten (rund 60%) durchschritten einen durchschnittlichen Lebensweg und erstaunlich viele (rund 20%) waren in den Augen Termans „gescheitert". Mit Intelligenz hat ein erfolgreiches Leben also nichts zu tun.

In nachträglichen Untersuchungen stellte er fest, dass das einzige Kriterium, das mit dem beruflichen und gesellschaftlichen Erfolg korrelierte – worauf es also *wirklich ankam* –, die soziale Herkunft war.

Wenn man daher unbedingt über „geborene Verbrecher" sprechen will, so ist das soziale Milieu, in das jemand „hineingeboren" wird, der einzige Faktor, der auch nur annähernd Voraussagekraft hat.

An die Untersuchungen von Terman anschließend haben sich Sozialforscher wie Norbert Elias und Pierre Bourdieu darangemacht zu erforschen, in welcher Weise sich soziales Milieu in „die Körper einschreibt". Dass etwa gesundes, ausreichendes Essen sich in der Körpergröße niederschlägt, weiß man. Dass aber die Wohnungsgröße der Eltern und die Art der Sitzmöbel, die einem als Kind zur Verfügung standen, sich im Bewegungsablauf und Körperhaltungen einschreiben, ist weniger bekannt. Die Art, wie Menschen gehen, stehen und sitzen und sprechen, strahlt manchmal Dominanz oder auch Unterwerfung aus. Wie jemand den Raum betritt, wie er oder sie sich hinsetzt und wie laut die Stimme tönt, ist auch herkunftsbedingt. Die meisten Menschen haben ein feines Sensorium für Signale der Abstammung.

Ob einem Menschen „der Spatz in der Hand" genügt oder ob er minutiös planend doch die „Taube auf dem Dach" ergattern will, auch diese Haltung ist sozialisationsbedingt. Sie beinhaltet die Fähigkeit zum Triebaufschub und das bedeutet, einen Wunsch nicht sofort befriedigen zu müssen, in der Aussicht, später höheren Lustgewinn zu erzielen. Man könnte das mit zwei Alternativen vergleichen: des nächtens schnell eine Auslage auszuräumen oder einen lukrativen, aber komplizierten Einbruch minutiös zu planen.

Alle diese Ausführungen beziehen sich auf statistische Größen, nicht auf einzelne Menschen, die jeweils als sogenannte Ausnahmen von der Regel zitiert werden könnten. Für Verhörende bedeutet das, dass sie einerseits ihrem „Gespür" vertrauen können und diesem gegenüber immer auch skeptisch bleiben sollten.

Dieses Wissen um die formende Kraft der sozialen, geografischen und bildungsmäßigen Herkunft ist nicht nur von Belang für die Kriminalsoziologie, diese Kenntnis ist auch eine wichtige Grundvoraussetzung für die Erstellung eines Täterprofils. Auch was das „Profiling" betrifft, gibt es durch Fernsehserien vermittelte, weit überzogene Vorstellungen über den Beitrag dieses ohne Zweifel wichtigen Zweiges der Kriminologie bei der Verbrechensbekämpfung. Gerade der Fall des Briefbombenbauers Franz Fuchs und das Profil, das der österreichische Kriminalpsychologe Thomas Müller erstellt hatte, gaben Anlass zu Diskussionen über den Wert des Profilings. Das Profil, das Thomas Müller erstellte, soll in vielen Punkten richtig gewesen sein, nur in der Alterseinschätzung habe er sich geirrt. Dingfest gemacht wurde Franz Fuchs durch Zufall und völlig unerwartet.

Der Profiler ist ein Spezialist, die Werkzeuge des Profilings oder der Fallanalyse gehören aber auch zum Rüstzeug guter Kriminalisten. Selbstverständlich fragen sich Fahnder bezüglich eines Scheckfälschers, wo dieser das Grafik- oder Druckerhandwerk hatte lernen können. Wo und wie er sich das Wissen über bestimmte Bankverbindungen aneignen konnte. Selbstredend wird bei Text- oder Sprechanalysen, darunter fallen Analysen von Briefen, Plänen, Verabredungen, abgehörte Telefonate usw., auf Ausbildung und sozialen Hintergrund geschlossen. Man überprüft etwa die Anzahl und Verwendung von Fremdwörtern oder die Länge und Komplexität der Sätze. Und bei einer Serie von Einbrüchen kann die Kriminalistin auf Grund der „Handschrift", etwa einer ganz eigentümlichen Vorgehensweise, ein Schloss zu knacken, darauf schließen, ob jemand ein gelernter Schlosser oder ein Laie war und ob er bestimmte seltene Werkzeuge überhaupt kennt.

Eine entscheidend neue Wendung in der Verbrechensaufdeckung hat neben der Revolution durch DNA-Analysen, die noch Jahre später Urteile bekräftigen oder auch Fehlurteile aufdecken können, der Computer gebracht.

Das Verknüpfen von digitalisierten Daten war von diesem Zeitpunkt an in einem hohen Tempo möglich, wodurch die Kreise der Ermittlung auf ungeheure Ausmaße ausgedehnt werden konnten. Erst diese technische Neuerung machte eine neue Fahndungsmethode möglich: die Rasterfahndung. Die erste Rasterfahndung in Deutschland wurde 1979 durchgeführt. Es galt, einen Terroristen der RAF ausfindig zu machen. Man wusste faktisch nichts von ihm, nur, dass er offensichtlich unter falschem Namen eine Wohnung in Frankfurt mietete. Die Polizei ging davon aus, dass Terroristen keine offiziellen Konten bei der Bank haben und daher ihre Stromrechnungen bar bezahlen müssten. Das waren aber damals in Frankfurt rund 18.000 Menschen. Die Daten der Stromkunden waren zu dieser Zeit noch auf einem Magnetband der Elektrizitätsgesellschaft archiviert. Nun galt es, alle *legalen* Namen herauszufiltern. Man konnte all jene Namen als legal identifizieren, die eine Rente bekamen, ein Auto besaßen, im Grundbuch standen oder eine Versicherung abgeschlossen hatten. Als man alle Namen, die man auch noch anderswo fand, gelöscht hatte, blieben zwei Namen mit zugehörigen Adressen über. In einer wohnte ein Rauschgifthändler, in der anderen wurde der Terrorist Rolf Gerhard Heißler festgenommen. Ein Jahr später, 1980, wurde das Wort Rasterfahndung zum Wort des Jahres gekürt.

Wir sehen, dass heutzutage viele Wissensgebiete der Humanwissenschaften wie etwa Soziologie, Psychologie, Kommunikationswissenschaft und Bereiche der Naturwissenschaften wie Biologie, Physik, Chemie und Informationstechnologie der Verbrechensbekämpfung unschätzbare Dienste erweisen. Den zweckmäßigen Einsatz dieser wissenschaftlichen Disziplinen planen, koordinieren und überprüfen müssen Polizisten, Richterinnen und Staatsanwältinnen. Im Mittelpunkt ihrer Arbeit steht aber immer noch das professionell geführte persönliche Gespräch.

7. Die lesbische Damenband

Aus heutiger Sicht kann ich in angenehmer Erinnerung behaupten: Einer der für mich aufregendsten Kriminalfälle begann Anfang der Achtzigerjahre. Es gab damals noch keine Euroschecks, jede Bank oder Sparkasse ließ Schecks und entsprechende Scheckarten mit eigenem Logo und eigenem Design herstellen. Da die Österreicher den Süden besonders lieben, war es naheliegend, dass in südlichen Destinationen zahlreiche Schecks von Österreichern auf deren Urlaubreisen zur Einlösung gebracht wurden. Österreicher lösten damals um die fünf Millionen Schecks im meist benachbarten Ausland ein und etwa zwei Millionen Schecks wurden von Ausländern bei ihren Urlaubsreisen nach Österreich eingelöst. Dieses Scheckvolumen brachte dem Österreichischen Bankenverband einen beachtlichen Arbeitsaufwand – ein für den folgenden Fall höchst relevanter Umstand. Internationale Aktivitäten von zunächst unbekannten Kriminellen sorgten im Bankenverband und bei den österreichischen Geldinstituten schlagartig für große Aufregung. Die damals vorgegebene Vielzahl von Schecks mit unterschiedlichstem Design – jedes Geldinstitut brachte individuell gestaltete Scheckformulare heraus – war für Fälscher ein willkommener Anlass, sich auf dieses Metier einzulassen. Innerhalb eines Sommers tauchten Tausende gefälschte österreichische Schecks in Portugal, Spanien, Frankreich, Italien und Griechenland auf. In fast allen Ländern rund um das Mittelmeer, insbesondere dort, wo Österreicher gerne Urlaub machten, wurden falsche Schecks ausgegeben. Mit zeitlicher Verzögerung langten die Einlösungen der Schecks bei den Geldinstituten ein und erst dann wurde bekannt, dass es sich bei den zur Bezahlung eingereichten Schecks um Fälschungen handelte. Die im Ausland eingelösten Schecks wurden zur Verrechnung von den ausländischen Geldinstituten dem Österreichischen Bankenverband eingereicht und dort erkannte man bei der durchgeführten Kontrolle und Verrechnung mit den einzelnen betroffenen Instituten, dass es sich in einer Vielzahl der Fälle um Fälschungen handelte. Man setzte besondere Maßnahmen zur Prüfung und Aussonderung der Fälschungen seitens des Bankenverbandes, erließ Warnmitteilungen und erstattete bei der österreichischen Polizei Anzeige. Die entsprechenden internationalen Ermittlungen wurden über das Bundesministerium für Inneres, wo sich das nationale Interpolbüro befand, eingeleitet und die Auslandskorrespondenz durchgeführt. Zunächst hatte man damit jedoch keinen Erfolg. Weder ergab sich eine konkrete Spur in Richtung der Personen, die die gefälschten Schecks einlösten, noch konnten Hinweise zur Ausforschung der Hersteller der Fälschungen eruiert werden. Mittlerweile war bereits ein beachtlicher Schaden in mehrfacher Millionenhöhe (damals in Schilling) verursacht worden.

Im Sommer 1981 wendete sich das Blatt entscheidend in zweierlei Hinsicht. Erstens konnten vier Österreicherinnen von italienischen Polizisten bei der Einlösung falscher österreichischer Schecks in Jesolo an der Adria angehalten und festgenommen werden. Die Frauen hatten zahlreiche falsche Schecks mit entsprechenden Scheckkarten bei sich und wurden daher wegen Verdachts der Wiederholungsgefahr festgenommen und dem gerichtlichen Gefangenenhaus in Venedig überstellt. Aufgrund der Korrespondenz mit den italienischen Behörden lag der Verdacht nahe, dass diese vier Frauen nicht zufällig die gefälschten Schecks bei sich hatten, sondern mit der Fälscherbande in engerem Kontakt standen. Eine Dienstreise zur Einvernahme der Österreicherinnen schien erforderlich und notwendig zu sein, um zu den Herstellern der Fälschungen vordringen zu können. Die Überprüfung der Frauen ergab ein schillerndes Bild. Die vier Damen waren Mitglieder einer weiblichen Hardrockband, die mit Männern nicht wirklich etwas anzufangen wussten. Sie waren in der Szene als „lesbische Damenkapelle“ bekannt. Musikalisch waren sie sehr gut, aber die Auftragslage war eher nicht so, dass sie ausgelastet gewesen wären. Die Überprüfung der Bandleaderin Ursula ergab sogar, dass sie bereits polizeilich bekannt war, da sie in einem Lokal Widerstand gegen die Staatsgewalt geleistet hatte, wobei angeblich zwei Polizisten „zum Handkuss" kamen und von ihr verletzt wurden, als diese die Personalien von Ursula aufnehmen wollten. Auf Grund der Beschreibung der Mitglieder dieser Damenband und der eingeholten polizeilichen Auskünfte war die Hoffnung, mit ihnen erfolgreiche Einvernahmen zur Aufklärung der Fälschungen der Schecks durchführen zu können, ziemlich gering. Da die vier Bandmitglieder – wie auch in der Vergangenheit – nicht gerade auf eine fruchtbare Kommunikation mit der Polizei aus waren, erwarteten wir ein „eisernes Schweigen". Von den Fälschern konnten sie sich wenigstens die Zurverfügungstellung von Rechtsbeiständen, also Anwälten, erwarten, aber von der Polizei war aus ihrer Sicht nur die Verlängerung ihrer Haft zu erwarten.

Diese Einschätzung verschlimmerte sich, als wir erfuhren, unter welchen Bedingungen die vier Frauen in Untersuchungshaft lebten. Es stellte sich nämlich heraus, dass sich die Haftbedingungen im Frauengefängnis in Venedig gar nicht so schlecht anhörten: Die Damen durften täglich mehrere Stunden lang ein Sonnenbad genießen und bekamen zudem jeden Tag einen halben Liter Rotwein ausgeschenkt. Wir (die Gruppe zur Bekämpfung der Fälschungen und ich, der das Fälschungsreferat im Sicherheitsbüro leitete) hatten nach Einholung dieser Informationen nicht den Eindruck, dass die vier Österreicherinnen sehnsüchtig ihre Auslieferung nach Österreich anstrebten, zumal sie ja sicher sein mussten, dass sie hier eine Verurteilung zu erwarten hatten.

In dieser Situation zeigten sich die Vor- und Nachteile des Polizeiberufes sehr deutlich: Auf der einen Seite bot die sogenannte Schokoladenseite meiner Tätigkeit die Verlockung einer Dienstreise nach Venedig – was konnte man sich Schöneres wünschen? –, auf der anderen Seite zweifelte ich ernsthaft daran, mit einem Erfolg die Heimreise von Venedig nach Wien antreten zu können. Vor allem war mir zunächst nicht klar, wie ich diesen Erfolg ermöglichen sollte. Ich beriet mich ausführlich mit meinen Mitarbeitern und schließlich hatten wir die Idee, Süßigkeiten mit nach Venedig zu bringen. Das schien eine bescheidene Möglichkeit zu sein, mit den Damen ins „Gespräch" zu kommen, was aber unbedingt notwendig war, denn nur über sie war es möglich, an die Köpfe der „Fälschungshydra" heranzukommen.

Wir wurden vom Kollegen in Venedig empfangen und fuhren wie „Commissario Brunetti" mit dem Polizeiboot und eingeschaltetem Blaulicht durch den Canale Grande direkt zur Questura. Es war Sommer, die Sonne schien kräftig und es war einfach herrlich. Im Süden, scheinbar insbesondere auch in Italien, geht man die Arbeit wesentlich gemütlicher an als in Österreich. In der Questura wurden wir dem Leiter des Amtes vorgestellt, dann begab man sich mit uns in die Cafeteria. Dort genehmigten wir uns einige Cappuccinos, um den Zweck der Reise und die weitere Vorgangsweise ausführlich zu besprechen. Es fiel mir sofort auf, dass die Arbeitsabläufe in Italien ganz anders durchgeführt wurden als bei uns im Sicherheitsbüro. Wenn wir in Wien eine technische Untersuchung von den Kollegen des Büros für Erkennungsdienst und Kriminaltechnik benötigten, dann müssen wir ein formelles Anschreiben über den Vorstand zusenden. Nicht so in Italien: Ich beobachtete einen Kollegen, der von einem Fachbeamten die Untersuchung eines bedenklichen Dokumentes benötigte – er übergab ihm in der Cafeteria das besagte Dokument bei einem Cappuccino und die Sache war erledigt. Ein Anschreiben war jedenfalls nicht nötig, die Anfrage wurde auch so erledigt. Wahrscheinlich fand das untersuchte Dokument auf demselben Weg wieder den Weg zum Auftraggeber zurück.

Am nächsten Morgen war Arbeit angesagt. Ich fuhr in Begleitung der italienischen Kollegen zum Frauengefängnis, das sich auf einer eigenen Insel befindet, und wir, mein Kollege vom Sicherheitsbüro und ich, vereinbarten die Aufteilung der Einvernahmen. Ich wollte unbedingt mit der Bandleaderin Ursula sprechen. Der Kollege nahm sich die Frau vor, von der wir vermuteten, dass sie das Bindeglied zu den Fälschern war. Die Arbeitsaufteilung machte sich bezahlt. Ursula war während der Einvernahme gar nicht so abweisend, wie ich es ursprünglich befürchtet hatte. Nachdem ich ihr lange zugehört hatte – sie erzählte mir ausführlich, wie es damals zu dem Widerstand gegen die Staatsgewalt kam und warum sie auf die uniformierten Kollegen losgegangen sei –, machte sich meine Geduld bezahlt. Es gelang mir langsam, ein Vertrauensverhältnis zur Inhaftierten aufzubauen. Ursula hatte das Gefühl, dass ich ihre Erzählung ernst nahm und dass ich nicht ein Polizist mit den üblichen Vorurteilen zu sein schien. Auf dieser Basis der gegenseitigen Achtung gelang es im Gespräch, sachlich auf die Hintergründe der Anhaltung, den Zusammenhang mit den Fälschern, den Herstellern der Schecks und die Auftraggeber der Organisation zu kommen.

Die Frauen gestanden beim Verhör, dass sie 200 Schecks von einem gewissen „Heinzi“ erhalten hatten, der sie beauftragt hatte, diese in Italien einzulösen. Das passte für die vier zeitlich ganz gut, denn diesen Auftrag konnten sie mit einem nachfolgenden Auftritt verbinden. Wie schon zuvor angedeutet, hatten sie mit ihrer Damenband nicht allzu viele musikalische Engagements erhalten, sodass sie diesen „artfremden“ Auftrag zur Verteilung der gefälschten Schecks gerne annahmen. Dieser Job war für die vier Frauen höchst einträglich. Sie konnten sich einen angenehmen und schönen Lebenswandel im Süden Europas gönnen und verbanden somit das gefährliche Abenteuer mit einem angenehmen Aufenthalt in Italien.

Die Tage in Venedig waren im Endeffekt ein Erfolg für die Polizei und für das Sicherheitsbüro. Wir kamen beide mit umfassenden Erkenntnissen über die Täterschaft nach Wien zurück und konnten mit unserem Team die Amtshandlung gegen die Fälscherbande erfolgreich fortsetzen.

Die Frauen und das Verbrechen

Aus kriminalsoziologischer Sicht drängen sich nach dieser Geschichte mehrere Fragen auf: Sind kriminelle Frauen anders als kriminelle Männer? Sind Frauen überhaupt anders als Männer und wenn ja, warum und inwiefern sind sie anders? Und wie sieht es gar mit lesbischen Frauen aus? Sind sie „total, ganz und überhaupt“ anders?

Die Frage nach den Unterschieden der Geschlechter hat umfassende gesellschaftspolitische Bedeutung, vielleicht auch deshalb gibt es kaum einen ideologischen Bereich, der so stark von Mythen durchsetzt ist wie die Genderdebatte. Fast jeder weiß ziemlich genau, wie Frauen halt so sind und was einen Mann – im Unterschied dazu – ausmacht. Besonders wenn es ein „richtiger“ Mann ist. Und „Das ist ja keine richtige Frau“ hört man oft, wenn eine Frau nicht ins übliche Klischee passt. Nicht zufällig spricht man vom „schwachen Geschlecht“. Ist es zulässig, von einer geschlechtsspezifischen „Neigung zum Verbrechen“ oder einer besonderen kriminellen Energie, die ein Geschlecht auszeichnet, zu sprechen?

Werfen wir einmal einen Blick auf die Kriminalstatistik des Jahres 2009. Die folgenden Zahlen sind Näherungswerte. Die Statistik Austria weist im Blatt XI. („Verurteilungen nach Deliktgruppen“) drei Gruppen von Verurteilten aus: insgesamt, Frauen und Jugendliche. Die Jugendlichen werden aber nicht nach Geschlecht getrennt. Man kann annehmen, dass die Geschlechterverteilung unter den Jugendlichen ähnlich wie bei den Erwachsenen ist, das muss aber nicht sein. Gesellschaftliche Veränderungen, Fortschritte in der Emanzipation können dazu führen, dass junge Frauen heute öfter als früher unter traditionellen Verhältnissen Straftaten begehen, die ehedem Männerdomäne waren. Für diese These gibt es tatsächlich Hinweise.

Welche signifikanten Unterschiede lassen sich hinsichtlich Straftaten zwischen den beiden Geschlechtern festmachen? In der Regel – auf alle möglichen strafbaren Handlungen bezogen – werden Männer rund siebenmal häufiger straffällig als Frauen. Innerhalb der unterschiedlichen Straftatbestände gibt es jedoch beträchtliche Abweichungen von der „7 zu 1“-Regel. Man kann feststellen, dass Verbrechen, bei denen Gewalt eine *bedeutende* Rolle spielt, noch wesentlich stärker männlich dominiert werden. Den 36 von Männern im Jahre 2009 in Österreich begangenen Morden steht eine von einer Frau verübte Mordtat gegenüber.

Hier haben wir also 36 zu 1, das Verhältnis hat sich noch einmal verfünffacht. In dieser Statistik ist Totschlag nicht extra ausgewiesen. Das wäre aber aus folgendem Grund wichtig: In einer deutschen Statistik ist zu lesen, dass rund 13,5% der Tatverdächtigen bei Mord *und* Totschlag weiblich sind. Dies widerspricht augenscheinlich diametral dem Verhältnis 36 zu 1. Das hat aber erstens damit zu tun, dass in der österreichischen Statistik nur von *Mord* die Rede ist und nicht auch von *Totschlag* und zweitens die Auslegung dieses Unterschiedes in der deutschen Rechtsprechung zu bedenklichen Nachteilen für Frauen führt. Darauf komme ich später noch zurück.

Ein spezielles Gewaltdelikt wird allerdings von Frauen häufiger begangen, nämlich Kindstötung. In vielen Fällen handelt es sich dabei aber um den „erweiterten Selbstmord“. Frauen verzweifeln an ihrer familiären Situation, wissen sich nicht mehr zu helfen und richten die Gewalt gegen sich und ihre Kinder, viel seltener gegen den sie peinigenden Partner.

Bei schwerer Körperverletzung „führen“ die Männer noch 24 zu 1. Opfer vieler gewalttätiger Männer sind ihre Partnerinnen. In München etwa vergeht kaum ein Monat, in dem ein familiärer Streit nicht tödlich endet – mit einer Frau als Opfer. Darüber wird selten in Zeitungen berichtet. Zu alltäglich und gewöhnlich ist so ein Vorfall. Die Familie ist für Frauen und Kinder, statistisch betrachtet, immer noch der gefährlichste Ort. Fast jede vierte Frau in Deutschland gibt an, Gewalt von ihrem Partner erfahren zu haben.

Beim Einbruchsdiebstahl sinkt laut österreichischer Statistik die Übermacht der Männer auf rund 20 zu 1. Bei Raub oder schwerem Raub pendelt sich das Verhältnis etwas über dem allgemeinen Durchschnitt ein: Da steht es nur mehr 10 zu 1.

Beim Betrug beträgt das Verhältnis gerade nur noch 3,2 zu 1. Ja, betrügen können und wollen Frauen beinahe ebenso gut und gerne wie Männer. Diese Meldung wird kaum jemanden verwundern, entspricht sie doch dem „gesunden Volksempfinden“, welches ohnehin immer weiß, wie „Frauen halt so sind“.

Beim einfachen und gewaltfreien Diebstahl sehen wir ein Verhältnis von gar nur noch 2,6 zu 1. Da begeben sich insbesondere die jungen Frauen auf die Überholspur, denn bei geringfügigen Verbrechen, wie etwa Ladendiebstahl, ist die Anzahl der weiblichen Verdächtigen signifikant gestiegen. In Deutschland, ich denke auch in Österreich ist Ladendiebstahl eine Domäne der Teenager beiderlei Geschlechts. Bei den 14- bis 16-Jährigen ist die Anzahl der Mädchen schon höher (nachzulesen in der Deutschen Kriminalstatistik 2006, Kap. 3.6).

Wenn wir etwa die Fälschungen von Urkunden und jene im Geld- und Wertpapierbereich betrachten, jenes Delikt, von dem Max Edelbacher in seinem Beitrag spricht, kommen wir auf ein Mann-Frau-Verhältnis von rund 4 zu 1. Wenn man das Mann-Frau-Verhältnis der drei Delikttypen Ladendiebstahl, Betrug und Fälschung mittelt, ergibt sich ein Verhältnis von rund 2:1.

Die interessante Frage, warum in Summe auch bei den völlig gewaltfreien Delikten Männer immer noch häufiger die Täter sind, ist nicht leicht zu beantworten. Mir sind beim Quellenstudium auch sehr wenige einschlägige kriminalsoziologische Studien untergekommen. Man kann hier also nur recht vage Vermutungen anstellen. In den gesellschaftlich vorgegebenen Geschlechterrollen fungieren immer noch Männer als Familienernährer, auch in deren Selbsteinschätzung. In Befragungen bezeichnen sich die meisten Männer, selbst wenn ihre Partnerinnen arbeiten und vielleicht ebensoviel oder mehr Geld heimbringen als sie selbst, als *Familienerhalter.* Möglicherweise führt diese Rollenfixierung dazu, dass bei partnerschaftlichen Geldproblemen eher die Männer versuchen, diese auf verbrecherische Weise zu lösen. Ein weiterer möglicher Aspekt könnte sein, dass Frauen im Schnitt über weniger materielle Ressourcen verfügen, die oft auch für geringfügige Vergehen notwendig sind.

Dennoch ist unschwer zu erkennen, dass Frauen in den Bereichen Diebstahl, Fälschung und Betrug den Männern kaum mehr nachstehen.

Eine Damenkapelle, die in Betrug mit Fälschungen verstrickt ist, ist also gar nicht unwahrscheinlich. Ganz im Gegenteil könnte man sogar behaupten, hier handle es sich um eine für Damen nachgerade schickliche Deliktart.

Gleichwohl – ich fasse noch einmal zusammen – ist offensichtlich, dass Frauen in Österreich insgesamt weit weniger Straftaten verüben und schwere Gewalt- und Sexualdelikte noch seltener von Frauen begangen werden. Übrigens sind die Zahlen, von denen ich hier berichte, für fast alle Länder, in welchen ähnliche Statistiken geführt werden, aussagekräftig. Die gesellschaftliche Akzeptanz von Verbrecherinnen hängt interessanterweise aber weniger vom Delikttypus, sondern eher vom Tathergang und vom Tatwerkzeug ab. Eine Giftmörderin hat weniger mit gesellschaftlicher Ablehnung zu rechnen als eine Frau, die mit einer Hacke mordet. *Rohe* Gewalt durch Frauen erfährt besondere gesellschaftliche Geringschätzung, Heimtücke hingegen scheint eher weiblich konnotiert zu sein. Bei Männern ist es oft umgekehrt: Falschheit und Arglist werden als unmännlich gewertet. All das hängt wieder mit den gängigen Geschlechterstereotypen zusammen. Und gesellschaftlich akzeptiert wird in der Regel, wer sich *rollengerecht* verhält.

Dass nicht alleine das *Ergebnis* einer Straftat, sondern auch deren Hergang einer Beurteilung unterzogen wird, ist nicht neu. Schon das römische Recht machte einen damals moralisch gerechtfertigten Unterschied zwischen Giftmord und Gewaltmord. Wahrscheinlich wurde die

Qual, die vor dem Tod empfunden wird, einer getrennten Bewertung unterzogen. Schlief man quasi ein, war der Mord weniger brutal. Der Giftmord schien ein eher *zivilisiertes* Verbrechen als jenes, das durch rohe Gewalt erfolgte. Darum wird sie auch als „roh“ bezeichnet. Und auch der Affekt, die „allgemein verständliche Gemütserregung“, die im österreichischen Rechtssystem ein Tötungsdelikt als Totschlag und eben nicht als Mord qualifizieren kann, war schon im römischen Recht als strafmildernd bekannt. In höchster Erregung schien man schon damals für seine Taten als nicht voll verantwortlich zu gelten. Im Volksmund heißt es dann, man sei „ausgezuckt“, „in Rage“ geraten. Selbst der übermäßige Alkoholgenuss gilt als lässliche Sünde. Wir kennen die Aussage „Ich kann ja nix dafür, Herr Rat, ich war stockbesoffen“ als berechtigte Entschuldigung.

Aus einigen Studien ist bekannt, dass Richter und Richterinnen Frauen und Männer vor Gericht in vielen Fällen unterschiedlich beurteilen. Dieses Verhalten ist nicht leicht nachzuweisen, den rechtsprechenden Personen ist es oft gar nicht bewusst. Im Falle von Gewaltdelikten mit tödlichem Ausgang gibt es hierzu aussagekräftige Studien aus Deutschland. Gerade die als typisch weiblich punzierte Heimtücke und die als typisch männlich verstandene Gewaltbereitschaft unter affektiver Beteiligung gereichen in der deutschen Rechtssprechung den Frauen zu einem drastischen Nachteil.

Die Frankfurter Rechtsprofessorin Dagmar Oberlies berichtet, dass nur einer von zehn Männern, die ihre Partnerin umbringen, wegen Mordes angeklagt werden. Die anderen neun werden wegen Totschlags oder Körperverletzung mit tödlichem Ausgang angeklagt. Für beide Delikte ist ein geringeres Strafausmaß vorgesehen. Auch Frauen töten – sehr oft jene Männer, von denen sie manchmal über Jahre gequält werden. Da diese Frauen weniger Kraft und ständig Angst vor ihren Partnern haben, erfolgen die Tötungen fast immer Stunden nach einem konkreten Streit. Frauen vergiften oder erstechen ihre schlafenden Männer – sie planen die Tötung also. Genau dieses Faktum definiert den Umstand der Heimtücke und führt zu einer Verurteilung wegen Mordes. Frauen werden zweieinhalb mal öfter wegen Mordes verurteilt als Männer in ähnlichen Situationen.

Statistiken sind nicht leicht zu entschlüsseln. Wenn ich zusammenfassend noch einmal eine Statistik bringe, scheint sie auf den ersten Blick manche der oben genannten Zahlen zu revidieren. Dennoch ist das Ergebnis recht konsistent und stellt sich in den meisten Industriestaaten ähnlich dar:

5% der Strafgefangenen sind weiblich, ihre Haftgründe sind folgende:

42% Diebstahl, 22% Raub und Körperverletzung, 16% Mord und versuchter Mord, 11% Drogendelikte.

Konkret: Im Jahr 2009 saßen rund 8.000 Menschen in österreichischen Gefängnissen ein, davon rund 5.700 Strafgefangene. Wenn 5% davon Frauen sind, so ergibt das: 285 Frauen. Wenn 16% davon wegen Mordes oder versuchten Mordes einsitzen, so ergibt das 45 Frauen. Wenn die durchschnittliche Verweildauer im Gefängnis für Mord oder versuchten Mord rund 15 Jahre beträgt, kann man von rund 3 Verurteilungen im Jahr ausgehen. Ich weiß nicht, ob die angeführten Zahlen genau den tatsächlichen entsprechen, aber es war mir mehr ein Anliegen, einige interessante Verhältnisse aus der Kriminalstatistik aufzuzeigen, als 100%ig exakte Angaben zu machen. Im Großen und Ganzen sind meine Angaben aber verlässlich.

Jedenfalls zeigt die Kriminalitätsrate von Frauen eine steigende Tendenz. Ich denke, dass dies unter anderem mit dem sich „aufweichenden“ Rollenklischee der Frauen in unseren modernen Gesellschaften zu tun hat.

Kommen wir zu der Frage, warum Frauen weit weniger Verbrechen begehen. Woran könnte das liegen? Liegt es in der *Natur* oder dem unveränderlichen *Wesen* des Mannes, dass er risikofreudiger, aggressiver, gewalttätiger und weniger gesetzestreu ist, liegt es an den Hormonen oder der Erziehung? Mit diesem Thema könnte man „Bände füllen“ und es sind auch schon viele Bücher zur Frage der Geschlechterunterschiede geschrieben worden. Ich kann hier auf diesen paar Seiten nur einige Schlaglichter werfen.

Dass es in unseren Gesellschaften merkliche Unterschiede im Verhalten von Männern und Frauen gibt, wird wohl niemand bestreiten. Woher diese Unterschiede aber kommen, darüber wird heftig debattiert. Die beiden „extremen“ Standpunkte widersprechen einander diametral: Entweder ist es eben die unterschiedliche „Natur“ der Frauen oder Männer, die diese Differenz verursacht. Diese Natur liegt in den Genen festgeschrieben und ist also angeboren. Der andere Standpunkt macht die Unterschiede allein in der Erziehung fest. Frauen werden durch die gesellschaftlichen Umstände erst zu Frauen gemacht. Das meint natürlich nicht die biologischen, körperlichen Differenzen, diese sind selbstverständlich angeboren. Es geht in dieser Debatte ausschließlich um Fragen des Verhaltens, auch, aber viel weniger etwa um das geistige Vermögen. Frauen wird ja oft nachgesagt, sie könnten nicht logisch denken. Die zweite Fragestellung, nämlich die nach unterschiedlichen kognitiven Fähigkeiten, kann man getrost abhaken. In vielen neuen Studien wird darauf hingewiesen, dass Differenzen zwischen Frauen und Männern diesbezüglich nicht nachgewiesen werden können. Wenn Geschlechterunterschiede in Untersuchungen allerdings auftauchen, haben sie meistens mit dem Setting, der

Versuchsanordnung und den damit verbundenen wissenschaftlichen Methoden zu tun.

Janet Shibley Hyde von der University of Wisconsin hat rund 50 Studien überprüft, bei denen vermeintliche Geschlechterunterschiede untersucht wurden. Dabei stellte sich heraus, dass Frauen und Männer einander weit ähnlicher sind, als dies gemeinhin propagiert wird. Unter anderem in Führungsstärke, Impulsivität, mathematischen Fähigkeiten, sprachlicher Kompetenz oder Selbstwertgefühl lassen sich Unterschiede kaum festmachen. Auch bei Videospielen handeln Frauen ebenso aggressiv wie Männer, nur dann nicht – und das ist wichtig und interessant –, wenn ihnen entweder gesagt wurde, es ginge in der Untersuchung um die Frage, ob Frauen und Mädchen weniger aggressiv seien, oder wenn sie dem Versuchsleiter vor dem Test persönlich bekannt gemacht wurden. Die persönliche Bekanntschaft hat den Druck auf die Mädchen, sich rollengerecht zu verhalten, offensichtlich verstärkt. Eine ähnliche Erfahrung machte ich, als ich mit arbeitslosen Jugendlichen in Wien arbeitete. Ich kannte die Träume der Mädchen, sie wollten Schauspielerin, Zirkusdirektorin werden, sie wollten im Theater arbeiten oder beim Film, im Showbusiness, manchmal auch in technischen Berufen. Gingen sie aber zum AMS, um sich zu bewerben, gaben sie regelmäßig Sekretärin oder Frisörin als Berufswunsch an. Wie kam das? Es ist dasselbe Phänomen! Die jungen Frauen äußerten einen rollengerechten Berufswunsch, weil es schwierig ist, aus der Reihe zu tanzen, und weil sie vom AMS-Berater nicht für verrückt gehalten werden wollen.

Claude Mason Steel von der Stanford University (USA) arbeitet an ähnlichen Fragestellungen. Von ihm stammt der Begriff des „Stereotype Threat“, was so viel bedeutet wie „Bedrohung durch ein Klischee“ und meint, dass

Mitglieder einer sozialen Gruppe, einer Ethnie oder eines Geschlechts Angst davor haben, ihr Verhalten oder ihre Leistung könne ein sie betreffendes negatives Klischee bestätigen. Diese Angst wirkt oft unbewusst und stellt sich als leistungsmindernd heraus. In Steels Forschungen zeigte sich, dass Mädchen in mathematischen Tests nur dann schlechter abschnitten, wenn ihnen vorher gesagt wurde, dass Mädchen üblicherweise schlechter seien. Auf der ORF-Science-Seite im Internet wurde beispielsweise über diese Ergebnisse berichtet.

Claude Mason Steel untersuchte dieses Phänomen auch bei Schwarzen in den USA. Schnitten diese bei Intelligenztests üblicherweise gleich gut ab wie Weiße, so sanken ihre Leistungen regelmäßig, wenn sie vor dem Test ein Formular ausfüllen mussten, in welchem nach ihrer Hautfarbe gefragt wurde. Die Angst, einem Klischee zu entsprechen, betrifft, wie man hier sieht, nicht nur die Geschlechter.

Wenn man in unseren Kulturkreisen nach den typisch männlichen positiven Eigenschaften fragt, ist die häufigste Antwort: logisch, kräftig, aktiv, unabhängig und entschlossen. Positiv bewertete Eigenschaften von Frauen wären hingegen: hilfsbereit, freundlich, einfühlsam, herzlich, anpassungsfähig und sanft.

Im Zusammenhang mit unserer Frage nach der Bereitschaft und Fähigkeit, Verbrechen zu begehen, sehen wir sofort, dass die den Frauen zugeschriebenen Fähigkeiten und Verhaltensweisen – also das Klischee von Frau – im Widerspruch zu krimineller Neigung stehen. Nicht so jene Eigenschaften, die als typisch männlich gelten.

Stellen Sie sich einen Bankraub vor: Der Täter, ohne moralische Skrupel, unabhängig vom Gesetz, betritt entschlossen die Bank, fordert aktiv, die Waffe im Anschlag, Geld und hält unbekümmert ängstlich zitternde Menschen in Schach. Wäre er sanft und freundlich, würde er die Geiseln laufen lassen. Einfühlsam hätte er Mitleid mit der Dame an der Kasse. Hilfsbereit würde er der herannahenden Polizei seine unterstützende Mitarbeit anbieten. Als anpassungsfähiger Mensch hätte er sich von vornehe- rein dem Gesetz unterworfen.

Untersuchungen in fremden Kulturkreisen haben allerdings gezeigt, dass die als weiblich oder männlich bezeichneten Eigenschaften offensichtlich nicht in der „Natur" oder im Wesen von Frauen oder Männern liegen. In Kerala, einer Provinz in Indien, gibt es Gegenden, in denen die gesellschaftlichen Aufgaben von Männern und Frauen scheinbar „vertauscht" sind. Frauen gehen Geschäften nach, handeln, bringen das Geld nach Hause, stehen in der Öffentlichkeit, während die Männer sich eher um die Pflege des Nachwuchses kümmern und den Haushalt führen. Da zeigt sich nun, dass Frauen etwa in Bezug auf einzugehendes Risiko eher unabhängig, entschlossen, kräftig vorgehen – also männlich. Leider konnte ich keine Kriminalstatistik aus Kerala finden. Es wäre interessant zu wissen, ob bei jenen indischen Frauen, die sich aufgrund ihrer Sozialisation und gesellschaftlichen Stellung eher männlich verhalten, auch die Kriminalitätsrate im Vergleich zu den dort lebenden Männern höher ist.

Man kann also zusammenfassend davon ausgehen, dass es Verhaltensweisen gibt, die in bestimmten Ethnien oder Subkulturen Männern und Frauen als für sie typisch zugeschrieben werden. Es leuchtet folglich ein, dass sowohl Eltern oder Erziehungspersonen wie auch Gesellschaften durch Institutionen wie Kindergarten, Schule und Medien darauf drängen, dass sich Menschen in ihren Geschlechterrollen eher normgetreu entwickeln. Die sogenannten weiblichen positiven Eigenschaften wie Einfühlsamkeit, Anpassungsfähigkeit und Hilfsbereitschaft weisen in Richtung Sorge für das ganze System, Unterordnung unter ein Ganzes und geringeren Eigensinn. Im Gegensatz dazu markieren die positiven sogenannten männlichen Eigenschaften Individualismus, Eigensinn und Risikobereitschaft. Unter der Voraussetzung, dass Frauen und Mädchen dem Druck unterliegen, sich geschlechtergerecht zu verhalten, ist es auch einsichtig, warum Frauen tendenziell weniger Verbrechen begehen.

Ein beliebtes, häufig vorgetragenes Argument für die relativ erhöhte Bereitschaft von Männern, Verbrechen zu begehen, ist deren Testosteronspiegel. Tatsächlich gibt es Untersuchungen, die diesen Befund zu bestätigen scheinen. Wenn man den Testosteronspiegel von in Gefängnissen einsitzenden Verbrechern misst, zeigt sich meistens ein höherer Wert als beim Durchschnittsmann. Wissenschaftlich unredlich und recht kurz geschlossen kann man also davon ausgehen: Erhöhter Testosteronspiegel ist gleich höhere kriminelle Energie. Um sich jedoch ein objektives Bild zu machen, sind Überlegungen in zwei Richtungen angebracht. Menschen sind in ihren Stimmungen und im Verhalten nicht nur von den eigenen Hormonen abhängig, sie sind auch die *Produzenten* ihrer eigenen Hormone. Hier zeigt sich ein Wechselverhältnis von Hormonen und Lebensweise. Männer, die sich fürsorglich um ihre Kinder kümmern, *produzieren* vermehrt Östrogene. Ebenso wie Männer, die gefährliche und anstrengende Tätigkeiten verrichten, vermehrt Testosteron produzieren, um sich dafür zu mobilisieren und fit zu machen. Man kann also davon ausgehen, dass die Gefahren, der Stress und die Anstrengungen, die ein Verbrecherleben im und außerhalb des Gefängnisses mit sich bringen, die Testosteronproduktion heftig ankurbeln. Im Strafvollzug herrscht eine strenge Hierarchie, eine Hackordnung wie bei reizbaren Pavianen und kleinere Gewaltvergehen und

Schlägereien sind fast an der Tagesordnung. Bei einsitzenden Verbrechern kann ein gesteigerter Testosteronpegel daher zweierlei bedeuten: aufgrund des hohen Testosteronspiegels erhöhte Gewaltbereitschaft oder aufgrund des gefahrvollen und gestressten Lebens erhöhte Produktion des besonders „männlichen" Hormons. Wenn man im Zusammenhang mit solchen Untersuchungsergebnissen linear denkt und nicht die Wechselwirkungen ins Auge fasst, befindet man sich alsbald auf dem Holzweg. Ein weiterer Hinweis sollte in diesem Zusammenhang auch noch gebracht werden: Um die Verbindung von Testosteron mit krimineller Energie zu erforschen, darf man nicht nur die Beziehung „Testosteron – Verbrechen" erforschen, sondern muss sich auch um die Erforschung der Beziehung „Testosteron – *nicht* Verbrechen" kümmern. Denn es zeigt sich, dass die überwiegende Mehrheit der Männer mit überdurchschnittlich hohem Testosteronspiegel *keine* Verbrecher sind. Es ist anzunehmen, dass unter erfolgreichen Sportlern, Managern, Politikern, Künstlern in der Öffentlichkeit, also Menschen in Berufen, in denen es um Konkurrenz, Durchsetzung und Überzeugungskraft geht, viele Exemplare mit hoher Testosteronproduktion zu finden sind.

Ein kleiner inhaltlicher Seitensprung sei mir an dieser Stelle erlaubt: Menschen mit einer Vielzahl von Verhaltensweisen, die nach gängigem Vorurteil nicht ihrem biologischen Geschlecht entsprechen, bezeichnet man als androgyn. Die Worte „andros" und „gyné" kommen aus dem Griechischen und bezeichnen Mann und Frau. Androgyn ist eben „mannfraulich". Ich denke, dass der moderne Ausdruck metrosexuell Ähnliches bedeutet. Androgyne Menschen vereinigen typisch männliche und typisch weibliche Eigenschaften und Verhaltensweisen. Feminine Männer und maskuline Frauen werden oft belächelt, hinter vorgehaltener Hand witzeln viele, aber es zeigt sich, dass diese oft exzentrischen Menschen gesünder, länger und in hoher Zahl glücklicher und eben selbstbestimmt leben.

Androgyne Menschen legen keinen Wert auf deutlich ausgeprägte Hinweise ihrer Geschlechterrolle. Das hat mit sexueller Orientierung meistens gar nichts zu tun. Ein femininer Mann muss keinesfalls schwule Anteile haben oder eine maskuline Frau eine Lesbe sein. Gerade in der in den letzten Jahren verstärkt auftretenden Transgenderdebatte zeigt sich, dass alle erdenklichen Kombinationen von geschlechtlicher Identität (ob sich eine Person als Mann oder Frau fühlt) und sexueller Orientierung – ob man sich zu einer Frau oder einem Mann sexuell hingezogen fühlt – möglich sind.

Warum waren die Verhöre mit der lesbischen Damenkapelle so interessant, erfolgreich und blieben, wie Max Edelbacher schreibt, in lebhafter Erinnerung? Man darf nicht vergessen, dass zu jener Zeit, als sich der Fall ereignete, noch starke allgemeine Vorurteile gegen Menschen mit homosexuellen Neigungen bestanden. Gleichgeschlechtliche Neigungen wurden oftmals als Krankheit oder Sünde bezeichnet. Kaum jemand wagte es damals, sich zu outen. Max Edelbacher erschien den „Damen" als ein Polizist, der offenbar „nicht die üblichen Vorurteile" hatte, und so schöpften sie Vertrauen. Das scheint ein wichtiger Grund gewesen zu sein, warum die Befragten im Verhör bald ihre wertvollen Geheimnisse preisgaben. Ein weiterer möglicher Aspekt in Zusammenhang mit der „vertrauensvollen Gesprächsbasis zu den Inhaftierten" scheint bei deren sexueller Orientierung gelegen zu sein – sie waren eben lesbisch. Üblicherweise drängt sich in die Kommunikation zwischen Frauen und Männern fast immer, ob wir wollen oder nicht, die Frage nach gegenseitiger sexueller Attraktion: Anziehung oder Ablehnung. In manchen Situationen mag das spannend, kribbelnd und ohne Zweifel gewollt und vergnüglich sein. In Verhörsituationen, in denen, wie schon öfters erwähnt, subtile Abhängigkeits- und Herrschaftsverhältnisse allgegenwärtig sind, sind sexuelle Irritationen und Ablenkungen auf beiden Seiten einem Vertrauensverhältnis abträglich. Mir erzählte bei einem Seminar ein junger Richter davon, wie schwierig sich eine Einvernahme für ihn gestaltete, weil die von ihm vernommene junge, extrem üppige Dame mit einem unverschämten Dekolleté vor ihm saß. Er unterstellte der Frau die Absicht, ihn zu verwirren. Er war sehr abgelenkt und sagte selbst, seine Denkfähigkeit sei reduziert gewesen. So bat er die Einvernommene, heimzugehen, sich umzuziehen und wiederzukommen. Das tat diese auch. Ich bin nicht der Meinung, dass das in Ordnung war, aber die Begebenheit zeigt, dass die Frage der sexuellen Attraktion keine Nebensache ist. Im Übrigen sind Uniformen und der richterliche Talar nicht nur Signale staatlicher Autorität, sondern dienen auch der Entsexualisierung der handelnden Personen.

In der Geschichte mit der lesbischen Damenkapelle lagen die Dinge klar zutage. Weder stellte Max Edelbacher als Mann eine „Gefahr" dar, von ihm ging für die lesbischen Frauen keine Verführungsgefahr aus, noch konnten oder wollten sie mit sexuellen Signalen Wirkung erzielen. Die eben nicht sexuell unterfütterte Sympathie, die Menschen unter solchen Bedingungen aufbauen und empfinden können, strahlt oft eine Echtheit oder Natürlichkeit aus, die einem guten Gespräch äußerst zuträglich ist. Wir wissen auch, dass es tiefe Freundschaften zwischen Frauen und schwulen Männern gibt, deren Tragkraft gerade darin besteht, dass sich das Moment der sexuellen Begierde und der möglichen Ablehnung nicht zwischen die Personen drängt.

In jeder Beziehung – um welches Verbrechen es sich auch handelt und wie es ausgeführt wird; wer verhört und wie verhört wird; wer verurteilt und wer wie verurteilt wird – spielt die Frage nach dem Geschlecht daher eine nicht zu vernachlässigende Rolle.

8. Von Fahrzeugdiebstählen und Brandstiftungen

Im Zusammenhang mit einem Autodiebstahl hatte ich ein Schlüsselerlebnis, was die Bedeutung und Anwendung der Einvernahmetechnik betrifft. Mitte der Siebzigerjahre war die Aufklärung eines Kraftfahrzeugdiebstahls eine große Herausforderung, da mehrere international organisierte Diebsbanden regelmäßig wertvolle österreichische Fahrzeuge in den Osten und vor allem in den arabischen Raum verschoben. Als ich das Diebstahlsreferat zur Aufklärung von Kraftfahrzeugdiebstählen übernahm, sah es traurig aus, da keine Erfolge in Sicht waren. Doch das änderte sich schlagartig mit der Hilfe von deutschen Kollegen aus München.

Dank der deutschen Kollegen, die uns mitteilten, wann und wo ein Drahtzieher und seine Mittäter die Grenze nach Österreich überschreiten würden, konnten der Boss einer Autobande und zwei professionelle, technisch hoch versierte Autodiebe, die einen völlig neuen Diebstahlsmodus anwendeten, an der Grenze zu Ungarn angehalten werden. Die darauf folgenden Einvernahmen dieser Verdächtigen ermöglichten die Aufklärung einer riesigen

Diebstahlserie von hochwertigen Mercedesfahrzeugen. Die Erkenntnisse der Einvernahmen waren so bedeutend, dass ich als Referatsleiter für Kraftfahrzeugdiebstähle sofort nach Sindelfingen, dem Herz von Mercedes-Benz, eingeladen wurde, um diese neuen Erkenntnisse in der Technikabteilung vorzutragen. Die Aufklärung der zahlreichen Fahrzeugdiebstähle war tatsächlich eine Sensation – nicht nur für die Polizei.

Manchen Lesern wird vielleicht noch in Erinnerung sein, dass auch der Mercedes des damaligen Finanzministers Androsch zu den gestohlenen Fahrzeugen zählte. Die Tatsache, dass sogar dieses Auto sichergestellt werden konnte, läutete eine große Wende in dieser Diebstahlserie ein und auch die Polizei wurde nicht mehr wegen ihres Versagens kritisiert. Was nach außen so toll aussah – ich war nicht einmal ein Jahr im Sicherheitsbüro und wurde schon in allen Zeitungen positiv erwähnt –, war nach genauer Betrachtung bei Weitem nicht so befriedigend.

Was war in Wirklichkeit geschehen und was störte mich daran im Besonderen? Der Drahtzieher der Mercedesdiebstähle, Emil, war ein etwa 60-jähriger Mann. Er stammte aus dem damaligen Jugoslawien, sprach fünf Sprachen, unter anderem fließend Arabisch, was ihm auch den Verkauf der gestohlenen Fahrzeuge am arabischen Markt ermöglichte. Emil hatte Kontakte zu reichen Arabern, die unbedingt einen neuen, teuren Mercedes besitzen wollten, diesen aber nicht auf dem Markt bekamen, da es lange Bestell- und Wartezeiten gab. Die internationalen Mercedesdiebstähle schlossen diese Marktlücke, da Emil dafür sorgen konnte, dass die Fahrzeuge nach Bestellungsspezifizierung gestohlen und geliefert wurden. Emil war der Polizei nicht unbekannt, er wurde bereits in den Fünfzigerjahren verhaftet. Damals war er in eine große Diebstahlserie von Opel Kapitän verwickelt. Die beiden Männer, also der Kommissar und der internationale Autodieb, waren etwa im gleichen Alter und hatten eine ausgezeichnete Gesprächsbasis, obwohl sie unterschiedliche Interessen hatten. Ich selbst hatte meine ersten großen Erfolge bei Einvernahmen erlebt und wollte mich natürlich auch als Ermittler bei der Einvernahme des erfahrenen Autodiebs bewähren. Da gab es aber ein dramatisches Erwachen: Emil zeigte nicht einmal den Funken eines Interesses daran, mit mir zu sprechen. Es kam kein Gespräch zustande und ich musste unverrichteter Dinge aus der Handzelle abziehen. Emil sprach lediglich mit dem Chefinspektor, ich war definitiv „Luft" für ihn, wahrscheinlich war ich zu jung.

Die zweite Dimension der Ermittlungen zu den Autodiebstählen bot die Einvernahme der beiden deutschen Autodiebe. Die Kriminalbeamten des Chefinspektors waren besonders erpicht darauf, aus erster Hand etwas über die neue Diebstahlsmethode zu erfahren, und ließen natürlich mich, als Referent, nur ungern an die Täter heran. Was verständlich ist, denn die Kollegen hatten die ganze Arbeit über Monate hindurch gemacht und nun gab es endlich eine Chance darauf, die Früchte ihrer Arbeit einzuholen. Diese Beute wollten sie sich als professionelle Jäger nicht entgehen lassen. Die Befragung der Autodiebe stellte sich ebenfalls als denkbar schwierig heraus. Hilfreich war allerdings die Tatsache, dass man sich damals der Verwaltungsstrafen bedienen konnte, um über Autodiebe eine Arreststrafe zu verhängen. Damit hatte man einen Zeitraum von zwei Wochen zur Verfügung, in dem die Häftlinge im Polizeigefangenenhaus den Kriminalbeamten unmittelbar zur Verfügung standen. Das war sehr praktisch, ist heute allerdings schlichtweg undenkbar. Beide Häftlinge besaßen keinen Führerschein. Da sie die gestohlenen Fahrzeuge selbst wegschafften, fuhren sie ohne Führerschein und das war der Anlass für die Verhängung der Primärarreststrafen. Die Häftlinge wurden im Polizeigefangenhaus, das sich in unmittelbarer Nähe des Sicherheitsbüros befand, abgegeben und konnten so jederzeit in das Sicherheitsbüro gebracht werden. Die Kriminalbeamten nutzten diese Möglichkeit und so gelang es ihnen in mühevoller Kleinarbeit, eine passende Basis für die Einvernahme aufzubauen. Die Abwehr der beiden Verdächtigen war trickreich. Sie fanden zahlreiche Ausreden, täuschten Erinnerungslücken und gesundheitliche Zusammenbrüche vor, die ihre Bereitschaft auszusagen hemmen sollten. Nur mit viel Geduld und Behutsamkeit gelang es, eine vernünftige Gesprächsbasis aufzubauen. Ich war bei den Befragungen fallweise als stiller Zuhörer anwesend und konnte nicht anders, als die Geduld der vernehmenden Kriminalbeamten zu bewundern. Da jeder Mensch anders ist, gibt es auch kein immer funktionierendes „Rezept“ für Einvernahmen. Manchmal hilft das Anbieten einer Zigarette, eines Glases mit Wasser oder eines Kaffees – diese sind öfters sogenannte „Eisbrecher“. Es kann auch das zufällige Einlenken zu einer Thematik sein, die den Vernommenen anspricht – man redet über seine Mutter, seine Frau, die Freundin oder Kinder. Emotionale „Kleinigkeiten“ lösen manchmal die Spannungen zugunsten des Einvernahmeklimas und „lockern die Zunge“ des Verdächtigen.

Ich erinnere mich an eine Szene, bei der einer der Autodiebe über den langen Gang vom Gefangenhaus in das Gruppenzimmer des Teams vom Chefinspektor gebracht wurde. Als die Tür geöffnet wurde und der Häftling die drei Kriminalbeamten im Zimmer sitzen sah, die bereits auf ihn warteten, ließ er sich im Türstock zusammenfallen und schien nicht mehr ansprechbar zu sein. Ein Arzt oder die Rettung musste gerufen und Erste-Hilfe-Maßnahmen gesetzt werden. Man wusste ja nicht, ob er simulierte oder ob der Zusammenbruch echt war. Dem Chefinspektor und seinen Mitarbeitern gelang es nur mit viel Geduld und Einfühlungsvermögen, die beiden Autodiebe bei „Laune" zu halten. Letztendlich brachten die Kriminalbeamten sie zur Bekanntgabe ihres Geheimnisses, wie es mit der neuen Methode möglich war, in so kurzer Zeit (in 1,5 Minuten) das damals für sicher gehaltene Schloss der Mercedes-S-Klasse dermaßen rasch nachzusperren. Die beiden Täter schilderten ihre revolutionäre Erfindung, ein elektronisches Abtastgerät, das die Längen der Zuhaltungsstifte aufzeichnete, und demonstrierten ihre Beschreibungen auch anhand eines sichergestellten Fahrzeugs. Das war, nach unserem Wissenstand, eine Sensation und schlug auch im technischen Zentrum der Mercedeswerke wie eine „Bombe" ein. Warum die Täter letztlich doch gestanden haben, wissen wir bis heute nicht mit Sicherheit – vielleicht war es der Stolz und das Gefühl, dass sie etwas „Bahnbrechendes" auf dem Gebiet des Kraftfahrzeugdiebstahles geschaffen hatten.

Die Erfolge der Kriminalbeamten musste man neidlos anerkennen. Es waren erfahrene, kluge Kollegen, die ausgezeichnet arbeiteten und deren Leistung von entscheidender Wichtigkeit für die Sicherheit in Österreich und vor allem in Wien beitrug. Damit konnte auch die Serie der Diebstähle gestoppt werden, die viele Autobesitzer verunsicherte.

Das Arbeitsverhältnis zwischen Juristen und Kriminalbeamten bedeutete, dass ich mir erst die Chancen schaffen musste, um den äußeren Schein des Erfolges – wie er mir in den Medien zugesprochen wurde – auch auf gleiche Ebene mit der tatsächlichen Leistungsfähigkeit zu bringen. Dass ich im Team als Einvernehmer nicht benötigt wurde, war eine dramatische Erfahrung. Das war mir bis dahin in den Polizeikommissariaten nicht passiert. Ich erkannte, dass es wenig Sinn hatte, nach außen der große „Star“ zu sein und in Wirklichkeit, am eigentlichen Kern des Geschehens, nur am Rande beteiligt gewesen zu sein. Ich musste diese „Niederlage“ akzeptieren, aber auf Dauer wollte ich das nicht hinnehmen. Es war mir bewusst, dass nur eine Verbesserung meiner Einvernahmetechnik und das Erreichen einer Arbeitsqualität auf diesem Gebiet langfristig ein befriedigenderes Ergebnis bringen konnte. Ich wollte nicht der Referent sein, der die großen Erfolge scheinbar verzeichnete, die allein auf den Schultern der tüchtigen Kriminalisten und Kriminalbeamten erzielt wurden.

Mir wurde aber auch bewusst, dass man sich als Polizeijurist am ehesten im Bereich der Einvernahmetechnik einen Namen machen könnte. Die Aufgaben des Kriminaldienstes sind schwerpunktmäßig die Aufarbeitung der Tatorte, im Bereich der Fahndung, der Beweissicherung, der Ausforschung und Befragung von Zeugen und Verdächtigen. Bei der Analyse der Arbeitsabläufe stellte sich heraus, dass man nur dann vernünftig und sinnvoll einen qualitativen kriminalistischen Beitrag liefern kann, wenn man über die gesamte Information verfügt. Diese Möglichkeit hatte man als Polizeijurist nur in den Fällen, bei denen der gesamte Aktenanfall zuerst am Tisch des Juristen lag und dann von diesem an die Kriminalbeamten weitergegeben wurde. Damit schränkt sich der Wirkungsbereich aber eindeutig ein. Nur in den Fällen, in denen Betrugsanzeigen beim Juristen erstattet wurden, war die Vollinformation im Vorhinein vorhanden. Das bedeutete, dass man sich viel eher und besser bei der Bearbeitung von Betrugsfällen mit seinem Fachwissen etablieren konnte. Mithilfe dieser Erkenntnis versuchte ich mich zu verändern.

Das Kraftfahrzeugdiebstahlsreferat war eine sehr gute Möglichkeit dafür. Es kam oft vor, dass Diebstahlsmeldungen von Kraftfahrzeugen einen betrügerischen Hintergrund hatten. Ich versuchte diese Möglichkeit zu nutzen, indem ich die Fälle der Diebstahlsanzeigen aus dem Gesamtpaket herausfilterte, die einen Versicherungsbetrug wahrscheinlich erscheinen ließen. Diese Überlegung stellte sich mittelfristig als richtig und zielführend heraus. Versicherungsbetrug hat sehr oft finanzielle Ursachen, wie zum Beispiel Zahlungsschwierigkeiten. Wenn sich jemand nicht mehr den teuren Wagen leisten konnte, dann versuchte er ihn „loszuwerden" (z.B. wenn das Benzin zu teuer wird) und Profit damit zu machen.

Ich versuchte mich also an jenen Diebstahlsanzeigen, von denen ich meinte, dass der Anzeiger die Versicherung schädigen wollte. Ich konnte mich auf die Einvernahme vorbereiten und nahm Kontakt mit unserem Spezialisten im Sicherheitsbüro, Paul Herrnstadt, auf, der auf diesem Gebiet ein Phänomen war. Er erwies sich als großzügig genug, mir wichtige Hinweise und eine Einschulung zu gewähren. Er wusste, warum Versicherungsbetrüger so handeln, was ihre Motive sind, welche Kriterien als Indizien für einen Betrug zu prüfen sind, ob Plausibilität und Kausalität des Geschehens vorliegen und das Wichtigste: wie man bei Einvernahmen mit Menschen umgeht.

Es war bei dieser Arbeit notwendig, mit den Versicherungsgesellschaften eng zu kooperieren, und langsam konnte ich mich in dieser Branche einarbeiten und erste Erfolge erzielen. Das alles geschah nicht von heute auf morgen. Es war ein mühevoller Weg, der mir aber gelang, und so erweiterte ich mein Betätigungsfeld. Besonders wichtig war es mir, dass ich mich fachlich wesentlich verbessern konnte und mir so die Chance erarbeitete, in die Domäne der kriminalpolizeilichen Arbeit, also der Einvernahmestrategie und -technik, vorzudringen.

Um ein technisch und strategisch versierter Einvernahmespezialist zu werden, ist es erforderlich, sein emotionales Sensorium zu schärfen. Ausdauer, Beobachtungsgabe, Einfühlungsvermögen, genaue Vorbereitung und Planung der Einvernahme, das Eingehen auf die Persönlichkeit des Gegenübers, das alles sind entscheidende Fakten, die den Erfolg einer Einvernahme begünstigen – und an denen man intensiv arbeiten kann.

Die Einvernahme zählt auch heute noch zu den Königsdisziplinen der Kriminalistik. Es steht natürlich nicht zur Debatte, dass sich in der Kriminaltechnik und in der Forensik einiges zum Besseren geändert hat. In diesen Bereichen gibt es nun großartige Spezialisten und Fachleute, die sich toller Methoden bedienen können und exzellente Arbeit leisten. So sehr jeder gelungene Sachbeweis einen Schritt zur objektiven Wahrheit bedeutet, so wichtig bleibt aber letzten Endes die Einvernahme, um zur persönlichen Aussage des Täters zu kommen, wie er die Tat durchgeführt hat.

Durch diese Eigeninitiative entwickelte ich mich vom Diebstahlsreferat ausgehend zur Schwerpunktarbeit der Betrugsbekämpfung. Dieser Weg wurde durch die Tatsache begünstigt, dass ich vertretungsweise auch das Brandreferat zur Betreuung bekam. Auch im Brandreferat gab es Fälle, in denen manchmal Versicherungsbetrug als Grund eines Brandes angenommen werden musste. Es dauerte daher nicht allzu lange, als ein Brandfall anfiel, bei dem die zuständige Versicherungsgesellschaft das Vorliegen einer Brandstiftung aus dem Motiv des Versicherungsbetruges annahm. Die rasche Reaktion der Versicherungsgesellschaft ermöglichte es, die Aufräumarbeiten am Brandort gerade noch rechtzeitig zu stoppen und eine Untersuchung des Brandschuttes durchzuführen. Die Wiener Feuerwehr, die den Brand gelöscht hatte, nahm ein technisches Gebrechen als Ursache des Brandes an. Es passiert übrigens leider recht oft, dass die Feuerwehr am Brandort einschreitet, da dies ja auch ihre primäre Aufgabe ist, wodurch es aber zu keiner gründlichen Untersuchung der Brandursache kommen kann. In diesem Fall wurden jedoch durch die Anzeige der Versicherungsgesellschaft im Sicherheitsbüro die Sachverständigen des Bundesministeriums für Inneres, der Kriminaltechnik, beigezogen. Den Kriminaltechnikern gelang es bald nachzuweisen, dass der Brand absichtlich gelegt worden war und dass die Annahme, es handle sich um ein technisches Gebrechen, schlichtweg nicht zutraf.

Die Voraussetzungen zur Ausforschung des Tatverdächtigen hatten sich schlagartig geändert. Bei der Setzung der Ermittlungsschritte folgt man in alter Erfahrungsweisheit einigen Grundfragen, die der großartige österreichische Kriminologe Hans Gross in seinem „Handbuch für den Untersuchungsrichter" publiziert hat. Die Grundsätze der Kriminalistik bei der Bearbeitung von Kriminalfällen verkörpern demnach die sogenannten „Sieben goldenen W": Was ist geschehen? Wann wurde die Tat verübt? Wo, an welcher Örtlichkeit? Wie wurde die Tat verübt? Womit wurde die Tat durchgeführt? Warum hat/haben der/die Täter so gehandelt? Wer ist/sind der/die Täter?

Im konkreten Fall stellte sich aus der Sicht der Versicherungsgesellschaft, die für die Wiedergutmachung des Brandschadens aufkommen sollte, die Frage: „Cui bono?" Wer profitierte von diesem Geschehen? Diese Frage schien leicht zu beantworten zu sein: Die Firma gehörte dem Firmeninhaber, der dort auch als Geschäftsführer tätig war. Die Versicherungsgesellschaft hatte den Fall bereits sorgfältig überprüft und konnte etliche Verdachtsmomente zusammentragen. Bei der Überprüfung des Schadensfalles stellte der Spezialsachbearbeiter für Versicherungsbetrugsfälle fest, dass die Firma Produkte herstellte, die gemäß Werkvertrag rechtzeitig fertiggestellt werden sollten. Die Erzeugung der Produkte war terminisiert und bei nicht zeitgerechter Lieferung wäre eine kräftige Zahlung fällig geworden. Tatsächlich stellte sich heraus, dass nach den damals bevorstehenden Osterfeiertagen die Lieferung, an der gearbeitet worden war, fertig sein hätte sollen, was nicht der Fall war. In der Firma arbeiteten vorwiegend Gastarbeiter, die auf Grund der Feiertage in ihre Heimat fuhren und den Chef quasi im Stich ließen. Dieser stand mit der nicht fertig gewordenen Arbeit verlassen da und wusste sich wohl nicht mehr zu helfen. Offensichtlich packte ihn eine derart große Verzweiflung, dass er sich dazu entschloss, in der eigenen Firma einen Brand zu legen und sein ganzes Hab und Gut, an dem er nämlich sehr hing – es handelte sich um einen traditionellen Familienbetrieb –, anzuzünden. Die Umfeldermittlungen bestätigten die nunmehr konkreten Verdachtsmomente der Spezialisten der Versicherungsgesellschaft. Der Verdächtige wurde in das Sicherheitsbüro zur Einvernahme vorgeladen und erschien auch zum vorgeschriebenen Zeitpunkt.

Schon die erste Wahrnehmung des Mannes bestätigte die erwartete Befürchtung. Der Mann mittleren Alters war ein biederer Geschäftsmann, kein Gewohnheitsverbrecher, das sah man ihm eindeutig an. Er stellte einen verantwortungsvollen Familienvater dar, der für das Wohl seiner Gattin und seines Sohnes verantwortlich war und der keinen finanziellen Rückschlag in seiner Firma hinnehmen wollte. Der Unternehmer war bereit, alles daran zu setzen, sein Vorhaben zu vollenden. Er hatte aus seiner Sicht nichts mehr zu verlieren, denn die Zahlung des

Ausgleichsbetrags bei nicht stattfindender Lieferung hätte ihn ruiniert. Die einzige Lösung, die er erkennen konnte, war wohl jene mithilfe der Brandstiftung. Er führte einen traditionellen Familienbetrieb, den schon sein Vater und Großvater erfolgreich geführt hatten, er musste für seine Gattin und seinen Sohn sorgen. Für seine Familie war er das Vorbild und der Ernährer. Er konnte es einfach nicht zulassen, dass seine Persönlichkeit und seine Integrität in Zweifel gezogen wurden. Die gesamte Existenz und die seiner Familie hingen von seinem Handeln ab. Dementsprechend gestaltete sich die Einvernahme äußerst schwierig. Das Auftreten des Geschäftsmannes war ruhig und besonnen. Man konnte ihm anmerken, dass es unter der ruhigen Oberfläche brodelte und er sich sehr beherrschen musste. Nur seine Zielsetzung, das Vorhaben zu einem für ihn erfolgreichen Ende zu bringen, hielt ihn aufrecht.

Zur Durchführung der Einvernahme zog ich meine Schriftführerin und den Sachverständigen für Kriminaltechnik des Bundesministeriums bei. Wir wussten, dass wir äußerst behutsam, aber dennoch konsequent vorgehen mussten. In dieser Causa konnte man nicht „mit der Tür ins Haus fallen". Stunde um Stunde dauerte die Befragung und formelle Einvernahme. Wir ließen den Unternehmer seine Sicht des von ihm vermuteten bzw. argumentierten Brandausbruchs schildern. Wir trugen nur Schritt für Schritt die Ungereimtheiten der Ermittlungen und Untersuchung am Brandort vor und konfrontierten ihn damit, woraufhin er sich mit geänderten Versionen seines Handelns verantwortete. Wie gesagt: Es war mühsam. Für den Sachverständigen und mich war klar, dass er der Täter sein musste. Anhand der stundenlangen Befragung kamen wir auch immer deutlicher zu dem Ergebnis, dass er den Brand nicht von jemand anderem hatte legen lassen, sondern dass er selbst die Firma angezündet hatte.

Unser Täter hätte sich nämlich nie dem Risiko ausgesetzt, sich der Verantwortung eines anderen zu unterwerfen. Wir hatten mit der Einvernahme am Vormittag begonnen und waren nun schon am späten Abend angekommen. Gewisse Ermüdungserscheinungen machten sich bei allen bemerkbar. Meine ständige Schriftführerin, mit der ich seit Beginn meiner Tätigkeit im Sicherheitsbüro zusammenarbeitete und die eine wirklich ausgezeichnete Kraft war, hatte abends familiäre Verpflichtungen zu erledigen, sodass ich einen Ersatz suchte. Es war ein stundenlanges Ringen und ein sehr zähes Bemühen um das Geständnis, aber es lohnte sich.

Die Lösung in Form eines Geständnisses zeichnete sich erst ab, als es uns gelang, eine Zukunfts- und Hoffnungsperspektive für den an sich braven und biederen Mann aufzubauen. Für ihn war im Prinzip alles zu Ende und er sah keinen Ausweg. Wahrscheinlich hatte er insgeheim sogar Selbstmordgedanken. Der Mann hatte sich aus tiefer Verzweiflung und einem hohen Verantwortungsgefühl für seine Familie in einer Spirale der Hoffnungslosigkeit verrannt. Nur im Gespräch und durch die Möglichkeit, mit seiner Gattin zu sprechen, sowie durch unsere gute Gesprächsbasis mit dem zuständigen Staatsanwalt und Richter gelang es, eine Wende seines Denkens herbeizuführen.

Am Ende des Tages, wie es so schön heißt, hatten wir das Geständnis in unseren Händen. Die Schilderung der Brandstiftung konnte mithilfe der Anwesenheit und des Fachverstandes des sachverständigen Brandermittlers des Bundesministeriums für Inneres sofort objektiviert, also vom Sachverständigen anerkannt werden. Auch hier gab es zunächst immer wieder vom tatsächlichen Geschehen abweichende Schilderungen, die erst nach und nach ausgeräumt werden konnten. Der Verdächtigte wehrte sich wirklich ausdauernd und verzweifelt bis zuletzt dagegen, uns den vollen Umfang eines Geständnisses zu unterbreiten.

Ich habe dieses Ehepaar Jahre nach der Strafverhandlung zufällig getroffen. Wir hatten ihr Leben nicht zerstört. Das Geständnis ist dem Täter sicher nicht leicht gefallen, aber seine Befürchtung, Frau und Sohn zu verlieren, hatte sich nicht bestätigt. Die Gattin hielt zu ihm und auch der Sohn wendete sich nicht ab.

Ein Fahrzeugdieb und ein Brandstifter – zwei Männer, zwei Herkünfte, zwei Geschichten, zwei Lösungen

Es ist recht interessant, sich die in vieler Hinsicht bedeutenden Unterschiede der beiden geschilderten Fälle vor Augen zu führen: Beim Fahrzeugdieb handelt es sich um einen Gewohnheitsverbrecher, der in einer Organisation arbeitet, beim Brandstifter – ich nenne ihn Herrn Biedermann, da in Max Edelbachers Beitrag kein Name erwähnt wird – um einen Einmaltäter, der seine Tat ganz alleine vollbrachte. Beim Fahrzeugdiebstahl handelte sich quasi um den *Beruf* von Herrn Emil, bei der Brandlegung hingegen um eine Verzweiflungstat. Der Kleinfabrikant war durch missliche Umstände in diese für ihn ausweglos scheinende Lage geraten. Um nicht ungerecht zu sein, sei vorgebracht, dass auch Herr Emil seinerzeit aus einer verzweifelten Situation heraus den „Beruf" des „Mercedes-Händlers" gewählt haben könnte. Wir haben hier wieder die kriminalsoziologische Gretchenfrage vor uns: Sind es die gesellschaftlichen Umstände *oder* individuelle Eigenschaften wie Geschick, Moralvorstellungen, Mut, Intelligenz, kriminelle Energie, Anpassungsunwille oder -unfähigkeit usw., die einen Menschen zum Gesetzesbrecher werden lassen. Das Wort *„oder"* ist falsch gesetzt. Es sind meist beide Ursachen vorhanden, die strittige Frage ist die nach der Gewichtung dieser Ursachen. Jeder Mensch ist das Ergebnis seiner ihn beeinflussenden individuellen Umwelt. Aber: „Jeder Mensch kann aus dem, was aus ihm gemacht wurde, etwas machen" – ein wirklich kluger Spruch von Jean Paul Sartre.

Ein weiterer gedanklicher Seitensprung sei mir noch erlaubt. In den beiden geschilderten Fällen spielt die heute heftig diskutierte „Ausländerthematik" eine gewisse Rolle. Herr Emil kam selbst aus dem Balkan und die Arbeiter des Herrn Biedermann waren allesamt Gastarbeiter. Aus der Kriminalstatistik wissen wir, dass der Ausländeranteil bei Gesetzesübertretungen überproportional gegenüber ihrem Bevölkerungsanteil ist. Wenn die Herkunft sich nicht in der Statistik niederschlagen würde, müsste der Anteil an Gesetzesübertretungen durch Ausländer ihrem Anteil an der österreichischen Wohnbevölkerung entsprechen. Zu dieser Statistik könnte oder müsste man einiges erläuternd vorbringen, um Fehlschlüsse zu vermeiden. Etwa auch, dass Verbrechen allgemein und weltweit in Städten gehäuft vorkommen, man also nicht den Anteil der Ausländer in Österreich, sondern in den österreichischen Städten als Vergleichszahl heranziehen müsste. Ich habe bereits erwähnt, dass ein bestimmtes Außenseitertum sicherlich einer von sehr vielen Faktoren ist, die eine Verbrecherlaufbahn initiieren oder fördern. Das trifft auch auf Herrn Emil zu, er war in Österreich nicht heimisch.

Nun zu Herrn Biedermann und der Ausländerproblematik: Seine Arbeiter verließen wegen „heimatbedingter

Feiertage“ (Zitat Edelbacher) das Land und stürzten folglich aufgrund unerledigter Arbeiten ihren Chef in die Verzweiflung. Hätte er Interesse an den kulturellen und religiösen Vorstellungen seiner Arbeiter gezeigt, hätte er vielleicht gewusst, dass „heimatbedingte Feiertage“ anstehen. Hätte er geahnt, dass seinen Arbeitern die Familien daheim wichtiger waren als die Erfüllung abstrakter Terminvorgaben, hätte er seine Planung besser steuern können. Er hätte seinen Kunden eine Verzögerung der Lieferung mitteilen und um Kulanz ansuchen können. Das sind natürlich alles Fantasien von mir, es kann sich auch alles ganz anders zugetragen haben.

Wo finden sich noch auffällige Unterschiede? Herr Emil war es gewohnt, verhört zu werden. Für Herrn Biedermann war die Situation neu und extrem unangenehm. Herr Emil hatte wohl nicht die Absicht, seinen Beruf zu wechseln, er wird sich nur vorgenommen haben, vermeidbare Fehler kein zweites Mal zu begehen. Herr Biedermann wollte seinen Hals aus der vermeintlichen Schlinge ziehen, er wird wohl nicht den Plan gefasst haben, in den Beruf des Brandstifters oder Versicherungsbetrügers einzusteigen.

Diese erwähnten Unterschiede zeigen sich in den geschilderten Verhörsituationen.

Herr Emil ist ein Mann, der fünf Sprachen beherrscht, mit wichtigen Kreisen im arabischen Raum verkehrt und einen gewohnten Ansprechpartner bei der Polizei hat, er möchte sich nicht von jedem „Dahergelaufenen“ befragen lassen. Wahrscheinlich ist der junge Neuling deshalb bei ihm „abgeblitzt“. Man hatte vielleicht auch zu wenige Druckmittel gegen Herrn Emil, um ein Verhör mit Max Edelbacher durchzusetzen. Bedenkenswert ist hier auch die Effizienz des Arbeits- und Personaleinsatzes der Behörde. Man wird nicht sinnlos Stunden vergeuden, um einem jungen Kollegen die Möglichkeit zu geben, sich mit einem „alten Hasen“ zu messen.

Von den Druckmitteln, die der Polizei, früher vielleicht etwas zahlreicher als heute, zur Verfügung standen, kann man gleich anschließend lesen. Man verhängte eine Strafe oder drohte zumindest mit einer, die mit dem vorgeworfenen Delikt, in diesem Fall des Autodiebstahls, oft gar nichts zu tun hatte: Fahren ohne Führerschein, Konflikt mit den Jugendschutzgesetzen, Besitz von Drogen. Da kam es schon vor, dass die Polizei in Wohnungen jene Joints fand, die sie selbst mitgebracht hatte. Bei Besitzern von Gaststätten konnte man mit dem Entzug der Lizenzen drohen, weil vielleicht die Küche nicht sauber genug war, weil man Kellnerinnen fand, die nicht angemeldet waren, und so weiter und so fort. Die Polizei war stets erfinderisch, wenn es darum ging, Menschen gesprächig zu machen. Unrechtes Vorgehen seitens der Behörde konnte dabei wohl seltener nachgewiesen werden, als es wahrscheinlich vorkam. Im geschilderten Fall konnten die zwei deutschen Autodiebe für zwei Wochen schlicht „eingebuchtet“ werden. Ich denke, das wäre heute nicht mehr so leicht möglich. Das Vergehen „Fahren ohne Führerschein“ zieht eine Verwaltungsstrafe nach sich und wird mit einer Geldbuße geahndet. Jedenfalls übte die vierzehntägige Haft „fern der Heimat“ einen enormen Druck auf die beiden Übeltäter aus. Wir wissen zudem nicht, ob sie geübte Einsitzer waren. Fast jeder, der zum ersten Mal einige Tage hinter Gittern verbracht hat, kennt die heftigen Gefühle der Hilf- und Machtlosigkeit. Ich hatte übrigens das Vergnügen, während meines Militärdienstes diese Erfahrung zu sammeln. Ich verbrachte unerlaubterweise die Nacht nicht in der Kaserne und schlich um fünf Uhr, es war noch finster, in die Unterkunft. Aufmerksamen

Wächteraugen war mein Tun nicht entgangen und ich wurde für drei Tage „eingebuchtet".

Für das geschilderte Verhör der beiden Autodiebe war es nun auch von Vorteil, dass die beiden Beschuldigten sich nicht mehr absprechen konnten. Man konnte sie dadurch besser in Widersprüche verwickeln. Eine beliebte Methode war und ist es wahrscheinlich auch heute noch, einem Beschuldigten tatsächlich getätigte oder frei erfundene Aussagen des anderen vorzuhalten und zu beobachten, wie dieser darauf reagiert. Diese getrennten Verhöre sind eine große psychische Belastung, weil der Einvernommene nie sicher sein konnte, was sein Kumpel tatsächlich zu Protokoll gegeben hatte, ob er überhaupt sprach, ob er die Wahrheit sagte, ob er log, um sich selbst in Sicherheit zu bringen, etc. Zur Hilflosigkeit kommt noch die absolute Einsamkeit. Für manche ist diese Situation so unerträglich, dass sie, um ein rasches Ende derselben herbeizuführen, Geständnisse ablegen, manchmal sogar falsche. Sie erzählen, was die Polizisten hören wollen, nur um endlich wieder Boden unter die Füße zu bekommen. Die Polizei hat gelernt, Geständnissen nicht unbedingt Glauben zu schenken, zu oft wurden dieselben später vor Gericht widerrufen. Daher verlangt man, dass Geständnisse durch Beweise erhärtet werden, durch Angaben etwa, die nur der tatsächliche Täter wissen kann.

Ich vermute, dass die zwei Autodiebe letztlich aus einem anderen Motiv das Geheimnis ihrer technischen Errungenschaft preisgaben. Die meisten Menschen wollen Anerkennung für Leistungen und Kenntnisse ernten. Etwas zu können und niemand weiß davon oder will es zur Kenntnis nehmen, kränkt. Viele Menschen prahlen aufgrund mangelnder Anerkennung mit ihren Fähigkeiten. Wenn man das Bedürfnis nach Bestätigung oder gar Bewunderung geschickt auszunützen versteht, kann man Menschen zum Sprechen bringen. Wahrscheinlich ist dies den Kriminalbeamten gelungen.

Ganz anders liegt der Fall des Herrn Biedermann: Als Einzeltäter konnte man ihn nicht mit Aussagen eines Mittäters konfrontieren. Auch das Motiv seiner Tat ist nicht vergleichbar mit jenem von Herrn Emil. Herrn Biedermanns Verzweiflungstat sollte vor allem Schande von seiner Familie abhalten, aber auch der eigenen Schande, als Kleinfabrikant versagt zu haben, wollte er entgehen. Immerhin fühlte er sich auch seinem Vater und Großvater innerlich verpflichtet, deren Erbe er ruiniert hatte. Mich erinnert diese Geschichte ein wenig an den „Tod eines Handlungsreisenden" von Arthur Miller. Für Herrn Biedermann war eine Welt zusammengebrochen.

In einem guten, vertrauensvollen Gespräch mit einem Beamten, der sich in die Situation des Verdächtigen gut einfühlen kann, werden viele Dinge besprochen, die gar nicht unmittelbar etwas mit dem Fall zu tun haben müssen. Da geht es um Zukunftsperspektiven, Wünsche und Ängste. In solchen Gesprächen zeigt sich oft, dass die Verdächtigen manchmal viel zu positive, manchmal aber auch viel zu negative Vorstellungen davon haben, wie das Leben nach einem Vergehen und der dafür verbüßten Strafe weitergehen könnte. Es scheint den mit dem Fall betrauten Personen gemeinsam mit der Familie gelungen zu sein, eine positive Vision mit konkreten Handlungsschritten für Herrn Biedermann zu entwickeln. Übrigens ist diese Aufgabe das alltägliche Brot der Bewährungshilfe. Erst danach gelang es, Herrn Biedermann ein Geständnis abzuringen.

Wir waren bei der Einvernahme nicht dabei. Ich kann mir aber gut vorstellen, dass sie einigermaßen vorbildlich abgelaufen ist. Unter solchen oder ähnlichen Umständen ist die Einvernahme das, was der bekannte österreichische

Kriminologe Theodor Gößweiner-Saiko verlangte: „Das erste Verhör ist schon die erste resozialisierende Maßnahme“, denn: „Der Unwissende verdammt, der Wissende hilft.“

GOOD COP – BAD COP: DIE TRICKS DER VERNEHMUNGS-SPEZIALISTEN

9. Die Versicherungsbetrüger

Die Aufklärung von Versicherungsbetrugsfällen zählt bis heute zu jener Domäne, die ich am meisten liebe. In diesem Bereich krimineller Aktivitäten lernte ich die Methoden der Bekämpfung und Aufklärung solcher Verbrechen von meinem ausgezeichneten Lehrmeister Paul Herrnstadt, der wiederum einen kongenialen Partner im Sicherheitsbüro (Walter Oppenheim) hatte, von dessen Wissen ich ebenso stark profitierte. In diesem Bereich verrichtete ich die meiste eigenständige Arbeit, feierte die schönsten Erfolge und durfte darüber auch später an Universitäten unterrichten. Bis heute bin ich diesem Bereich treu geblieben und leiste meinen Beitrag praktisch im Bereich der Beratung und theoretisch, indem ich die ein oder andere Vortragseinladung zu dieser Thematik erhalte.

Was ist an der Aufklärung von Versicherungsbetrug so interessant? Auf diese Frage fallen mir spontan mehrere Antworten ein. Versicherungsbetrüger können Menschen wie du und ich sein. Eine polizeiliche Statistik, die ich zu Zeiten der aktiven polizeilichen Tätigkeit erstmals erstellte, zeigte, dass über achtzig Prozent der Täter Ersttäter sind, also Menschen, die noch nie kriminell aufgefallen sind oder solche Handlungen gesetzt haben. Darum herrscht im Volk ja auch die Überzeugung, dass Versicherungsbetrug ein Kavaliersdelikt sei. Tatsächlich wird Versicherungsbetrug auch von der Mehrheit der Bürger und Bürgerinnen nicht als Verbrechen im weiteren Sinn eingeschätzt. Das bedeutet aber auch nicht, dass solche Täter rasch enttarnt und deren Taten leicht aufzuklären sind. Oft ist viel „Hirnschmalz" nötig, um die Versicherung „übers Ohr zu hauen". Ältere und jüngere Studien unterstreichen diese Einschätzung. Es ist auch eine Tatsache, die ich aufgrund meiner Erfahrung festmachen kann, dass in Zeiten wirtschaftlicher Anspannung die Hemmschwelle, einen Versicherungsbetrug zu begehen, deutlich sinkt. Die Auseinandersetzung mit solchen Tätern kann sehr anstrengend sein, ist aber für einen Kriminalisten auf jeden Fall eine Herausforderung, auch wenn manche Fälle leicht zu lösen sind.

Hier gibt es die Gruppe der „Insider" oder „Professionisten", das sind Tatverdächtige, die sich im Versicherungswesen bestens auskennen, viel praktische Erfahrung in der Abwicklung von Schadensmeldungen und Schadensfällen haben und wissen, wie Sachbearbeiter bei Versicherungen agieren und reagieren. Naturgemäß ist es eindeutig schwieriger, bei dieser Tätergruppe auf einen „grünen Zweig" zu kommen. Ich schätze, dass Insider in etwa 12% bis 15% vom Gesamtanteil der Versicherungsbetrüger ausmachen. Um einen solchen Täter der Tat zu überführen, bedarf es der guten Zusammenarbeit und Kommunikation zwischen dem Sachbearbeiter der betroffenen Versicherungsgesellschaft, dem Sachverständigen, der ein Gutachten erstellen muss, und den Kriminalisten, die direkt oder indirekt mit dem Kriminalfall befasst sind.

Eine dritte kleine Gruppe in diesem Bereich, die höchstens 5% umfassen, zählt zur Organisierten Kriminalität, oder kann sogar terroristischen Gruppierungen zugerechnet werden. Die Mitglieder dieser Gruppierungen haben mit der Polizei „nichts zu reden“ und können nur auf Grund handfester Beweise, Indizienketten und knallharter Überführung der Tat behandelt werden, denn für sie gilt das „Gesetz des Schweigens“ – die Omerta. Wer redet, hat hier mit massiven Sanktionen der jeweiligen Organisation zu rechnen.

Das Interessante und Spannende an diesem Arbeitsfeld ist, dass man es mit den verschiedensten kriminellen Straftaten zu tun haben kann. Die meisten Fälle sind echte, absichtlich verursachte oder fingierte Verkehrsunfälle, Diebstahlsmeldungen von Fahrzeugen, Brände, echte oder fingierte Diebstähle oder Raubüberfälle. Es gibt aber auch ausgefallenere Betrugsfälle, wie Selbstverstümmelungen, vorgetäuschte Krankheitsfälle, Versicherungsmorde oder bedenkliche Todesfälle, die nur gemeldet werden, um die Versicherungssumme nach einem angeblichen Ableben dem Begünstigten ausbezahlen zu lassen.

Versicherungsbetrug ist eine kriminelle Straftat, wobei der Täter zwar einen Vorsprung hat, weil er plant, durchführt und bestimmt, was, wann, wo und wie geschieht, aber der Ermittler hat die konkrete Chance, sich penibel und genau auf seine Handlungen vorbereiten zu können. Er kann versuchen, die Schwachstellen, die Plausibilität und Kausalität des Geschehens zu prüfen, und erst wenn er soweit ist, führt er die Befragung oder Einvernahme des Verdächtigen durch.

Vorbereitung, Ermittlung, Kommunikation und Einvernahme sind Wegbereiter zur Aufklärung von Versicherungsbetrugsfällen. Der Täter schreibt an die Versicherung eine Schadensmeldung, schildert darin einen bestimmten Vorfall, der sich ereignet haben kann oder auch nicht, wodurch es auf jeden Fall zumindest eine „Papierspur“ gibt. Wahrscheinlich findet man aber noch wesentlich mehr, also umfassendere Fakten, die wichtige Indizien sein können, wie beispielsweise die Wirtschaftslage, die individuellen finanziellen Verhältnisse, der Geschäftsgang, eventuelle Vortaten, die mit Erfolg verübt wurden, und dergleichen. Täter beginnen oft mit der Ausübung kleinerer Straftaten. Gelingen diese, dann werden sie kühner – und genau diese persönlichen Entwicklungen gilt es zu erforschen und aufzudecken. Die Prüfung des Umfeldes sowie die Prüfung der Umstände, unter denen es zu einem Vertragsabschluss mit einer Versicherung bzw. zur Versicherungsdeckung und zum Schaden kam, sind wichtige Ansatzpunkte der Ermittlungen. Man bohrt sich dabei in den Sachverhalt und die Persönlichkeit wie der Zahnarzt in einen schlechten Zahn. Arbeitet man logisch, konsequent, ausdauernd und klug, dann kommt man meist auf den wahren Sachverhalt. Böse Zungen behaupten ja immer, es gäbe nicht nur eine Wahrheit, sondern gleich drei: wie es wirklich war, was man bei der Polizei erzählt und was bei Gericht herauskommt.

Man kann einen Versicherungsbetrug in der Regel aufklären. Wichtig ist, dass man überhaupt einmal darauf aufmerksam wird und sensibel genug auf die Möglichkeit reagiert, dass eventuell ein Betrug vorliegen kann. Für die Versicherungsgesellschaften stellt sich das große Problem, dass in Österreich jährlich über drei Millionen Schadensfälle anfallen und davon in etwa zwischen fünf und zehn Prozent in betrügerischer Absicht gemeldet werden.

Aus beruflicher Sicht hochinteressant war der Fall der „Sokol-Bande“. Eine vertrauliche Mitteilung lenkte den Verdacht auf eine Bande, die angeblich absichtlich Verkehrsunfälle mit Personenkraftwagen herbeiführte, wobei sie als Verursacher immer „im Recht“ waren. Die Tätergruppe hatte bei verschiedenen Versicherungsgesellschaften Schadenersatzleistungen eingereicht und teilweise auch bezogen.

Bei den Erhebungen gegen die „Sokol-Bande“ gelang es zunächst nicht, die Hauptverdächtigen zur gleichen Zeit zu vernehmen, um eine Verabredung unter den Bandenmitgliedern zu vermeiden. Immer wenn einer der Beteiligten vernommen worden war, kam beim nächsten Einvernahmetermin der Komplize mit offensichtlich abgesprochenen Details und es ergaben sich daher keine Widersprüche in den Aussagen. Mehrmalige Versuche der Kriminalbeamten, wenigsten zwei Personen zur gleichen Zeit zu vernehmen, scheiterten, da es nicht gelang, die Hauptverdächtigen zur gleichen Zeit an unterschiedlichen Orten zu vernehmen. Ein Antrag bei der Staatsanwaltschaft und beim zuständigen Gericht, Haftbefehle wegen des begründeten Verdachts der Verabredungs- und Verdunkelungsgefahr zu erwirken, wurde abgelehnt.

Die Kriminalbeamten mussten sich daher eine andere Strategie überlegen, um erfolgreich sein zu können. Damals gab es noch die Möglichkeit der rechtskräftigen Primärarreststrafe, die wegen der Begehung von Verwaltungsdelikten verhängt werden konnte. Eine solche Primärarreststrafe hatte eines der Bandenmitglieder noch abzusitzen, da er ohne Führerschein mit einem Pkw gefahren und dabei von der Polizei erwischt worden war.

Es gelang den Kriminalbeamten, den Gesuchten auszuforschen, der versucht hatte, sich seiner Verhaftung durch Verstecken im Bett zu entziehen. Nachdem er damit jedoch erfolglos blieb, konnten nun auch frischen Mutes die anderen Mittäter vorgeladen werden. Der Plan ging auf. Offensichtlich war die Verhaftung des Komplizen nicht bekannt geworden und zwei der Haupttäter kamen auf Grund der Vorladung tatsächlich zur Einvernahme. Sogleich stellte man bei den getrennt vorgenommenen Einvernahmen eklatante Widersprüche zwischen den Aussagen fest. Einer der Täter behauptete beispielsweise, dass ein Fahrzeug unbeschädigt nach Österreich gekommen sei, und der andere behauptete wiederum genau das Gegenteil. Auf Grund eines Sachverständigengutachtens konnte objektiv festgestellt werden, dass vor dem inkriminierten Verkehrsunfall bereits ein Vorschaden bestanden haben musste und somit die Versicherungsgesellschaft, die bezahlen sollte, allein deshalb schon getäuscht worden war. Bei den weiteren Einvernahmen stellte sich heraus, dass von insgesamt zweiundzwanzig zu überprüfenden Verkehrsunfällen mehr als die Hälfte Unfälle waren, die absichtlich in unterschiedlichem Zusammenwirken verursacht worden waren. Denn nachdem es endlich gelungen war, die Haupttäter getrennt voneinander zu vernehmen, und diese infolge dessen widersprüchliche Geständnisse abgaben, gelang es auch, die Mittäter zu Geständnissen zu bewegen.

Die Tätergruppe konnte entschärft werden. Sie hatten bei den Versicherungen mehrere Hunderttausend Schilling (in etwa 7.300 Euro) Schadenersatz kassiert. Dieses Beispiel zeigt, dass die Polizei dann eine Chance zur Aufklärung von Versicherungsbetrugshandlungen hat, wenn mehrere Täter an Straftaten beteiligt sind, diese getrennt und zur gleichen Zeit einvernommen werden, da es dann eher zu Widersprüchen in den Aussagen kommt, auch wenn die Täter sich untereinander abgesprochen haben. Ich erlebte immer wieder Kriminalfälle, bei denen wir keine Haftbefehle, wie in diesem geschilderten Fall, bekommen haben, da „die Suppe scheinbar zu dünn“ war. Meist gab es nur einen Verdacht, der sich bei einer Versicherung ergeben hatte, aber zu wenige oder keine Beweise. Es gab Verdächtigte, die, bevor sie sich zum Einvernahmetermin in die Räumlichkeiten des Sicherheitsbüros begaben, im Kaffeehaus beratschlagten, was sie bei der Polizei aussagen würden. Das Problem ist, dass man nicht Erlebtes beim besten Willen nicht bis ins Detail verabreden kann. Daher fällt es der Polizei leicht, mehreren Tätern bei den Einvernahmen auf den „Zahn zu fühlen", und dabei kommt meist heraus, dass sie lügen. Es ist aber ein „alter Hut" und daher längst bekannt, dass Abläufe von Geschehen, die man nicht real erlebt hat, im Detail nicht so genau und übereinstimmend geschildert werden können. Es ist eben ein großer Unterschied, ob man sich nur nicht erinnern kann oder ob man etwas tatsächlich gar nicht erlebt hat. Auf dieser Konstante kann so manche Aufklärung von Kriminalfällen aufbauen.

In anderen Fällen wäre der Betrug vielleicht nie aufgefallen, wenn der Täter es nicht übertrieben hätte. Alexander F. war beispielsweise ein sehr fescher Mann, der bei Frauen sehr gut ankam. Das genügte ihm offenbar nicht, denn er suchte Selbstbestätigung scheinbar auch durch den Besitz sündteurer Autos zu erlangen. Diese Leidenschaft musste aber auch irgendwie finanziert werden. Den Versicherungsgesellschaften fiel er auf, da sein Name in mehr als vierzig Unfallsmeldungen auftauchte. Immer war er das „schuldlose Opfer", das als Rechtskommender zum „Handkuss" kam oder in dessen Wagenheck sich andere Autos gebohrt hatten. Ein weiteres sehr auffälliges Indiz war die Tatsache, dass sich alle Unfälle an nur drei Kreuzungen abgespielt hatten.

Immer fuhr Alexander F. auf jenen Straßenzug, bei dem er zwar der Rechtskommende war, der gegenbeteiligte Lenker aber den sogenannten „psychologischen Vorrang" hatte, da er auf der breiteren Straße unterwegs war. Gemäß der Gesetzeslage gab es an den Fällen nichts zu rütteln, aber zahlreiche Unfallgegner hatten beim bzw. nach dem Unfall ein ungutes Gefühl. Sie vermuteten, dass

Alexander F. den Unfall leicht hätte vermeiden können, manche mutmaßten sogar, dass er ihn absichtlich herbeigeführt hatte. Es hatte immer den Anschein, dass er just in dem Moment aufs Gas stieg, wenn das gegnerische Fahrzeug auftauchte.

Die Einvernahme gestaltete sich naturgemäß schwierig, ein Haftbefehl wegen Verdachts der Wiederholungsgefahr konnte mühsam erwirkt werden, aber Ausdauer und Geduld machten sich bezahlt. Letztendlich konnten wir die Absicht der Unfälle klären, der Verdächtige war geständig, da die Hartnäckigkeit, Ausdauer und Beharrlichkeit der Kriminalisten ihn verunsicherten. Zudem war nachweisbar, dass die beschädigten Teile nach Unfällen jeweils nur notdürftigst repariert wurden, um das jeweilige Fahrzeug im Verkehr wieder rasch für die nächsten Unfälle einzusetzen.

Für wie viel Geld würden Sie sich die linke Hand abschneiden? Es ist unglaublich, aber mit so einer Frage mussten wir uns tatsächlich auseinandersetzen. Begonnen hat dieser Fall damit, dass der Betrugsspezialist einer Versicherung, Manfred B., seitens seines Arbeitsgebers mit der Recherche in einer zunächst sehr dubiosen Verletzungsgeschichte beauftragt wurde. Der damals 41-jährige Gerhard K. lebte in der Schweiz, bezeichnete sich als Kunststeintechniker, betrieb eine Kaminfirma, in der Kamine aus italienischen Steinen verkauft wurden, und wohnte in der Nähe der Firma in einem angemieteten Haus mit Garten. Dieses Haus wurde von ihm, seiner Gattin und zwei Kindern bewohnt. Gemäß der bei der Versicherungsgesellschaft eingereichten Schadensmeldung war es im Garten dieses Hauses zu einem schrecklichen Unfall gekommen. Gerhard K. wollte für seine Kinder einen Kletterbaum zuschneiden. Der Baum befand sich in einer Hanglage und Gerhard K. benutzte eine Kettensäge, mit der er Äste kürzte, damit die Kinder leichter auf den Baum klettern könnten. Bei diesem Arbeitsvorgang wäre er mit der Kettensäge abgerutscht und während die Säge noch in Betrieb war, kam er mit seiner linken Hand so unglücklich darunter, dass er sich die linke Hand fast abtrennte. Die Hand blieb lediglich an der Haut am Arm hängen. Dieses Missgeschick wurde dadurch verschlimmert, dass ein Ast des Baumes, den er zuschnitt, in sein linkes Auge stieß, sodass er auch eine schwere Augenverletzung davongetragen hatte. Laut Schadensmeldung war seine Gattin anwesend gewesen, sie wickelte die fast abgesagte Hand in einen Nylonsack und brachte ihren schwer verletzten Mann ins Spital. Die Ärzte nahmen sofort eine Notoperation vor und konnten die Hand wieder annähen. Bei so einem schrecklichen Geschehen würde wohl niemand auf die Idee kommen, dass es sich um einen Versicherungsbetrug handeln würde. Die Recherchen des Spezialisten der Versicherung ergaben aber ein anderes Bild.

Gerhard K. war bei der Versicherungsgesellschaft kein unbeschriebenes Blatt. Er hatte Jahre zuvor einen Arbeitsunfall in seinem damaligen Geschäft in Wien gemeldet. Gerhard K. betrieb dort eine Putzerei in der Landstraße und meldete einen Unfall, bei dem er während des Montierens einer Lampe von der Leiter gestürzt wäre und eine dauerhafte Verletzung am Rücken erlitten hätte. Dafür kassierte er von der Versicherung rund 1½ Millionen Schilling (das entspricht in etwa 110.000 Euro) Schadenersatz.

Eine weitere Geschichte machte die Versicherung jedoch stutzig: Nach seiner Umsiedelung von Österreich in die Schweiz wäre er mit seinem Fahrzeug nach Italien gefahren. Dort wäre ihm sein Mercedes in Mailand gestohlen worden. Dummerweise, damit hatte er offensichtlich nicht gerechnet, wurde das Fahrzeug von der Mailänder

Polizei aufgefunden und er wurde verständigt, dass sein Fahrzeug aus Italien abzuholen wäre. Darüber war er so „erzürnt“, dass er auf der Rückfahrt von Italien in die Schweiz zwei Verkehrsunfälle verursachte. Seine Hoffnung war, dass das Fahrzeug von der Versicherung als wirtschaftlicher Totalschaden akzeptiert und bezeichnet würde, damit er die Ablösesumme für das Fahrzeug ausbezahlt bekäme. Dem war aber nicht so, denn die Versicherung bot lediglich die Bezahlung der Reparaturkosten an.

Bei den Ermittlungen konnte festgestellt werden, dass die finanzielle Lage von Gerhard K. nicht „rosig“ war. Die laufenden Kosten seiner Lebensführung waren sehr hoch. Die Miete für das vornehme Geschäftslokal, das Haus sowie die Lebensunterhaltskosten seiner Familie zehrten an seiner finanziellen Substanz. Die Geschäfte mit dem Verkauf der Kamine gingen sehr schlecht, er hatte innerhalb eines Geschäftsjahrs lediglich einen Kamin verkauft und zwölf Stück standen als Schauobjekte im Geschäft. Sein Geldbedarf war enorm hoch. Manfred B., der Betrugsspezialist der Versicherung, brachte auch noch in Erfahrung, dass die Gattin von Gerhard K. hohe Ansprüche stellte und keinen bescheidenen Lebenswandel führte. Der Verdächtige stand demnach von allen Seiten unter Druck und musste eine „Gewaltlösung“ für seine Probleme finden. Wie bereits erwähnt, wollte er zunächst sein Fahrzeug beseitigen, was aber misslungen war. So dürfte er auf die Wahnsinnsidee gekommen sein, mehrere Versicherungen abzuschließen, die einen besonderen Schutz bei Verletzungen gewährten.

Eine Polizze hatte sich schon bei seinem Arbeitsunfall bewährt. In der Schweiz gab es zudem ein Spezialangebot der Schweizer Versicherungen, nämlich den überproportionalen Gliedertaxenschutz. Diese Möglichkeit erschien ihm wohl als das faszinierendste Angebot in seiner Lage. Er schloss bei zwei Schweizer Versicherungen solche Versicherungen ab und rechnete bei einer Gesamtdeckungssumme von etwa 32 Millionen Schilling (ca. 2,2 Millionen Euro) mit mindestens 17 Millionen Schilling (ca. 1,4 Millionen Euro) für eine schwer verletzte Hand. Es blieb jedoch nicht bei dieser Überlegung: Gerhard K. bereitete sich auch medizinisch bestens vor. Er wusste darüber Bescheid, dass österreichische Ärzte in der Schweiz tätig waren, die auf das Annähen abgetrennter Glieder spezialisiert waren. Offensichtlich hatte er schon vor dem Umzug in die Schweiz diese Erkundigungen eingeholt und danach seinen neuen Wohnsitz gewählt.

Mit diesem Sachverhalt und dem Ergebnis der Vorerhebungen wurden wir vom Spezialisten der Versicherungsgesellschaft konfrontiert. Nun stellte sich die Frage, welche Strategie zur Klärung dieses schwierigen Sachverhaltes angewendet werden sollte. Ich teilte die Ausgangslage in einer Anzeige der Staatsanwaltschaft Wien mit. Immerhin war der Verdächtige Österreicher, der eine vermutete Straftat im Ausland begangen hatte. In der österreichischen Strafrechtslehre heißt es ja auch so schön: „Jeder Österreicher trägt das Strafgesetzbuch auf seinem Rücken – wenn ein Österreicher im Ausland eine Straftat begeht, ist er dafür auch in seinem Heimatland verantwortlich.“ In diesem Fall umso mehr, da nicht nur zwei Schweizer Versicherungen für den Schadenersatz herangezogen werden sollten, sondern auch die Österreichische Versicherung zahlen sollte.

Ich leitete die Auslandskorrespondenz über die Interpol Wien mit der Schweiz ein und erfragte den Wissensstand der Schweizer. Es stellte sich heraus, dass Gerhard K. bei der Schweizer Polizei, im Schweizer Krankenhaus, bei den Schweizer Versicherungen sowie bei der Österreichischen Versicherung Schadensangaben und Meldungen erstattet hatte und die Schadensschilderungen jeweils gewisse Unterschiede im Vergleich zu den anderen Darstellungen aufwiesen. Auf meiner dadurch notwendig gewordenen Dienstreise traf ich nach meiner Ankunft in der Schweiz mit meinen Polizeikollegen zusammen.

Die Einvernahme begann am Morgen gegen 9.00 Uhr. Der Verdächtigte erschien mit einem sehr aufwändigen und unübersehbaren Verband um seinen Arm. Er war noch ziemlich schwach auf den Beinen und es war klar, dass er eine lange Befragung nicht verkraften würde. Etwas befremdlich erschien mir allerdings die Tatsache, dass ich, gemäß der Schweizer Strafprozessordnung, meine Fragen an den Richter zu formulieren hatte, der sie dann auf seine Art und Weise an den Verdächtigen stellte. Die Antwort wurde auf demselben Weg vom Verdächtigen über den Richter an mich zurückgegeben und alles wurde fein säuberlich protokolliert. Alle Parteien waren im selben Raum anwesend, das war das Besondere, da die Befragung ausschließlich in Deutsch erfolgte, eine Übersetzung nicht notwendig war, sondern es darum ging, das Vorrecht des Richters zu demonstrieren.

Dieses Prozedere dauerte natürlich viel länger als eine „normale" Einvernahme. Wir waren bis in den späten Nachmittag mit der sehr formellen Durchführung der Einvernahme beschäftigt. Ich wunderte mich, dass der Verdächtige durchhielt und keine Anstände machte, die Einvernahme auf Grund seines körperlichen Zustandes zu beenden. Gerhard K. blieb dabei, dass das ganze Geschehen ein unglücklicher Unfall war. Ich konnte bei der Einvernahme Widersprüche innerhalb seiner Aussagen, aber auch zu jenen seiner Gattin aufzeigen und damit seine Glaubwürdigkeit erschüttern. Wir erzielten kein Geständnis, aber das Ergebnis reichte der Versicherung, um in einem nachfolgenden Zivilrechtsstreit zu „siegen“. Es gelang jedoch nicht, seinen bösen Vorsatz nachzuweisen, daher wurde das eröffnete Strafverfahren eingestellt.

Versicherungsbetrügereien können beachtliche Ausmaße annehmen und sogar zu Mord fuhren! Das kommt zwar relativ selten vor, doch in meiner Zeit als Referent im Sicherheitsbüro erlebte ich immerhin drei dieser Mordfälle, von einem werde ich nun erzählen: Eine Betrugsspezialistin übergab damals einen Schadensfall zur strafrechtlichen Bearbeitung, dem der folgender Sachverhalt zugrunde lag: Leo K. sandte eine Schadensmeldung an die Versicherungsgesellschaft, in der er Folgendes mitteilte: „Meine Frau wartete in der Nähe des Flusses, während ich zurückging zum Parkplatz, der ungefähr eine Viertelstunde oder zehn Minuten entfernt war, um meinen Fotoapparat zu holen. Als ich zurückkam, lag sie bewusstlos oder schon tot im Wasser.“

Hintergrund dieses „Unfalles“ war, dass Leo K. seine Gattin zu einem Urlaub nach Florida, in die Everglades, eingeladen hatte, wobei sich der von ihm geschilderte tödliche Unfall im Zuge einer Ausflugsfahrt ereignet haben sollte. Durch die Ermittlungen, die seitens der Schadensspezialistin der Versicherungsgesellschaft eingeleitet worden waren, stellte sich heraus, dass nur einen Monat vor der Urlaubsreise eine Unfallversicherung für die Gattin abgeschlossen worden war, bei der das Risiko des Todesfalls einkalkuliert war, nicht jedoch die Folgen einer Invalidität. Offensichtlich bestand die „Voraussicht“, dass ein tödlicher Vorfall passieren würde, bereits beim Abschluss der Versicherung. Die Deckungssumme in der Höhe von 900.000 Schilling (ca. 66.000 Euro) wurde vom Antragsteller und Begünstigten, Leo K., sofort begehrt. Der zweite Umstand, der auffiel, war, dass Leo K. als besonders „habgieriger“ Mensch in seinem Umfeld bekannt war. Anlässlich der Vorlage der Schadensmeldung bei der Versicherung forderte er diese auf, die Prämie, die er für seine eigene Unfallversicherung bezahlt hatte, mangels eingetretenen Schadenfalls an ihn zurückzuzahlen. Diese Forderung stellte er deshalb, da er so „großes Leid“ durch den Tod seiner Gattin erlitten hatte und finanziell „schlecht“ dastünde.

Entscheidend für die Anzeige bei der Polizei waren letztlich medizinische Argumente. Die amerikanische Polizeidienststelle, die den Fall bearbeitete, gab in einem Telefonat sowie auch schriftlich bekannt, dass sich der Arzt, der den Leichnam der „verunglückten“ Frieda K. obduziert hatte, offensichtlich in seinem Gutachten geirrt hätte. Er hatte als Todesursache „ertrinken“ sowie eine „Coronare Arteriosklerose“ diagnostiziert. Auf Grund einer neuerlichen Untersuchung, die der zuständige Richter veranlasste, wurde die Diagnose in „Tod durch Erwürgen“ geändert, da sich in den Lungen des Opfers kein Wasser befunden hatte. Das amerikanische Gutachten war teilweise falsch, da es von einem sogenannten Landarzt und nicht von einem Gerichtsmediziner erstellt worden war. Aber aus der richtigen Beschreibung der Leichensituation konnte der Gerichtsmediziner die entsprechende Schlussfolgerung ziehen. Der Verdacht des Versicherungsmordes ergab sich auf Grund der Überprüfung durch die Versicherungsgesellschaft, die zahlen sollte.

Zudem fand man bei der zweiten Untersuchung punktförmige Blutungen der Bindehaut im Bereich der Augenhöhlen, im Nackenbereich eine ein Zentimeter große Fläche einer hämorrhagischen Verfärbung, die den rechten Flügel des Schilddrüsenknorpels unmittelbar überlappte, und die rötliche Verfärbung der Haut des Cricothyreoideum, der fascialen Befestigung des Zungenmuskels. Das alles weist auf einen gewaltsamen Tod durch Erwürgen hin, für den mit höchster Wahrscheinlichkeit der Gatte als Täter infrage kam.

In einer langen richterlichen Einvernahme war der Verdächtige nicht geständig. Doch er verwickelte sich in viele Widerspruche und blieb bis zuletzt unglaubwürdig. Der Fall endete schließlich mit einer strafrechtlichen Verurteilung und einer zivilrechtlichen Abweisung des Schadenersatzes.

Ein weiterer Versicherungsmordfall war aus kriminologischer Sicht besonders interessant. Bei diesem Fall waren die Einvernahmen nicht erfolgreich. Obwohl es zu keinen Geständnissen der an dem Mord Beteiligten kam, reichten die umfangreichen und genauen Ermittlungen aus, um zur Verurteilung beider Täter zu lebenslanger Haft zu führen. Dieser Versicherungsmord zeigt, dass die Einvernahmemöglichkeiten nicht immer ausreichen, um das Gewünschte zu erreichen. Nichtsdestotrotz kann man bei solchen Einvernahmen, auch wenn keine Geständnisse erzielt werden, tiefe Einblicke in die Persönlichkeit des oder der Tatverdächtigen bekommen. Bemüht man sich, genau auf die Persönlichkeit des Verdächtigen einzugehen, so ist es oft möglich, einige seiner Charaktereigenschaften herauszuarbeiten (wie hat er sich in Notsituationen, bei Gefahren, bei finanziellen Belastungen gegenüber seinem Opfer verhalten etc.?). Solche Details können zur Entdeckung genereller Neigungen, Schwächen oder Störungen der Persönlichkeit führen. War der Täter z.B. ein Querulant, hat er Tiere gequält, wie ist er mit Kindern, Eltern, Mitarbeitern umgegangen? ...

Es ist besonders sinn- und zweckvoll, wenn die erlebten Einzelheiten, die sich während der Einvernahmen zwischen demjenigen, der die Einvernahme durchführt, und dem Verdächtigen abspielen, in einer separaten Dokumentation – meist schreibt man einen Aktenvermerk –

festgehalten werden. Dadurch können sich der Staatsanwalt und das Gericht einen Eindruck davon machen, wie der Verdächtige gewirkt hat, das sind Details, die wesentlich zur Urteilsfindung beitragen können. So kann es dazu kommen, dass Versicherungsmörder nur aufgrund von Indizien zu lebenslanger Haft verurteilt werden – so wie es auch beim nachfolgend geschilderten Fall war.

Der Angestellte Ferdinand A. wurde im Wienerwald mit etwa fünfzig Schlägen, die mit einem stumpfen Gegenstand verübt worden waren (wahrscheinlich war es ein Holzprügel), erschlagen. Die Leiche wurde im offenen Gelände am Morgen nach der Tat aufgefunden. Da für das Opfer kurz vor dessen Ermordung eine beachtliche Lebensversicherung abgeschlossen worden war, deren Deckungssumme über elf Millionen Schilling (ca. 8 Millionen Euro) betrug, ermittelte der Spezialist der Versicherungsgesellschaft, wie es zu diesem merkwürdigen Abschluss der Lebensversicherung gekommen war. Erste Verdachtsmomente ergaben sich in zweierlei Hinsicht. Bei der Überprüfung der Unterschrift, die von Ferdinand A. auf dem Lebensversicherungsvertrag getätigt werden sollte, stellte sich nämlich heraus, dass dieser die Polizze gar nicht unterschrieben hatte. Die Unterschrift war, laut einem Gutachten, gefälscht. Die Begünstigte der Lebensversicherung war die Gattin des Ermordeten. Ein zweiter wesentlicher Verdachtsmoment richtete sich gegen die Ehefrau, Eva A. Die damals minderjährige Tochter gab an, dass „die Mama einen neuen Mann habe". Die Überraschung war recht groß, als sich herausstellte, dass dieser neue Mann ein Versicherungsmakler war, der in der Branche bestens bekannt war.

Nun wurden die Ermittlungen der Mordkommission und der Versicherung koordiniert und bald stellte sich heraus, dass die Lebensversicherung über den besagten

Versicherungskaufmann „eingefädelt“ worden war. Man fand heraus, dass Eva A. und der Versicherungsmakler ein „Liebespaar“ waren, das den Ehemann von Eva A. als störend empfand. Das brachte das Pärchen scheinbar auf die Idee, einen Mordplan durchzuführen. Ferdinand A. wurde unter einem Vorwand in den Wienerwald gelockt, dort erschossen – und nicht, wie ursprünglich vom praktischen Arzt angenommen, erschlagen. Die Gattin beanspruchte die Auszahlung der Lebensversicherung. Den Kriminalbeamten der Mordkommission sowie mir, als Leiter der Kommission, gelang es in mühevoller Kleinarbeit, eine dichte Indizienkette zusammenzutragen. Im konkreten Fall handelte es sich dabei um den Fund der Waffe (ein Gewehr), die Munition, Beschießung, gefälschte Unterschrift und das Aufdecken des Liebesverhältnisses – das alles ließ den logischen Schluss der Tatausführung durch die Gattin zu.

Beide Verdächtige waren zu keiner Zeit dazu bereit, vor der Polizei oder vor dem zuständigen Geschworenengericht ein Geständnis abzulegen. Die Kriminalbeamten konnten die beseitigte Mordwaffe finden, Vergleichsmunition und Schusswaffenübungen in der Hausmauer eines Hauses aufspüren, die Besitzkette der Waffe zum neuen Freund der Gattin schließen, die Alibis zertrümmern und den Geschworenen des Schwurgerichtes handfeste Beweise liefern, die zur Verurteilung ausreichten. Es handelte sich bei diesem Mordfall und versuchten Versicherungsbetrug um den ersten Fall, der allein auf Grund von Indizien erfolgreich abgehandelt werden konnte.

Analysiert man einen Kriminalfall, so gibt es praktisch zwei wesentliche Phasen, die den Fortgang eines Verfahrens zur Aufklärung einer Straftat entscheidend prägen. Die erste Phase spielt sich quasi bei der Polizei ab. Diese kommt zum Tatort, vielleicht befindet sich der Verdächtige oder der Täter vor Ort und es kann ein erster Eindruck oder vielleicht sogar eine erste Aussage erzielt werden. Es kann aber auch sein, dass der Täter im Zuge der Ermittlungen ausgeforscht und dann von der Polizei befragt bzw. vernommen wird. Die zweite Phase spielt sich in der Verhandlung vor dem entscheidenden Gericht ab. Je besser die Vorarbeiten für die Phase der Hauptverhandlung abgewickelt werden, desto wahrscheinlicher ist ein erfolgreicher Abschluss des Gerichtsverfahrens.

Eine fürchterlich traurige Kriminalgeschichte ist auch jene von Dr. Wolfgang K. Er hatte eine Unfallversicherung mit einer Deckungssumme für dauernde Invalidität in der Höhe von fünf Millionen Schilling (ca. 370.000 Euro) mit einer sogenannten „Freizeit-Plusklausel" und einer „Gliedertaxe" abgeschlossen. Nach den allgemeinen Bedingungen der Unfallversicherung betrug die damalige Entschädigung nach der speziell verbesserten Gliedertaxe für Ärzte für einen Zeigefinger 60% der Invaliditätssumme. Da die Versicherung auf fünf Millionen Deckungssumme abgeschlossen worden war, betrug nach der Variante „Freizeit-Plus" die Entschädigungssumme, die sich automatisch bei 60% verdoppelte, nicht nur drei, sondern sechs Millionen Schilling (ca. 440.000 Euro).

Wolfgang K. gab gegenüber der Versicherungsgesellschaft an, dass er in seiner Freizeit als Hobbytischler gearbeitet und sich beim Fräsen einer Holzleiste den linken Zeigefinger zertrümmert hatte, der in Folge amputiert werden musste. Als die Erhebungen des genauen Schadensfalles seitens der Versicherung durchgeführt wurden, fiel sofort auf, dass Dr. K. bei einer zweiten Versicherung ebenfalls eine Unfallversicherung abgeschlossen hatte, die er schon wesentlich länger hatte. Bei dieser Versicherungsgesellschaft betrug die Deckungssumme für dauernde Invalidität 2,9 Millionen Schilling (ca. 210.000 Euro) und

Dr. K. hatte den Unfall auch dort gemeldet und bereits 1,8 Millionen Schilling (ca. 13.000 Euro) Entschädigung kassiert.

Der Abschluss der zweiten Versicherung machte die Ermittler dieser Versicherung „stutzig". Auf die Frage, warum er die zweite Versicherung ausgewählt hatte, und das nicht in seinem Heimatort, sondern in einem ganz anderen Ort der Bezirksstelle, antwortete Dr. K., dass er im anderen Ort spazieren gegangen sei, dort in der Auslage der Versicherung Werbefotos gesehen und sich deshalb dazu entschlossen hätte, die Versicherung abzuschließen. Dieser Schilderung widersprachen die Mitarbeiter der Versicherung allerdings entschieden, denn sie schilderten, dass sich Dr. K. ausdrücklich nach einer speziellen Gliedertaxe für Ärzte erkundigte. Als wichtiges Detail muss noch festgehalten werden, dass der Versicherungsvertreter beim Ausfüllen des Antragsbogens wahrheitswidrig angab, dass er Dr. K. bereits ein Jahr lang kenne, da er den Vertrag unbedingt abschließen wollte.

Der Fall konnte relativ rasch geklärt werden, da Dr. K. den abgetrennten Zeigefinger der Versicherung übergab, die ihn am Institut für Gerichtliche Medizin untersuchen ließ. In den Resten des Zeigefingers wurde das Betäubungsmittel „Anesteticum" nachgewiesen, das ein eindeutiges Indiz für den Versicherungsbetrug war. Motiv dieser „Wahnsinnstat" war eine völlige finanzielle Überlastung. Der Arzt hatte einen Bauernhof geerbt, für den er einen größeren Geldbetrag zur Renovierung benötigte, sodass er diesen fürchterlichen Entschluss gefasst hatte.

Dr. Wolfgang K. gestand, wurde verurteilt, verlor seine Arbeitsstelle, seine Gattin ließ sich scheiden und seine Karriere erlitt einen schweren Rückschlag, obwohl er den Ruf eines begabten Arztes hatte.

Versicherungsbetrug – Einstieg in einen Ring aus Lügen?

„Ehrlich währt am längsten ist eine Lüge, die Betrüger ausgestreut haben, um die Überfüllung ihres Berufszweiges zu verhindern", sagte Johann Nestroy.

Diese Aussage drückt aus, was viele Menschen empfinden, wenn sie erfahren, wie leicht es ist, auf unehrliche Weise Geld zu machen. Die besagte Leichtigkeit betreffend gibt es aber diverse Abstufungen dahingehend, dass manche Vergehen leichter zu entdecken sind, härter bestraft werden und auch mit größeren moralischen Skrupeln und gesellschaftlicher Ächtung verbunden sind.

Der Versicherungsbetrug in seinen unterschiedlichen Formen scheint fast so etwas wie ein „Einstiegsdelikt" zu sein. Das hat mehrere Gründe: Durchschnittlich begüterte Menschen (Familien, Haushalte) sind mehr- bis vielfach versichert, geben also tatsächlich monatlich eine beträchtliche Summe für Versicherungen – wie man oft meint „unnütz" aus – aus. Ein Versicherungsbetrug ist relativ einfach, man braucht keine Spezialausbildung wie ein Fälscher oder Einbrecher. Man gerät auch nicht in Gefahren, denen Einbrecher oder Räuber ausgesetzt sind. Der Versicherungsbetrug in seiner schlichten Form erfolgt unbeobachtet und gefahrlos am Schreibtisch. Er „passiert" manchmal „en passant", das ist der häufigste Einstieg in diese Sparte der Kriminalität. Jemand schließt eine Reisegepäcksversicherung ab, das Gepäck wird tatsächlich gestohlen. Man sendet *berechtigter*weise eine Schadensmeldung an die Versicherung. Unter den Angaben befindet sich aber nun plötzlich auch die Mitteilung, dass die teure Lederjacke gestohlen worden wäre – obwohl sie vielleicht nur zu einem anderen Zeitpunkt irgendwo verloren oder vergessen wurde. Der Gewinn aus dieser „Schadens“meldung beträgt etwa 500 Euro – ein kleiner Beitrag zu den Reisekosten. Eine kleine Lüge, ein beachtlicher Ertrag. Delikt: Übertreibung der Schadenshöhe.

Der Entschluss zu diesem Delikt fällt in einer Sekunde. Man sagt oder schreibt eigentlich die Wahrheit, verändert sie nur ein wenig. Diese Art des Versicherungsbetruges ist kaum nachzuweisen. Man braucht nichts zu können, außer dass man sich alle Rechnungen aufhebt. Ein klein wenig Pedanterie. Einmal geglückt, ist mancher wohl dazu verleitet, diese Art der Geldbeschaffung öfters zu versuchen: „Bei der nächsten Reise probiere ich das wieder.“ Und wenn man nicht bestohlen wird, geht man dennoch zur lokalen Polizei und erstattet eine Diebstahlsanzeige.

Tatsächlich lernt man im häufigen Umgang mit kleinen Betrügereien auch die Hemmschwellen abzubauen, so kann man zum Gewohnheitsverbrecher werden. Im Schnitt bleiben die meisten Menschen aber beim „kleinen“ Versicherungsbetrug. Offensichtlich gibt es ein finanzielles Limit, eine Obergrenze, deren Überschreiten mit den üblichen moralischen Normen nicht mehr vereinbar ist.

Es kommt aber auch vor, dass manche den Bezug zur Realität verlieren und immer riskantere Betrugsmanöver durchführen. Hohe Selbstüberschätzung birgt mancherlei Gefahren, man wird unvorsichtig. Dazu gesellt sich ein anderer interessanter Aspekt des Risikos: Menschen verspüren dann die schönsten und erhebendsten Gefühle des Glücks, wenn Handlungen besser ausgehen als erwartet. Unser Belohnungszentrum im Hirn schüttet in diesem Fall Dopamin, ein körpereigenes Glückshormon, aus. Um berauschende Glücksgefühle zu verspüren, müssen manche Menschen immer höhere Risiken eingehen. Sie steigen auf sehr hohe Berge, setzen im Kasino eine Menge Geld ein oder klettern auf der Leiter der Betrügereien immer höher. Eine entdeckte Lüge ist meist peinlich, eine unentdeckte verschafft Lust.

Die nächst höhere Stufe des Versicherungsbetruges ist der fingierte oder vorgetäuschte Diebstahl oder Autounfall, die darauf folgende, den Schadensfall selbst herbeizuführen. Man provoziert Autounfälle oder legt Brand in jenem Gebäude, das man zuvor gegen Brandschaden versichert hat. So wie es Max Edelbacher in seinem Beitrag über den Brandstifter berichtet.

Je öfter man erfolgreich betrügt, desto unvorsichtiger wird man. Die einsetzende Selbstüberschätzung kann zu Fehlern in der Durchführung führen. Die Häufigkeit der eingereichten Schadensmeldungen macht verdächtig, ebenso eine bestimmte Kreuzung, an der immer wieder Autounfälle ähnlicher Art geschehen – dann wird die Versicherungsgesellschaft aufmerksam und tätig.

Der Versicherungsbetrug hat mehrere plausibel klingende Rechtfertigungsgründe, ist also moralisch wenig bis gar nicht belastend. Daher kann man ihn auch ein Kavaliersdelikt nennen oder gar als „Volkssport" bezeichnen. Aus deutschen Untersuchungen der letzten Jahre ergibt sich folgendes Bild: Bei Befragungen geben 25% der Menschen an, schon mindestens einmal die Versicherung getäuscht zu haben. Versicherungsgesellschaften gehen davon aus, dass 25 bis 40% der Schadensmeldungen fingiert sind. Die Rechtfertigungssysteme basieren auf zwei interessanten Phänomenen: Zahlreiche Untersuchungen zur Psychologie des Versicherungswesens zeigen, dass sich viele Menschen, wenn sie Versicherungen abschließen, in einer magischen Gedankenwelt befinden. Sie denken ähnlich wie Menschen in archaischen Zeiten, die Opfergaben zur *Verhinderung* von Unglück dargebracht haben. Die

Versicherung sollte nicht zukünftigen Schaden *abdecken*, sondern *verhindern*. Man schließt also eine Versicherung ab, damit *nichts* passiert. Wenn dann doch ein Schaden eintritt, ist man enttäuscht. Die Versicherungsgesellschaft hat versagt und muss oder kann nun „bestraft" werden.

Der zweite wichtige Rechtfertigungsgrund liegt im Vergleich der „unnütz" bezahlten Prämien – eine Summe die additiv über Jahre anwächst – zur erhaltenen Versicherungsleistung. Dazu kommen der enorme fiskalökonomische Einfluss und die monetäre Macht, die Versicherungsgesellschaften zugeschrieben werden. Das (schlechte) Image dieser Gesellschaften ist mit jenem der Banken ohne Weiteres zu vergleichen. Ein kleiner Versicherungsbetrug kann also gefahrlos auch im Freundeskreis erzählt werden, vielleicht erntet man dafür sogar verstohlene Bewunderung.

Max Edelbacher beschreibt aber auch eine Art des Versicherungsbetruges, dem schon ein gerüttelt Maß an Verzweiflung zugrunde liegen muss. Wenn etwa jemand eine Invaliditätsversicherung abschließt, mit der Absicht, sich selbst einen beträchtlichen körperlichen Schaden zuzufügen, oder gar eine Lebensversicherung mit dazugehöriger Mord- oder Selbstmordabsicht, fällt dies sicher nicht unter die Kategorie Volkssport.

Wir fragen uns oft, was einen Menschen dazu treibt, recht kalkuliert und planmäßig zu morden – in vorliegendem Fall, um einer Versicherungsprämie habhaft zu werden. Es ist eigenartig, dass viele Menschen einem Mord im aufwallenden Affekt insbesondere dann, wenn wir diesen Affekt *emotional nachvollziehen können*, Verständnis entgegenbringen. Die Täter verlören dann – begreiflicherweise – die Kontrolle über sich, sagt man. Aber auch die lange planenden Mörderinnen agieren oft nicht „kaltblütig". Der Affekt wird additiv summiert, wie Versicherungsprämien. „Steter Tropfen höhlt den Stein", der Volksmund hat auch für dieses Phänomen einen Spruch bereit. Oft und immer wieder gekränkte und gequälte Menschen schreiten zur Tat, wenn niemand es erwartet. Wenn jemand allerdings tatsächlich *ausschließlich* aus finanziellen Gründen tötet, kann man nicht von einem Übermaß an (negativen) Affekten ausgehen, sondern eher vom Gegenteil. Diese Menschen haben ein *Manko* an Empathie, also an der Fähigkeit mitzufühlen. Ihnen fehlen überdies entscheidende moralische Normen, die üblicherweise während der Sozialisation ins eigene Moralsystem integriert werden. Von Pathologie zu sprechen, ist immer leicht, aber was sagt das schon? Man spricht in diesem Zusammenhang auch von (a)sozialen Störungen oder Verwahrlosung. Sie können als Gründe für von der Norm extrem abweichendes Verhalten genannt werden. Dass man einem anderen Menschen Gewalt antun kann, ohne dabei selbst zu leiden, scheint den meisten von uns unverständlich. Man sollte aber bedenken, dass diese Erscheinungen unter normalen gesellschaftlichen Bedingungen extrem selten sind. In Zeiten von Kriegen, Angst und extremer Not, welche meist von rapidem moralischen Verfall fast aller Beteiligter begleitet sind, steigt die Häufigkeit solcher Fälle.

Kehren wir zurück zum üblichen, im wahrsten Sinne des Wortes harm-, also schmerzlosen Versicherungsbetrug. Durch die enorme Anzahl an zu erledigenden Schadensmeldungen gelangt nur ein sehr geringer Anteil derselben zur Beanstandung und folglich zur Anzeige. Zur Aufdeckung von Betrug und *Betrugsabsicht*, der „inneren Tatseite", muss die Polizei oder das Gericht nachweisen, dass unrichtige Angaben, gefälschte Rechnungen, manipulierte Zeugenaussagen bei Autounfällen usw. vorgebracht wurden. Als Regel kann man wiederum festhalten:

Je mehr Menschen am Gefüge des Betrugsgeschehens beteiligt sind, desto eher können diese sich in Widersprüche verwickeln. An je mehr Details sie sich zu erinnern vorgeben, desto eher bieten diese Aussagen Angriffsflächen für clevere Kriminalistinnen und Kriminalisten. Wie sah die Straße aus? War es eine Einbahn? Welches Verkehrsschild haben Sie registriert? Stand da überhaupt eines? Hat es geregnet? Stark oder nur schwach? War der Scheibenwischer eingeschaltet? Wie spät war es? War es noch hell? Ja? Wie hell? Hätte man noch lesen können? Ja? Wieso wissen Sie das, haben Sie versucht, etwas zu lesen? Dieselben Fragen werden auch an etwaige Zeugen oder Mitwisser gestellt. Hier kommen auch die Forensik und das Fachwissen von Sachverständigen ins Spiel. Man sollte nicht vergessen, dass von der rasanten Entwicklung der gesamten Naturwissenschaften auch die zahlreichen Teilgebiete der Kriminalwissenschaften profitierten. In den letzten Jahren wuchs die Bedeutung dieser Wissensgebiete, auch wenn diese in US-amerikanischen Krimiserien oft als allzu potent dargestellt werden.

Ohne zu moralisieren, sollte man aber klarstellen, dass die erstaunlich hohe Versicherungsbetrugsrate sich auf die Dauer in hohen Prämien widerspiegelt. Die Kosten des Versicherungsbetrugs zahlen demnach alle Versicherungsnehmer, nicht die Versicherung. Das sollte man bedenken, wenn man dazu neigt, Versicherungsbetrug zu verharmlosen.

10. Einbrecher singen nicht

Zu meiner Zeit gab es in Polizeikreisen und der Unterwelt den gängigen Spruch: „Sagst du ja, bleibst du da, sagst du nein, gehst du heim." Dieser Spruch war sehr bekannt, unter anderem da er von Kriminellen gelebt wurde. Vor allem Einbrecher erzählten der Polizei über ihre Taten meist nichts. Gab es einen Kriminellen, der gegen diesen „Ehrenkodex" verstieß, also jemanden, der bei der Polizei seine Straftaten gestand und vielleicht sogar etwas über seine Komplizen erzählte, dann wurde das in der kriminellen Umgangssprache als „Verpfeifen" oder „Singen" bezeichnet. Man sagte dann, X habe Y bei der Polizei „verpfiffen" oder er hat bei der Befragung „gesungen". Solche Typen waren natürlich in der „Branche" „unten durch".

Es gab aber immer wieder sogenannte „Kieberer-Pärchen", die so gut aufeinander abgestimmt waren, dass sie die Technik und Strategie der Einvernahme aus dem „Effeff" beherrschten. Sie spielten dann gegenüber dem Verdächtigen eine Art Rollenspiel, das oft auch mit den Schlagwörtern „Good Cop – Bad Cop" tituliert wird. In der Regel verlief eine solche Befragung oder Einvernahme so, dass der „Bad Cop" mit der Befragung begann. Dieser Polizist trat besonders energisch, konsequent und unerbittlich auf. Mit ihm konnte man nicht spaßen, er zeigte „null Toleranz". Es war für so einen Kriminalbeamten natürlich ein Vorteil, wenn sein Äußeres diesem aufgesetzten charakterlichen Verhalten entsprach. Besonders geeignet waren daher jene Beamte, die schneidig, groß, körperlich kräftig und kantig wirkten. Musterbeispiele solcher Kriminalbeamten waren der gefürchtete „Rote" aus dem Bezirk Favoriten oder der „Lange" aus dem Sicherheitsbüro. Diese beiden Herren sorgten für Generationen und über Jahrzehnte hinweg für immer wieder neue Legenden. Mit Freude und angenehmem Schaudern erzählte man sich von ihren Heldentaten und wusste um ihr Können. Solche Kriminalbeamte kamen nicht einfach nur in das Zimmer, sie erschienen regelrecht. Sie strahlten unglaublich viel Kraft und Macht aus, man hatte einfach das Gefühl, „sie sind das Gesetz“ und das ist unumstößlich. Ich habe beide Männer erlebt und muss zugeben, dass sie die Gabe besaßen, sich in nahezu jedem Geschehen ins Zentrum zu stellen, dabei strahlten sie Autorität und Können aus und sorgten dafür, dass zielgerichtet und effizient gearbeitet wurde. Diese beiden Männer verschafften sich auch in der „Gegenwelt“, also bei den Kriminellen, gehörigen Respekt und wurden dort geachtet, aber auch gefürchtet.

Ähnliches erlebte ich im Diebstahlsreferat. Die Kriminalbeamten, die dort tätig waren, mussten ebenfalls „mit allen Wassern gewaschen sein“, weil die Clique der Einbrecherzunft nicht gerade harmlos war. Diese Kriminellen gehörten in den Sechziger-, Siebziger- und Achtzigerjahren zur Kernschicht der „Wiener Unterwelt“. Einbruch wurde damals quasi „exportiert“, österreichische Einbrecher waren daher in ganz Mitteleuropa tätig. Gelang es den Kriminalbeamten des Diebstahlsreferates, ein derartiges „Kaliber“ auszuforschen, festzunehmen und zu einem Geständnis zu motivieren, dann zählte das zu einem der großen Erfolge im Haus. Daher waren die Kriminalisten des Einbruchsreferates besonders stolz, wenn sie einen professionellen Einbrecher zu einer „Lebensbeichte“ bewegen konnten. Durch so ein Geständnis konnten jeweils Hunderte von Einbrüchen aufgeklärt werden. Manche Wiener Einbrecher waren vor allem auf Tresore „spezialisiert“. Diese „schweren Burschen“ wussten mit den Schweißgeräten und Sauerstoffflaschen umzugehen und wenn sie zuschlugen, dann ergab sich eine enorme Schadenssumme.

Der Wiener Kreis wurde in den Siebziger- und Achtzigerjahren langsam von den Banden aus dem Balkanbereich verdrängt. Mit den Gastarbeitern kamen auch Kriminelle aus dem ehemaligen Jugoslawien nach Wien, sie teilten die Stadt in Sektoren ein und die Einbrüche nach Gruppen auf. Das Einbruchsreferat stellte sich auf diese Entwicklung ein. Es wurden Kriminalbeamte eingestellt, die der serbischen und kroatischen Sprache mächtig waren. Diese Kriminalbeamten sorgten auch für Kontakte ins Milieu. Sie kannten die Lokale, die Wohngegenden, die Spielhöllen und die Freundinnen der neuen „Einbrechergeneration". Die Täter, die aus dem Balkanraum kamen, waren oft sehr gefährlich, da sie bewaffnet auftraten und nicht davor zurückschreckten, gegenüber den Kriminalbeamten von der Schusswaffe Gebrauch zu machen.

Solange man im Sicherheitsbüro die jeweilige Sprache der Kriminellen sprechen konnte, hatten wir eine hervorragende Aufklärungsquote, verglichen mit anderen europäischen Staaten. Das Einbruchsreferat klärte zwischen 40 und 45 Prozent der Einbrüche in Wien auf, unter anderem deswegen, weil auch hier das Spiel von „Good Cop" und „Bad Cop" ausgezeichnet funktionierte. Ein weiteres Erfolgsrezept war „Geben" und „Nehmen", denn damals konnte man gestrauchelten Tätern noch helfen. Man verschaffte beispielsweise Sichtvermerke, Beschäftigungen, Aufschub für ein Aufenthaltsverbot, Aufschub vom Strafantritt, sprach mit dem zuständigen Staatsanwalt und Richter, um ein Strafverfahren zu steuern, wenn es im Sinne der Aufklärung um weitere Straftaten ging und man damit die Sicherheit der Stadt gewährleistete. Dafür erhielt man von den Tätern entsprechende Informationen. Ohne Kontakte zur kriminellen Szene wird man übrigens nur bescheidene Aufklärungsquoten zustande bringen, heute ist es beispielsweise nur mehr so, dass sich die Aufklärungsrate nur noch zwischen fünf und sieben Prozent bewegt.

Wie man Einbrecher doch manchmal zum Singen bringt …

Gewohnheitsverbrecher oder gar in organisierten Gruppen zusammengefasste Kriminelle leben meistens in einer Parallelwelt, zumindest beruflich. In diesen externen Welten lebten früher aber nicht nur Kleinkriminelle, sondern auch Landstreicher, Hausierer und Bettler oder fahrendes Volk, wie Kesselflicker oder Tagelöhner. Kooperation und Konkurrenz – wie in der Wirtschaft – steuerten die Beziehungen untereinander. Man half einander und bekämpfte einander, damals wie auch heute noch. Informationen wurden weitergegeben, mal steckte ein Einbrecher einem Bettler eine Kleinigkeit zu, mal erhielt er dafür für ihn wichtige Informationen: Wann verlässt ein Wohnungsbesitzer üblicherweise sein Zuhause, wann können ein Einbruch und der Abtransport der Beute gefahrlos erfolgen? Heute ersetzt der handybestückte Einbrechergehilfe die Informationen des Bettlers. Gegenseitige Hilfe und Abhängigkeit sind die Verbindung nach innen, der gemeinsame Außenfeind markiert die Gruppengrenze.

Traditionell entwickeln Gesellschaften der Ausgeschlossenen daher auch eigene Zeichen und eine eigene Sprache. In den deutschsprachigen Ländern war die Sprache der Gauner seit dem späten Mittelalter das Rotwelsch. Diese Sprache hatte keine eigene Grammatik, war also eher ein lexikalischer Wortschatz, ein Jargon, und bestand aus mehr als 500 Wörtern. Aufbauend auf dem Mittelhochdeutschen integrierte dieser Jargon viele Worte aus dem Jüdischen, aus der Sinti- und Romasprache und weitere Ausdrücke, die dem Deutschen nahen Dialekten entstammten. Viele Bestandteile des jüdischen Wortschatzes kann man aus dem Hebräischen herleiten. Das Wort Gauner etwa kommt aus dem Hebräischen, denn

„*ganaf*“ heißt stehlen. Der noch heute gesprochene Wiener Dialekt enthält eine Vielzahl von Worten aus dem Rotwelsch: „Schmier stehen“ – Wache halten, „Hawara“ – der Freund, „Schmattes“ – das Trinkgeld, „Mos“ – das Geld, „ausbaldowern“ – auskundschaften und „tschinageln“ – arbeiten. Man könnte an dieser Stelle noch viele weitere Beispiele bringen.

Der geheimen Gaunersprache ähnlich entwickelten sich die Geheimzeichen, sogenannte Zinken. Historische Quellen gehen von rund 300 bis 400 Zeichen aus. Das Wort Zinke stammt höchstwahrscheinlich vom lateinischen „*signum*“: Zeichen, Merkmal. Man konnte etwa an einer Hausmauer unbemerkt eine Nachricht hinterlassen, ob da etwas zu holen sei, ob man für Geld Arbeit fände, ob es sich lohnt, „fromm zu tun“: recht untertänig, mit allerlei Gebeten auf den Lippen den Hausbewohnern milde Gaben zu entlocken. Oder ob hier gar ein Polizist wohne.

Heute, im Zeitalter von Handy und Internet einerseits und in Zeiten der neuen globalen Völkerwanderung andererseits, sind Zinken und das Rotwelsch als gemeinsame Geheimsprache radikal dem Untergang geweiht. Die gängigen Geheimsprachen sind nun die muttersprachlichen Dialekte der diversen Ethnien.

Parallelgesellschaften zeichnen sich durch bestimmte Lebensgewohnheiten, Verhaltensregeln und Kommunikationsformen aus. Kommen, wie bei den Kleinkriminellen, noch eine eigene Sprache und ein eigenes, geheimes Zeichensystem dazu, so kann man sich vorstellen, dass die gesellschaftlichen Außenseiter durch ein kräftiges Gefühl der Zusammengehörigkeit eng verbunden waren und sind.

Die Existenz gemeinsam gehüteter Geheimnisse oder das Wissen um gemeinsam verübte Untaten ist die stärkste Verbindung aller Netzwerke. Das sehen wir auch heute in modernen Netzwerken honoriger Leute.

Die diversen Gaunergesellschaften waren eine soziale Heimat, aber sie hatten auch praktische Bedeutung, denn nicht einmal ein kleiner Wohnungseinbruch ist heutzutage ganz alleine zu bewältigen. Üblicherweise muss jemand Schmiere stehen, für den Abtransport muss gesorgt werden und die Beute soll auch wohlfeil verkauft werden. Der Hehler ist immer Mitwisser, manchmal ist er gar Auftraggeber.

Es ist vermutlich einleuchtend, dass sich unter eben geschilderten Verhältnissen der Abgeschiedenheit und gegenseitigen Abhängigkeit eigene Moralsysteme und ein eigener „Ehrenkodex“ entwickeln müssen. Ein Ehrenkodex beinhaltet strenge Regeln und Verhaltensweisen, die sich für die Mehrheit der Gruppe, auf jeden Fall aber für die mächtigen Leader, auf lange Sicht als praktisch erwiesen haben. Dazu gehört es etwa, sich nicht gegenseitig zu verraten. Dass sich Menschen Regelsystemen unterwerfen, ist Ergebnis eines Zurichtungsprozesses, wir nennen ihn oft harmlos „Erziehung“. Insofern wird auch in unserer Mehrheitsgesellschaft „zugerichtet“, allerdings bei Weitem nicht so rigide wie in kriminellen Geheimorganisationen. Wie bei fast allen moralischen Vorstellungen müssen diese Regeln anfänglich unter Androhung von Strafen durchgesetzt werden. Die Mafiamorde stellen die extremste Form von Bestrafung dar und dienen zur Abschreckung jener, die es wagen sollten, aus der Reihe zu tanzen.

Die „höhere“ Form, sich mit Regeln zu identifizieren, ist es, das Einhalten derselben als Ehre zu erleben.

Später wurde das Rotwelsch, wie gesagt, von fremden Sprachen abgelöst, in den Siebzigerjahren kamen bereits Banden aus dem Balkan und es folgten andere. Immer wieder musste sich die Polizei mit Kräften versorgen, die der fremden Sprachen mächtig waren. Aber es war auch notwendig, die geheimen Regeln, die sich in ganz bestimmten Verhaltensweisen festmachten, zu kennen, um an eine bestimmte Gruppe Anschluss zu finden.

Die Polizei konnte immer dann erfolgreich in die Gesellschaft der „Outlaws“ eindringen, wenn man einem Informanten oder gar Überläufer quasi ein „neues Zuhause“ anbieten konnte. Das war notwendig, denn Menschen, die ohne Ersatz aus der gewohnten Umgebung herausgebrochen werden, erleben dies als sehr schmerzlich, fast als „sozialen Tod“. In seiner gewohnten Umgebung kann sich ein Überläufer oder sporadischer Informant gar nicht mehr oder nur sehr vorsichtig bewegen. Er braucht ein neues, sicheres soziales Umfeld, dieses kann allerdings schon die Freundschaft zu einem einzigen Menschen sein.

Es war oft langwierige, anstrengende Beziehungsarbeit, die ein Beamter verrichten musste, um das Vertrauen eines Verdächtigen nachhaltig zu gewinnen. Ich habe im Alter von rund 25 Jahren – ich studierte damals und machte Musik – über einige Wochen einen aus der Haftanstalt Stein entlassenen Mörder betreut. Nachdem er entlassen wurde, rief er mich fast täglich an, wegen jeder Kleinigkeit wollte er sich mit mir beraten. Nach vielen Jahren in Stein war er total verunsichert. Es ist schier unglaublich, was er mit mir alles besprechen wollte. Welchen Eiskasten er sich kaufen solle, ob er sich eine neue Frisur zulegen solle, und vieles mehr. Ich musste den Kontakt abbrechen, weil ich wirklich überfordert war. Diese Einfügung soll veranschaulichen, was ich meine, wenn ich von *anstrengender* Beziehungsarbeit spreche.

Informanten saßen immer zwischen zwei Stühlen, was nicht ungefährlich war, oder sie entschieden sich eben gänzlich dafür, aus dem Milieu zu auszusteigen. Manchmal war das gute Verhältnis zu Polizisten von handfesten „Geschäften“ untermauert und das erleichterte den Umstieg.

Aus diesen Begegnungen entstanden die bekannten Zwillinge Polizeibeamter – Gauner. Dass die Nähe dieser beiden Systeme Gefahren birgt, konnten wir in den vergangenen Jahren innerhalb der Wiener Polizei öfters beobachten, insbesondere das Rotlichtmilieu ist hier wohl sehr verlockend, man kann sich denken, warum.

Es gibt auch noch die Zwillinge „Good Cop – Bad Cop" bei der Polizei. Ich habe über die Vorteile und möglichen Nachteile dieser Verhörmethode in meinem Beitrag zum Kapitel „Der Exhibitionist" bereits geschrieben. Allgemein kann hier noch angemerkt werden: So wie sich spezielle Sozialisationsmuster und die individuelle Lerngeschichte bei Kriminellen in bestimmten Fähigkeiten, Unfähigkeiten und Verhaltensmustern niederschlagen, so ist es auch bei Polizeibeamten. Ist jemand groß, kräftig und „schneidig" und hat er gelernt, Dominanz zu zeigen und glaubhaft zu gestalten, wird er meistens, solange ihm der Erfolg Recht gibt, dieses Verhalten immer wieder zeigen. Das gilt für Frauen wie für Männer. Man kann aber mit bestimmten eindimensionalen Verhaltensmustern auch „auf die Schnauze fallen". Auf lange Sicht werden bei Verhören jene Menschen erfolgreich sein, die in ihrem Verhalten über ein großes Repertoire verfügen und dieses dem Gegenüber und der Situation angemessen zur Anwendung bringen können. Ein großes Repertoire bedeutet verschiedene Jargons zu beherrschen, verschiedene kulturelle Codes zu kennen, bei jedem Gegenüber den richtigen Ton zu treffen, zu wissen, ob man mit Strenge oder Milde zum Erfolg kommt, Strategien im richtigen Moment wechseln zu können usw.? Aber auch Fachwissen kommt gut an. Man beeindruckt sein Gegenüber, wenn man eine gewisse Ahnung vom „Fach" hat. Wie knackt man ein Auto, wie öffnet man einen Tresor, wie überlistet man eine Alarmanlage usw. Das lernt man im Umgang mit Kriminellen, wenn man sich für sie und ihr Handwerk interessiert. Wenn dann noch Kenntnisse der Psychologie und der Kriminalsoziologie dazukommen, hat man erheblich bessere Chancen, Verbrecher erfolgreich zum „Singen“ oder „Verpfeifen“ zu bringen.

11. Die „Schwäche“ der Terroristin

Mitte der 1970er-Jahre stand Mitteleuropa, insbesondere Deutschland, unter dem massiven Druck terroristischer Aktivitäten. Als Folge der 1968er-Bewegung versuchten militante junge Menschen die „Wende des Kapitalismus“ mit brutalen Attentaten herbeizuführen. Die Auswirkungen dieses Terrorismus lernten wir auch in Wien kennen, so kam es beispielsweise 1976 in Wien zu einem brutalen Bankraub. Zwei maskierte Täter, ein Mann und eine Frau, stürmten mit Pistolen bewaffnet in eine Bank. Die beiden Täter hielten fünfzehn Bankangestellte und zehn Kunden in Schach und zwangen den Hauptkassier, das gesamte Geld aus dem Tresor zu räumen und in Plastiksäcke zu füllen. Die Täter erbeuteten an die drei Millionen Schilling (ca. 220.000 Euro). Die flüchtenden Bankräuber wurden von Passanten verfolgt. Ein Polizist versuchte den Tätern den Weg abzuschneiden, woraufhin die Frau sofort das Feuer auf ihn eröffnete. Der Beamte wurde verletzt, schoss aber dennoch zurück, worauf der zweite Täter ihn ebenfalls unter Beschuss nahm. Der Polizist musste in Deckung gehen. Auch ein weiterer Sicherheitswachebeamter konnte die Bankräuber nicht stoppen. Als die Täter sich eines Taxis bemächtigen wollten, gab der Taxilenker Gas, fuhr die Frau an und konnte sie so außer Gefecht setzen. Die Polizei nahm die Bankräuberin fest, während ihr Komplize flüchtete. Bei der Frau handelte es sich um die berüchtigte Terroristin Waltraud B.

Als die Täterin ins polizeiliche Gefangenenhaus überstellt wurde, trat sie sofort in Hungerstreik und verweigerte zudem jede Kommunikation mit den Kriminalbeamten. Für die Terroristen war der Bankraub in Wien eine reine Geldbeschaffungsaktion. Ihre politisch motivierten terroristischen Aktionen (wie Geiselnahmen, Entführungen, Bombenattacken, Bankraubüberfälle) waren ihr Krieg gegen „das Establishment", als deren Werkzeuge sie Polizisten betrachteten. Es war zu befürchten, dass Waltraud B. von ihren Gesinnungsgenossen befreit werden könnte, daher wurden erstmals massive Objektschutzmaßnahmen bei öffentlichen Gebäuden vorgenommen. Die Polizeigebäude wurden bewacht und man erwartete weitere terroristische Angriffe in Österreich.

Zunächst befassten sich die Kriminalbeamten des Raubdezernates im Sicherheitsbüro mit der Bankräuberin Waltraud B., danach versuchten die Staatspolizisten zu einem Gespräch zu kommen. Die Kriminalbeamten bissen sich zunächst „die Zähne" an der Verdächtigen aus, da sie mental derart indoktriniert war, dass sie jeder Versuchung, eine Aussage zu machen, widerstand. Mitte der 1970er-Jahre war es, wie bereits erwähnt, rechtlich noch möglich, primäre Arreststrafen zu verhängen. Von dieser Möglichkeit wurde auch bei der Bankräuberin Gebrauch gemacht und so hatte man sie längere Zeit in Polizeigewahrsam und musste Waltraud B. nicht bereits nach 48 Stunden der Verfügungsgewalt des Gerichtes überstellen. Taktisch sehr klug griffen die Vernehmungsspezialisten zu einer ganz einfachen Vorgehensweise: Sie wählten einen sehr kräftigen Kriminalbeamten aus, der gerne und viel aß, und setzten ihn zu ihr in die Gefangenenzelle. Dort versuchte der Kriminalbeamte mit ihr ein Gespräch zu beginnen und aß nebenbei ein köstliches Wiener Schnitzel. Das war auch für Waltraud B. einfach zu viel. Allein der Geruch der Speise erweichte sie derart, dass der Hunger sie übermannte und sie kräftig zulangte. Das Eis war gebrochen und man konnte mit der gefürchteten Terroristin vernünftig sprechen. Waltraud B. wurde zu 12,5 Jahren Haft verurteilt und hat mittlerweile ihre Strafe verbüßt.

Überzeugungstäter, Schuldeinsicht, Gruppendruck und allzu menschliche Bedürfnisse

Am 2. April 1968 brannte es in zwei Kaufhäusern in Frankfurt am Main. Der Sachschaden war nicht sehr groß, Menschen wurden nicht verletzt. Es war die erste Tat der RAF. Nachdem die Polizei in der Nähe der Brandherde jeweils Plastikflaschen und einen Wecker gefunden hatte, ging sie von Brandstiftung aus. Wenn es keine Hinweise gegeben hätte, dass die Tat eine politische Manifestation gegen den Vietnamkrieg sein sollte, wäre die Polizei lange im Dunkeln getappt. Die Frage „Cui bono?" oder „Wem nützt es?" hätte in andere Richtung gelenkt. Ein Versicherungsfall? Waren die Kaufhausbesitzer in Geldnot? Ein Racheakt? Wer will sich rächen? Etwa ein entlassener Angestellter am Arbeitgeber? Oder war es vielleicht ein sogenannter Pyromane? Die erste Frage der Ermittler zielt immer darauf ab, wer einen plausiblen Grund für die Tat haben könnte. Politisch motivierte Verbrechen waren damals selten, wahrscheinlich hätte man nicht in diese Richtung ermittelt. Aber nach einem schrecklichen Kaufhausbrand in Brüssel 1967, bei dem 322 Menschen ums Leben kamen, kursierten Flugblätter aus linken Kreisen, die auf den Kaufhausbrand und auf den Vietnamkrieg Bezug nahmen. Durch Hinweise aus der Szene konnten die vier Täter bald gefasst werden.

Dennoch zeigte sich, dass Delikte, die von politisch motivierten Terroristinnen oder Terroristen begangen werden, unter speziellen Gesichtspunkten zu betrachten sind. Das Motiv ist ungewöhnlich, da es nicht oder nur sehr indirekt um einen *individuellen* Gewinn geht. Dieser Umstand ist bei Verbrechen üblicherweise selten zu finden. Die Frage „Cui bono?“ führt daher manchmal auch in die falsche Richtung. Die Einstellung der meisten politischen Terroristen zum Rechts- und Moralsystem unserer Gesellschaft ist extrem kritisch. Oft aus der gebildeten Oberschicht kommend haben sie fundierte, in vielen Diskussionen geschärfte Argumente für die Richtigkeit ihres Handelns. Schuldeinsicht, moralische Skrupel und daraus resultierende Unsicherheit ist bei ihnen nicht zu erwarten. Das machte die Verhöre extrem schwierig. Auf viele, auch auf knifflige Fragen gaben sie durchdachte Antworten. Die meisten „üblichen“ Verbrecher wissen, dass sie Unrechtes getan haben. Sie bringen als Entschuldigung eventuell individuelle Notsituationen vor. Aber politisch motivierte Täter fühlen sich selbst im Recht, die wahren Übeltäter hingegen waren für sie die Polizeibeamten, die als „Büttel des Ausbeuterstaates“ bezeichnet wurden. Für Kriminelle sind Polizisten persönliche Gegner, und zwar aus Selbstschutz. Sie wollen weder ihrer Untat überführt werden noch die Strafe dafür büßen. Für politische Straftäter ist die Polizei ein *systemischer* Feind. Man kommunizierte nicht, verachtete den Gegner, hielt ihn für verblendet. Daher war es für die Beamten der Einvernahme oft vollkommen unmöglich, irgendeine Beziehung aufzubauen. Das änderte sich übrigens nach einigen Jahren, als manche der Terroristen ihren politisch gewalttätigen Weg als gescheitert anerkennen mussten. Man kann annehmen, dass diese Einsichten zu schmerzlichen inneren Konflikten geführt haben, besonders dann, wenn bei Taten Menschen zu Schaden gekommen waren.

Von diesem Zeitpunkt an gab es auch Kooperationen von RAF-Terroristen mit der Behörde.

Ähnlich wie bei Überläufern der Mafia musste man den Informanten neue Identitäten verschaffen, um sie vor der Rache der eigenen Organisation zu schützen.

Menschen in terroristischen oder geheimen Gruppen verbindet aufs Engste ein mit allen positiven und negativen Seiten versehenes Wir- oder Gruppengefühl. Hier können wir übrigens Parallelen mit dem „Organisierten Verbrechen", der Mafia oder ähnlich strukturierten kleineren Banden erkennen. Die Gruppendynamik und manche psychischen Grundmuster sind in diesen Organisationen strukturell ähnlich. Die Außengrenzen des Systems sind hermetisch verschlossen. Ein Überlaufen ist praktisch unmöglich, privater Rückzug ebenso: mitgegangen – mitgefangen – mitgehangen. Niemand durchschaut die gesamte Organisation, man kennt nur die Verbindungsleute. Großes Misstrauen kennzeichnet daher fast alle Beziehungen. Ich denke, dass diese Menschen unter ständigem sozialen Stress stehen und manchmal aber auch, nach erfolgreichen Coups, vom berauschenden „Ich-bin-die-Größte-Gefühl" überflutet werden.

Schuldeinsicht kann man sich nicht erwarten. Die terroristischen Aktivitäten der RAF waren theoretisch-ideologisch begründet und breit fundiert. Die RAF verfasste und verbreitete viele Dokumente, um der Öffentlichkeit meist in einer völlig unverständlichen Sprache die Beweggründe ihres Handelns darzulegen. Die Ziele waren sehr hoch gesteckt: „Beendigung des Vietnamkrieges“ oder „Beseitigung der kapitalistischen Ausbeuterordnung“. Diese Menschen waren sicher durchdrungen von missionarischem Eifer und nur in den seltensten Fällen waren es schnell angeheuerte Abenteurer. Erst nach einem mehr oder weniger längeren demokratisch-politischen Weg schlugen sie die Richtung des konspirativen Terrorismus ein. Ich denke, die Kenntniss all dessen ist wichtig, um zu verstehen, warum deren ideologisches Gebäude so unbeugsam stabil war. In der festen Überzeugung, das Richtige zu tun, kann es keine Schuldeinsicht geben. Auch hier ging es den Tätern um eine Rechtsabwägung. Eine übliche Frage auch in abstrakten Moraldebatten ist: Darf man ein kleines Übel begehen oder in Kauf nehmen, um ein großes zu verhindern? Sehr verkürzt: Darf man eine Bank ausrauben um, den Vietnamkrieg zu beenden? Ist es nicht gerechtfertigt, einen Menschen zu töten, um Tausende vor einem möglichen Tod zu schützen? Grundsätzlich würde die Ermordung Hitlers dasselbe moralische Dilemma betreffen. Also dass ein Bankraub an sich unrecht ist, darüber konnte man unter Umständen schnell Einigkeit erzielen. Er ist unrecht. Die Frage lautet aber, gegen welches Unrecht er aufgewogen wird.

Man kann sich vorstellen, dass der Stress und der Gruppendruck diese Menschen einerseits sehr belasten, aber andererseits die Vorstellung, die Welt in ungeheurer Weise verändern zu können, ihnen unheimlich viel Kraft gibt, diese Belastungen auch zu ertragen.

Kommen wir nun zu der Frage, wieso der „Wiener-Schnitzel-Trick“ gut funktioniert hat.

Ich kann klarerweise nur Vermutungen anstellen, aber das vorher Beschriebene macht meine Hypothesen recht plausibel. Für Frau Waltraud B. waren durch die Untersuchungshaft, noch dazu im Ausland, die Verbindungen abgerissen. Das Band der Gruppe war aufgelöst. Sie ahnte, dass ihr eine Gefängnisstrafe von vielen Jahren drohte. Immerhin hatte sie schweren Raub mit schwerer Körperverletzung begangen. Man könnte sogar auf Tötungsabsicht klagen, sie stand also auch unter dem Verdacht des versuchten Mordes. Mit Terroristen war man damals nicht zimperlich. Die Gefahr, aus der Gruppe verstoßen oder gar bedroht zu werden, lag in weiter Ferne. Ich weiß nicht, wie gefestigt Frau B. tatsächlich in ideologischer Hinsicht war. Sie war erst ein paar Jahre bei der RAF und seit zwei Jahren verheiratet. Mit rund 25 Jahren war die Vorstellung, viele Jahre hinter Gitter zu verbringen, sicher extrem frustrierend. Die Polizei ahnte, dass man dieser Täterin nicht „auf moralisch kommen" konnte. Fast zum Glück griff Frau B. zu dem damals beliebten Versuch, durch Hungerstreik Druck zu erzeugen. Ein Mensch in existenzieller Bedrohung, der Hunger leidet, fällt sehr leicht in eine kindliche Gefühlslage zurück. Die Psychologie lehrt uns, dass die emotionalen Zustände meistens auch die kognitiven, geistigen bestimmen. Wenn man etwa Angst hat, wie man als Kind Angst gehabt hat, dann denkt man auch fast wie ein Kind. In Verhören kann man dieses Phänomen bewusst herbeiführen, der „Bad Cop" arbeitet mit der Angst, er droht, beschreibt die harten Haftbedingungen, warnt vor quälenden, stundenlangen Befragungen. Was erreicht man damit, dass man einen Delinquenten in Angst und Schrecken versetzt? Ich habe darüber auch in meinem Beitrag zum Kapitel „Der Exhibitionist" geschrieben. Es kann sein, dass man ein Geständnis erzwingt, dieses kann allerdings auch ein falsches sein. Statistisch betrachtet, spielen falsche Geständnisse in Deutschland und Österreich keine bedeutende Rolle, in den USA ist das anders. Hier gibt es einige spektakuläre Fälle, in denen bedrohliche, aggressive Verhöre

Menschen jahrelang unschuldig hinter Gitter brachten. Besonders bekannt ist der Vergewaltigungsfall im Central Park in New York aus dem Jahr 1989. Fünf Teenager zwischen 14 und 16 gaben unter Druck zu, die joggende Börsenmaklerin Trisha Meili vergewaltigt zu haben. Ihre Geständnisse wurden auf Video aufgezeichnet. Obwohl die jungen Menschen ihre Geständnisse vor Gericht wieder zurückgezogen hatten, wurden sie trotz recht „wackeliger" Beweislage aufgrund ihrer Geständnisse verurteilt. Sie verbrachten 13 Jahre im Gefängnis, bis sich der echte Täter der Polizei stellte. In Experimenten, die Saul Kassin und Rebecca Norwick durchführten, zeigte sich recht eindeutig, dass die meisten Menschen bei aggressiven Verhörmethoden eher „zumachen". Erfolgreich ist es hingegen, Vertrauen herzustellen, zu verstehen, dann erst Verständnis zu *zeigen*, keine Vorverurteilungen auszusprechen und jene „Türe" zu finden, die Zugang zum Gesprächspartner verschafft.

Ich möchte noch auf den von Max Edelbacher erwähnten köstlichen Geruch des Wiener Schnitzels eingehen, denn auch dieser scheint von einiger Bedeutung gewesen zu sein. Der Geruchssinn kann fast als der ursprünglichste Sinn, den wir haben, bezeichnet werden. Gerüche wirken am schnellsten auf unsere Stimmungen – von ihnen geht oft starker Ekel, aber auch die herrlichste Lust aus.

Jeder kann sich wohl leicht vorstellen, dass ein verzweifelter, einsamer Mensch, in Erwartung einer hohen Haftstrafe in einem fremden Land, wo kaum Besuch zu erwarten ist, hungrig auf die Verhandlung wartend weich wird, wenn er ein köstliches Wiener Schnitzel riecht und sieht. Bei Kettenrauchern, denen nach langer aufgezwungener Abstinenz endlich ein Glimmstängel angeboten wird, werden ähnliche Gefühle wach. Es ist, wie man es auch aus den Filmen kennt, meist die Aufgabe des „Good Cop", eine Zigarette anzubieten.

Und wenn der Bann einmal gebrochen ist, die selbst auferlegte Panzerung fällt, dann wird gegessen, geraucht und auch gesprochen.

12. Wie geht man mit Geiselnehmern um?

Eine Geiselnahme verursacht immer eine deutliche Anspannung bei der Polizei. Meist stellt sich so eine Situation zu Beginn sehr bedrohlich dar. Man kann den Geiselnehmer nicht einschätzen, fürchtet um das oder die Opfer, soll eine möglichst schonende Vorgangsweise wählen und muss dafür sorgen, dass die Geisellage stabil vor Ort bleibt, nicht mobil wird und auch keine weiteren Personen gefährdet werden. Geiselnahmen sind deshalb sowohl für die Polizeiführung als auch für die Einsatzkräfte, vor allem für das Verhandlungsteam, immer eine große Herausforderung. Die wichtigste Aufgabe ist dabei die Herstellung einer funktionierenden Kommunikation zwischen Polizei und Geiselnehmer. Dafür wurde der sogenannte „Wiener Weg" entwickelt, dessen Kerngedanke es ist, die Lage so weit wie möglich zu de-eskalieren, wobei erfahrene Psychologen die Polizei vor Ort beraten und unterstützen (Ziel ist eine friedliche Lösung unter Vermeidung von Waffeneinsatz). Der zentrale Aspekt der Gesprächsführung des „Verhandlungsteams" ist jener, dass nur ein Sprecher ständig mit dem oder den Geiselnehmer(n) in Kontakt bleibt. Die Erfahrung bei solchen Fällen zeigt, dass die Reduktion der Gesprächsführung auf eine Person eine wichtige Vertrauensbasis schaffen kann. Erstes Ziel des Verhandlungsteams ist es, die gestellten Forderungen zu erfahren, dazu beizutragen, dass die Opfer verschont werden, und wenn möglich eine friedliche Lösung der Geisellage anzustreben.

Ich erzähle nun von einer Geiselnahme in einem Geschäftslokal in der Brigittenau. Der Täter stellte seine Forderungen (Geld, Fluchtfahrzeug und freier Abzug bzw. Rückzug der Polizei), der bekannte Wiener Psychologe Willibald Sluga kam zum Tatort, hörte sich das Gespräch zwischen der Polizei und dem Täter an – es handelte sich um einen echten „Wiener Strizzi" – und meinte dann nur: „Da kann ich nichts dazu beitragen, ihr habt die adäquateste Sprache gefunden." Die Verhandlungen wurden damals im breitesten Wiener Dialekt, also in der einfachen Umgangssprache, geführt. Willibald Sluga sollte recht behalten, die Geisellage konnte friedlich gelöst werden.

Nicht immer gehen Geiselnahmen so gut aus. Bei einem anderen Fall raubte ein Mann eine Bank aus und nahm dabei ein Alarmpaket mit, das explodierte. Auf der Flucht traf der Bankräuber vor einem Kindermodengeschäft auf einen Polizisten, der gerade die Schulwegsicherung durchführte. Dieser versuchte ihn zu stellen, woraufhin der Täter auf ihn schoss und ihn tötete. Der Bankräuber flüchtete in das Kindermodengeschäft und verschanzte sich dort. Er nahm zunächst drei Frauen und ein fünfjähriges Mädchen als Geiseln. Die Polizei traf am Tatort ein, umstellte das Geschäft und versuchte den Täter zum Aufgeben zu bewegen. Zunächst schien die Geisellage friedlich lösbar zu sein, der Geiselnehmer ließ nach längeren Verhandlungen die Mutter mit dem fünfjährigen Kind frei. Dann wendete sich das Blatt jedoch drastisch, denn der Täter hatte im Kindergeschäft die Möglichkeit, Radio zu hören, und erfuhr dadurch, dass er den Polizisten erschossen hatte. Er wurde zusehends nervöser und forderte zwei Millionen Schilling (ca. 146.000 Euro) sowie ein Fluchtfahrzeug.

Die Täteranalyse, die auf Basis der Gespräche die das Verhandlungsteam mit ihm geführt hatte, erstellt wurde, ließ vermuten, dass es sich bei dem Täter um einen Angehörigen der Wiener Unterwelt handeln musste, was bedeutete, dass er als besonders gefährlich einzustufen war. Als der Täter den Eindruck erweckte, dass er aufgeben würde – er ließ die restlichen Geiseln frei –, wollte ihn die Polizei aus dem Geschäft herausholen. Das war der entscheidende Fehler, denn der Täter schoss sofort auf einen Oberst, der nur mit viel Glück überlebte. Ein Handy, in dem die Kugel stecken geblieben war, rettete ihn vor der tödlichen Wirkung der Kugel. Für den Täter war die Lage wohl aussichtlos, er sah wohl keinen Ausweg mehr aus dieser Lage, in die er sich selbst gebracht hatte. Nachdem er auf den Oberst geschossen hatte, tötete er sich selbst.

Organisationskultur und psychologisches „G'spür" in einer heiklen Lage

Eine Geiselnahme kann grundsätzlich aus zwei Gründen erfolgen: Entweder ist die Geiselnahme Teil des ursprünglichen Verbrechensplans oder sie erfolgt spontan, ungeplant, weil sich das Geschehen anders als beabsichtigt entwickelt. Unter bestimmten Umständen werden beispielsweise im Verlauf einer Verfolgungsjagd Geiseln genommen. Eine Entführung mit dem Ziel, Lösegeld zu erpressen, ist einer geplanten Geiselnahme nicht unähnlich. Auch politisch motivierte Entführungen, wie sie etwa von der RAF praktiziert wurden, fallen in diesen Bereich und gehören zur ersten Gruppe der vorbereiteten Geiselnahmen.

Die Einschätzung, um genau welche Art von Verbrechen es sich handelt und in welchem geistigen und emotionalen Zustand sich der Geiselnehmer befindet, ist von hoher Wichtigkeit. In diesen heiklen Situationen werden von der Polizei Teams zusammengestellt, denn die sich daraus ergebenden Aufgaben sind tatsächlich komplex und können sich manchmal auch sehr rasch verändern. Das trifft dann zu, wenn der Geiselnehmer mitsamt den Geiseln ständig Ort und Fahrzeug wechselt. Üblicherweise plant die Polizei in zwei Richtungen: Erstens fasst man die sogenannte *friedliche* Lösung ins Auge und diese ist für alle Beteiligten die bessere Lösung. Man versucht dabei zu erreichen, dass der Geiselnehmer sein Unterfangen beendet, sich ergibt und das oder die Opfer freilässt. Zweitens arbeitet man sofort und gleichzeitig an einem Plan B. Man rechnet mit einer gewaltsamen Lösung oder strebt gar eine an, um die Geisel(n) zu befreien. Die Planungen verlaufen parallel, die Gespräche, die man mit dem Geiselnehmer führt, dienen *beiden* Plänen. Man versucht ein gewaltloses Ende der Geiselnahme herbeizuführen, erkundet aber in den Gesprächen schon die Möglichkeiten für Plan B. Vernünftigerweise muss die Behörde in einer prekären, unüberschaubaren Situation beide Optionen im Auge behalten.

Im Krisen- und Planungsteam sind unterschiedliche Spezialistinnen notwendig. Es braucht die Einsatzleitung von bewaffneten Spezialtruppen – in Österreich etwa die Cobra, des Weiteren Psychologen, Juristinnen, Logistiker, Ärztinnen. Für die Gruppe der Psychologen ist es wichtig, die Verfassung des Geiselnehmers ebenso wie jene der verschiedenen Geiseln abzuschätzen und ein mögliches Belastungsprofil zu erstellen. Ärztinnen haben mögliche gesundheitliche Folgen im Auge, hier geht es bei länger dauernden Geiselnahmen auch um so profane Dinge wie

Essen, Trinken, Wärme und Hygiene. Manchmal sind Beteiligte von Medikamenten abhängig, dabei sind Einschätzungen notwendig, wie sich Unterversorgung möglicherweise auswirken könnte. Da sich die Lösungsansätze von Geisellagen oft nur „in Rufweite des Gesetzes" bewegen, ist die Beratung durch juristisch gebildetes Personal unumgänglich. Ich glaube übrigens, dass noch kaum eine wie auch immer geartete Lösung eines Geiseldramas ohne Gesetzesbruch vonstatten ging.

Die Logistik betrifft unter anderem die Frage der Entscheidungswege. Sind die Verantwortlichen der verschiedenen Behörden jederzeit erreichbar und sind die Kräfte vor Ort befugt, eigene Entscheidungen zu treffen? Hier geht es zentral um Kommunikation im Inneren. Neuerdings ist der Umgang mit den Medien sehr wichtig geworden. Wie informiert man sie und hält sie gleichzeitig fern? Das ist die relevante Kommunikation nach außen. Die Geisellage von Gladbeck 1988 hat zu einem ziemlich radikalen Umdenken in der Strategie zur Bewältigung von ähnlich komplizierten Situationen geführt.

Nach einem Banküberfall bemächtigten sich damals die zwei Täter mehrerer Autos. Sie nahmen diverse Geiseln, ließen welche frei und nahmen neue. Die Verfolgung und Verhandlung dauerten mehrere Tage, führten durch Teile Deutschlands und der Niederlande und endeten schließlich mit mehreren Toten. Während der Flucht hatten die Geiselnehmer engen Medienkontakt, man sagt, sie hätten mehr mit den Medien als mit der Polizei verhandelt. Selbst im gestohlenen Pkw fuhr ein Zeitungsmann mit den Geiselnehmern mit. Die Medien störten die Arbeit der Polizei dabei beträchtlich. Man kann in diesem Zusammenhang von einer ziemlich misslungenen, fehlerhaften Aktion der Polizei sprechen. Sie war über weite Strecken nicht Herr der Lage. Auch im Bericht von Max

Edelbacher spielt das Radio eine gewichtige Rolle. Als der Geiselnehmer nämlich durch die Nachrichten erfuhr, dass ein toter Polizist auf sein Konto ging, „wendete sich das Blatt". Es ist verständlich, dass die Entscheidung, die ein Verbrecher trifft, ob er etwa aufgibt oder nicht, davon abhängig ist, ob er nach der Aufgabe ein paar Jahre oder lebenslänglich hinter Gittern sitzt.

Die Logistik betrifft aber noch einen dritten Bereich. Es geht darum, Nahrungsmittel, Medikamente, Kleidung, Fahrzeuge usw. zu beschaffen und bereitzustellen. Oft werden solche Fahrzeuge mit Peilsendern oder anderen High-Tech-Ausrüstungen versehen. Diese Dinge müssen in Windeseile vorbereitet werden.

Obwohl die Gruppe der Fachleute, die für eine Geiselbefreiung zusammengestellt wird, eine erstaunliche Größe annimmt, erweist sich als vorteilhaft, dass nur ein Verhandler persönlichen Kontakt zum Geiselnehmer pflegt.

Man bestimmt eine erfahrene Person, die die Sprache des Geiselnehmers spricht und die dessen Jargon beherrscht. Je mehr persönliche Details man aus der Biografie des Täters kennt, desto besser kann man ein Vertrauensverhältnis aufbauen. Manchmal kennen „g'standene Kieberer" und „g'standene Verbrecher" einander schon seit Jahren. Man kann dann über vertraute Dinge sprechen: „Kannst du dich noch erinnern, wie ...?", Botschaften von Freunden und Verwandten überbringen: „Ich habe gerade mit deinem Bruder telefoniert, er rät dir ...", und dergleichen. Dazu muss man natürlich wissen, wie das Verhältnis zum Bruder ist, denn sonst könnte der Schuss nach hinten losgehen. Allerdings ist es eher ein Glücksfall, wenn man ausreichende Kenntnis über den Geiselnehmer hat. Bei politisch motivierten Geisellagen war das nie der Fall. Die Verhandlerin oder der Verhandler versucht, die psychische Situation des Geiselnehmers einzuschätzen. Ist er verzweifelt und daher zu allem bereit? Kann man ihm glaubhaft Hoffnungen machen? Meistens sind diese Zustände sehr labil, ändern sich häufig, abhängig etwa von körperlicher Ermattung oder Hunger. Auch Kleinigkeiten können einen ohnehin schon sehr nervösen Täter zusätzlich strapazieren. Schreiende Kinder, weinende Geiseln, blitzende Kameras, herumfuchtelnde Einsatzleiter. Wichtig ist es, den Täter in ein Gespräch zu ziehen, ihn sprechen zu lassen, Interesse zu bekunden, vorerst keine Ratschläge zu geben, sondern hauptsächlich zu fragen und gut und geduldig zuzuhören – das ist meistens ein erfolgreiches Konzept.

Was kann man anbieten? Wie kann man einen hoffnungslosen Geiselnehmer doch noch zur Aufgabe überreden? Die wichtigste Aufgabe des Verhandlers ist es, den Geiselnehmer in einen vernünftigen und halbwegs angstfreien Zustand zu versetzen. Nur dann ist es möglich, die beiden Alternativen gemeinsam gedanklich durchzugehen. Das Moment der Strafminderung durch „tätige Reue“ wird dabei sicherlich die entscheidende Rolle spielen. Man kann einem Täter vorrechen, welche Strafe er zu erwarten hat, wenn er die Sache durchzieht, weitere Straftaten begeht und letztlich doch dem Richter vorgeführt wird. Hingegen könnte eine sofortige Aufgabe als Reue gedeutet werden und das würde sich in einer milderen Strafe niederschlagen. Dies ist eines der wesentlichen Argumente, die in Verhandlungen und Verhören ständig und auch berechtigterweise vorgebracht werden.

Die entscheidende Frage bezüglich des zu erwartenden Strafausmaßes ist freilich, welche Taten während der Geiselnahme schon begangen wurden und in welcher Weise der Geiselnehmer bereits strafrechtlich vorbelastet ist. Dass die Geiselnahme, von der Max Edelbacher berichtet, mit einem versuchten Mord und anschließendem Selbstmord endete, hat sicher mit dem getöteten Polizisten zu tun.

Bei politisch motivierten Geiselnahmen, wie beispielsweise der berühmten Münchner Geiselnahme 1972 während der Olympiade, die ganz verheerend mit vielen Toten endete, gehen die Täter oft mit einer „Alles oder Nichts"-Einstellung vor. Sie wollen ihr Ziel erreichen oder in den Tod gehen. In so einem Fall gibt es nicht viel anzubieten.

13. Frauen im Zentrum der Ermittlungen

Das Spannende am Polizeiberuf war die Möglichkeit, in viele an sich unzugängliche Bereiche aus beruflichen Gründen eindringen zu können und hier aus erster Hand Informationen zu bekommen. Das Rotlichtmilieu übt unbestreitbar seine Faszination auf die meisten Menschen aus. Als Polizist muss man sich aber immer vor Augen halten, dass gewisse Grenzen nicht überschritten werden sollten und ein zu „enger Kontakt" zwischen Rotlicht und Blaulicht nicht gerade gern gesehen ist. Dieses Grundverständnis dürfte in den Zeiten der Polizeireform, vor allem in Wien, zwischen den Jahren 2003 und 2006, bei bestimmten Personen verloren gegangen sein. Jene, die diese Grenzen missachtet haben, bekamen dafür allerdings sehr bald die Rechnung präsentiert.

Die wohl aufregendsten Erfahrungen im Rotlichtmilieu machen jene „Damen des leichten Gewerbes", die als Dominas tätig sind. Nach meinen Erfolgen in der Bekämpfung der Kraftfahrzeugdiebstähle wurde mir ein weiteres zusätzliches Betätigungsfeld ganz anderer Natur zugeteilt: Ich war für einen Teil der Verwaltungsstrafagenden des Prostitutionswesens zuständig.

Bald wurde mir aufgrund dieser Funktion klar, dass es sich bei einer „Domina“ um eine besondere Dienstleisterin, quasi der ausgefallenen „Klasse“, handelt. Die bestimmte Domina, von der ich nun erzählen werde, hatte in ihrem Arbeitsfeld den Ruf, eine besonders exklusive Attraktion zu sein. So wirkte sie auch, wenn man ihr einmal gegenüberstand. Wenn sie in das Sicherheitsbüro kam, fiel sie schon beim Betreten des Hauses auf. Die Art ihres Auftretens glich einer Show, sie trug stets teure Kleidung, das Aussehen und ihr Schick unterschieden sie deutlich von anderen Prostituierten. Sie trug ins Gesamtbild passende, ausgewählte Kleidung, die sehr geschmackvoll war, was bei Prostituierten nicht selbstverständlich ist, da diese manchmal zu schreiender, auffälliger Kleidung tendieren und nicht zu einem dezenten Erscheinen. Wahrscheinlich wäre sie kaum jemals wegen eines Verwaltungsstrafverfahrens aufgefallen, da sie ihre Tätigkeit in einem Haus in einer Gegend vornahm, die nie einen Grund zu einem polizeilichen Einschreiten geboten hatte. Alles lief sehr verschwiegen, man könnte sagen heimlich, ab. Niemand hatte Interesse daran, dass etwas von ihrem Treiben und ihren Geschäften an die Öffentlichkeit drang, geschweige denn, dass die Polizei auf „Besuch“ kam.

Der Grund für ihr Erscheinen im Sicherheitsbüro war ein privates Problem mit ihrem Zuhälter. Die Domina war zu Beginn ihrer Tätigkeit als „gewöhnliche“ Prostituierte tätig gewesen und wechselte erst nach einiger Zeit der „Berufspraxis“ in diese „strenge Sparte“. Dabei dürfte es aber zum Bruch mit ihrem „Strizzi“ gekommen sein. Er riet ihr zum Wechsel in die andere Sparte, da dort höhere Verdienste lockten, ertrug die neue Kundschaft jedoch scheinbar nicht. Die Domina verdiente immer besser, veränderte ihr Verhalten und ihre Lebensgewohnheiten und nahm die Lebenskultur und einige Interessen ihrer gut betuchten Kunden an. Diese ließen sich nämlich nicht nur streng behandeln, sondern wurden gute Stammkunden und führten sie auch in einen völlig anderen Lebensstil ein. Da die Domina sehr gut aussah, nahmen sie ihre Freier immer wieder zu offiziellen Anlässen mit, führten sie zum Essen in teure Restaurants aus, luden sie in die Wiener Staatsoper ein oder besuchten mit ihr verschiedene kulturelle Veranstaltungen. Der Weg von der einfachen Vorstadtprostituierten zur Nobelprostituierten trennte die Domina allerdings zunehmend vom „Gewerbe" ihres Zuhälters. Dieser reagierte verärgert, da er mit der Veränderung seiner Prostituierten und dadurch auch mit seinem schwindenden Einfluss nicht zurechtkam. Er wurde immer gewalttätiger und schlug sie unter Alkoholeinfluss, bis sie sich letztendlich dazu entschloss, Anzeige gegen ihren Zuhälter zu erstatten, um ihn der Polizei „auszuliefern". Das war der Domina möglich, da sie bei uns registriert war. In der Polizeisprache sagt man dazu, dass sie einen „Deckel", also eine Kontrollkarte, hat.

Aufgrund der Anzeige kam das Sicherheitsbüro ins Spiel und der besagte Fall fiel in meinen Zuständigkeitsbereich. Die Anzeige hatte zur Folge, dass ein Haftbefehl erwirkt und der Zuhälter eingesperrt wurde. Es stellte sich heraus, dass dieser Mann der Polizei nicht unbekannt war. Er gehörte dem berüchtigten „Gürtelmilieu" an, war eine gewisse Größe in der „Wiener Unterwelt" und seine Festnahme sowie die Tatsache, dass ihn seine Prostituierte fallen gelassen und „verpfiffen" hatte, erregten im Milieu ziemliches Aufsehen. Dementsprechend gefährlich wirkten zunächst auch seine Reaktionen, da sich seine „Freunde" für ihn einsetzten und versuchten, die Sache „geradezubiegen". Es gab beispielsweise Drohungen gegen die Anzeigende, für deren Schutz gesorgt werden musste, und es dauerte einige Zeit, bis Beruhigung in dieser angespannten Situation eintrat. Die Polizei setzte sich gegen das Milieu durch und die Betroffene hatte in der Folge Ruhe.

Dieser Fall war etwas Besonderes, denn aus der täglichen Praxis ist bekannt, dass Prostituierte manchmal in oder nach emotionalen Situationen ihre Zuhälter aus Zorn, Rache oder Hass an die Polizei „verraten". Zumeist werden diese Anzeigen aber wieder zurückgezogen. Doch bei diesem Fall war es anders, denn es gab keine Körperverletzung, keine Drohung, keine Nötigung, alles war wieder „eitel Wonne", wie man im Volksmund sagt. Die Domina blieb beinhart bei ihrer Entscheidung, es gab kein Zurück und sie wollte es auch nicht. Später hat sich herausgestellt, dass sie kein verstecktes, anderes Motiv gehabt hatte. Manchmal entscheiden nämlich Prostituierte selbstständig, für wen sie arbeiten wollen, und entledigen sich durch eine Anzeige ihres früheren „Beschützers". Bei dieser Anzeige spielte der Wechsel des Zuhälters jedoch keine Rolle.

Durch den geänderten Lebenswandel, den exquisiten Kundenkreis lernte die Domina die Freiheiten ihrer neu gewonnenen Existenz zu schätzen und wollte sich nicht mehr in die Abhängigkeit eines Zuhälters begeben. Sie hatte einfach genug davon. Sie lebte fortan alleine und mied diese alte, ihr vertraut gewesene Gesellschaft. Sie war der Polizei entsprechend dankbar, dass sie zu ihrer neuen Freiheit gekommen war. Diese Dankbarkeit für unsere Arbeit führte zu einem langjährigen Kontakt mit unserem Referat. Sie schätzte sowohl die Qualität des polizeilichen Handelns als auch die menschliche Behandlung, die ihr vor allem meine Schriftführerin zukommen ließ. Das führte dazu, dass sie in regelmäßigen Abständen im Sicherheitsbüro vorbeischaute und uns Geschichten über Kunden erzählte. Durch diese Erzählungen wurden uns

Einblicke in eine fremde Welt ermöglicht und bald die Augen geöffnet, wer sich da unter dem Deckmantel der „feinen Gesellschaft“ verbirgt.

Mir ist es bis heute schleierhaft, was Kunden am Auspeitschen, Fesseln, Versklaven, der Behandlung als Bösewicht, am Nähen an der Vorhaut, am Stechen und sonstigen Formen des Peinigens gefällt. Die Domina erzählte öfter von solchen extremen Kundenwünschen und den damit für sie verbundenen Schwierigkeiten, diese fachgerecht umzusetzen. Natürlich gibt es auch Dominas, die beide Rollen einnehmen und solche Behandlungen an sich selbst ergehen lassen müssen, um den Kundenwünschen zu entsprechen – gegen entsprechendes Salär, versteht sich. „Unsere“ Domina erzählte, dass sie das Geschehen selbst bestimmte und sich nur als aktiv handelnde Person zur Verfügung stellte. Erheiternd war die Nebenbemerkung, dass diese Art von Tätigkeit grundsätzlich weniger anstrengend sei als jene, sich als Prostituierte hingeben zu müssen, da all die lästigen Begleitumstände der intimen Begegnung praktisch wegfielen und ein „unkörperlicheres“ Arbeiten möglich sei. Die Erlebnisse der Domina, die sexuellen Wünsche ihrer Kunden sowie die prominenten Namen jener, die bei ihr ein und aus gingen, hätten ein eigenes Skandalbuch füllen können. Heute ist es ja fast üblich, dass Personen mit solchem Wissen dieses auch vermarkten. Auch ihre Erlebnisse hätten sicher für das Schreiben eines Bestsellers gereicht, aber hier überwog der Berufsethos der Domina. Ihre Kunden zu verraten, wäre ihr nie in den Sinn gekommen.

Zu diesem Fall sei abschließend erwähnt, dass ihr später ein kompletter Lebenswandel gelang. Ein älterer Rechtsanwalt verliebte sich in die Domina und wählte sie zu seiner Gattin. Die beiden lebten noch viele gemeinsame Jahre zusammen und waren ein glückliches Paar. Nachdem die Domina Witwe geworden war, suchte sie sich im sozialen Bereich ihr Betätigungsfeld und ist heute noch karitativ tätig.

In einer weiteren Fallerzählung geht es nun nicht mehr um Frauen als Informantinnen, sondern um Frauen, gegen die ermittelt wurde. Ein aufsehenerregender Fall um „mordende Krankenschwestern in Lainz" trug sich Ende der 1980er-Jahre im Sozial- und Pflegebereich zu. Eine Patientin war im Krankenhaus Lainz unter bedenklichen Umständen verstorben, Fremdverschulden konnte nicht ausgeschlossen werden. Die damals erfolgte gerichtliche Obduktion ergab allerdings keine Anhaltspunkte für ein vermutetes Fremdverschulden. Der Primararzt verfügte über Indizien, die den Verdacht erhärteten, dass seit Mitte März 1989 offensichtlich absichtlich falsche Behandlungen an Patienten erfolgt waren, die deren Tod herbeiführten.

Der Leiter der Kriminalpolizei und ich begaben uns in das Krankenhaus nach Lainz und sprachen mit dem zuständigen Primarius. Dieser äußerte in drei konkreten Fällen den Verdacht, dass von Krankenschwestern Dominal- bzw. Insulinspritzen in überhöhter Dosis an Patienten verabreicht worden sein dürften, was zuerst zu einem kritischen Zustand und dann zum Tod der Patienten geführt haben könnte. Aufgrund dieser schwerwiegenden Verdachtsmomente, die sich noch dazu auf zwei bestimmte Krankenschwestern beschränkten, wurden Haftbefehle beantragt. Ich verständigte die Kriminalbeamten, um vor Ort mit den Ermittlungen zu beginnen. Diese Anordnung erwies sich als Volltreffer. Als die Kriminalbeamten die beiden Krankenschwestern festnahmen, kam es bereits während der relativ langen Fahrt vom Krankenhaus in das Sicherheitsbüro zu ersten Befragungen. Die Fahrt erwies sich als erfolgreich: Die Krankenschwestern erzählten den Kriminalbeamten bereitwillig, wie sie „Sterbehilfe“ geleistet hatten.

Die Geständnisse, die während der Fahrt gemacht wurden, waren die Grundlage für umfangreiche wissenschaftliche Recherchen, da zuvor gar nicht sicher gewesen war, ob die eingestandenen Tötungsmethoden (Verabreichung von Spritzen mit Rohypnol und Insulin sowie „Mundspülungen“) tatsächlich zum Tode führen könnten. Die Wissenschaft „stand Kopf“. Die Kriminalbeamten hatten sich als die passenden Ansprechpartner erwiesen, bei denen die Täterinnen ihrem gewaltigen psychischen Druck freien Lauf lassen konnten. Endlich hörte ihnen jemand zu.

Was den Kriminalbeamten gegenüber angegeben wurde, erwies sich als eine „der größten Katastrophen des Jahrhunderts“, wie es Univ. Prof. Holczabek, Vorstand des Institutes für Gerichtliche Medizin in Wien, treffend bezeichnete. Bei den Ermittlungen ging es um ungeahnte Dimensionen, denn es mussten schließlich 385 Hinweise mit ähnlichen Verdachtsmomenten überprüft werden, wovon alleine 240 Hinweise die Station D betrafen, also jene der beiden verhafteten Krankenschwestern, wo in Folge noch zwei weitere Schwestern festgenommen worden waren. In einer 88-seitigen Anklageschrift des Staatsanwaltes Kloyber wurden 36 Morde und Mordversuche erfasst. Alle vier Krankenschwestern wurden bei der Schwurgerichtsverhandlung zu Haftstrafen verurteilt. Im Jahr 2009 entließ man die letzten beiden inhaftierten Schwestern nach Verbüßung ihrer Strafen aus dem Strafvollzug.

Das Wort „oder" hilft uns keinesfalls, auch nur irgendetwas wirklich zu verstehen

Für Polizistinnen und Richter geht es in ihrer Arbeit in erster Linie darum, Menschen zu *verstehen*. Verstehen ist ein komplexerer Vorgang, als etwas (nur) zu *wissen*. Eine Handlung oder Tat zu verstehen heißt die Motive, die vielfältigen Umstände und Begleiterscheinungen, die zu ihr führten, zu kennen, einordnen und gewichten zu können. Eine Sache sehr gut zu verstehen heißt aber keinesfalls sie gutzuheißen.

Aus dem Verstehen heraus kann man Menschen zu spezifischen Aussagen veranlassen. Erst in weiterer Folge kann und soll es darum gehen, diese Aussagen zu prüfen, Falsches von Richtigem zu scheiden, wirkliche Geschehnisse von Fantasien, Irrtümern oder Lügen zu trennen. „Echtes Verstehen" bedarf eines ganzheitlichen Ansatzes. „Das Ganze ist das Wahre", sagte der Philosoph G.W.F. Hegel und an anderer Stelle meinte er: „Es ist die Weise der Jugend, sich im abstrakten *Entweder-Oder* herumzuwerfen, wohingegen der lebenserfahrene Mensch sich an das Konkrete hält."

Ich will daher auf die verheerende Wirkung des Wörtchens „oder" auf unser Denken hinweisen. Die Fragen, die im Zusammenhang mit den Mörderinnen in den Medien häufig diskutiert wurden, lauteten etwa: „Sind die Mörderinnen von Lainz einfach kaltblütig *oder* überlastet?", „Töteten sie aus Mitleid *oder* wollten sie Gott spielen?", „Wollten sie den sterbenskranken alten Menschen helfen *oder* wollten sie sich nur das Leben als Krankenschwestern leicht machen?", „Waren sie so dumm zu glauben, sie würden nicht entdeckt werden, *oder* litten sie unter maßloser Selbstüberschätzung?"

Das Wort „oder“ führt uns hier in zweifacher Weise in die Irre. Einerseits könnten ja beide Gründe wirksam und auch ausschlaggebend gewesen sein. Die Krankenschwestern könnten aus Mitleid getötet haben *und* weil sie Gott spielen wollten. Sie könnten kaltblütig *und* überlastet gewesen sein. Warum übrigens sollte ein kaltblütiger Mensch nicht unter extremer Überlastung leiden? Überdies könnten sie dumm gewesen sein *und* sich selbst überschätzt haben. Wir neigen oft dazu, monokausal zu denken. Alles hat einen und *nur* einen Grund – Hop oder Drop. Für die Politik ist diese Art des einfachen Denkens günstig, man kann immer *eine* Ursache eines Problems oder *einen* Schuldigen festmachen. Viele Printmedien propagieren ebenfalls die gleiche schlichte Denkungsart.

Das ist aber eine abstrakte, weil von den wirklichen, praktischen Verhältnissen losgelöste Sicht. Das Konkrete, Wirkliche ist kompliziert, vieldeutig und oft multikausal bedingt. Siegmund Freud meinte: „Ein Hund kann Flöhe und Läuse gleichzeitig haben.“ Das wäre die Antwort auf jene Frage, die sich angesichts eines jaulenden und sich heftig kratzenden Vierbeiners stellt. „Hat der Hund nun Flöhe *oder* Läuse, Herr Doktor?“

Man muss aber einen Schritt weiter gehen, denn es kann nicht nur verschiedene Gründe für ein und dasselbe Phänomen geben, diese unterschiedlichen Gründe können auch in einem systemischen Zusammenhang stehen. Ein befreundeter Kinderpsychiater und Vorstand einer Klinik für behinderte Kinder erzählte mir, dass er von den Eltern behinderter Kindern bezüglich einer konkreten Leistungsschwäche nach den Gründen gefragt wurde. Etwa: „Wie ist das nun, Herr Doktor, *kann* mein Sohn das nicht oder *will* er es nicht machen?“ Seine wohl komplizierte Antwort lautete stets: „Er *kann* es nicht machen, *weil* er nicht *will*, *und* er *will* es nicht machen, weil er nicht *kann*.“

Das Wichtige dabei war, den systemischen Zusammenhang von Wollen und Können zu betonen. Dieser besteht klarerweise nur dort, wo Können *prinzipiell* möglich ist. Es wäre dumm zu behaupten, jemand könne nicht fliegen, nur weil ihm der Wille fehle. Das gegenseitige Durchdringen von (scheinbaren) Gegensätzen begreifen zu können, ist Bestandteil dialektischen oder systemischen Denkens. Was heißt das nun auf den Fall der mordenden Krankenschwestern bezogen? Sie waren vielleicht überlastet und *deshalb* kaltblütig. Ihre Überlastung ließ ihnen keine Zeit für empathische Zuwendung, sie stumpften mit der Zeit ab, sie *wurden* kaltblütig. Andererseits ließ möglicherweise ihre Kaltblütigkeit – wenn es denn so eine Eigenschaft gab, wir wissen es nicht – sie nicht erkennen, dass sie sich schon vor dem ersten Mord am Rande einer Katastrophe bewegten.

Auf die Frage, ob sie dumm waren oder unter extremer Selbstüberschätzung litten – auch das weiß ich nicht –, lässt sich nur sagen, dass Dummheit der Grund für maßlose Selbstüberschätzung sein kann, und umgekehrt kann Selbstüberschätzung geringe Lernbereitschaft bewirken, unter dem Motto: „Ich weiß eh schon alles." Daraus resultiert wiederum Dummheit. Die Motive Mitleid und „gottähnlich sein" zu wollen, sind in ihrem systemischen Zusammenhang einsichtig. Mitleid und Gnade sind zwei der hervorragenden Gott zugeschriebenen Eigenschaften. Die Krankenschwestern sprachen stets von „Sterbehilfe". Sie definierten ihren Mord als Akt der Gnade und spielten also gnädig Gott.

Die Belastungen in einer Station, in der ganz alte, kranke Menschen betreut werden, sind enorm. Fast alle Menschen, die unter solchen und ähnlichen Bedingungen arbeiten müssen, brauchen psychologische Unterstützung. Schon der Beruf der Krankenschwester ohne alte, sterbenskranke Pfleglinge ist extrem anstrengend. Krankenschwestern haben eine relativ hohe Burnout-Rate. Kaum eine Berufsgruppe verweilt so kurz in ihrem Beruf. Viele wechseln den Arbeitsplatz, weil sie den Belastungen nicht standhalten.

Wir müssen annehmen, dass ein sehr komplexes Geflecht von persönlichen und institutionellen Gründen dafür ausschlaggebend war, dass die „Katastrophe des Jahrhunderts“ (Originalton Prof. Holczabek) in Lainz eintrat. Vielleicht hatten die schwer belasteten Krankenschwestern sogar gehofft, dass sie früher entdeckt würden? Der seelische Druck muss enorm gewesen sein, nur so ist es verständlich, dass die Frauen die ersten spontanen Geständnisse schon im Polizeiauto ablegten.

Wenn man Menschen, deren Handlungen, Gedanken und Gefühle verstehen will, sollte man das Denken in der Entweder-oder-Schablone über Bord werfen. Richterinnen und Polizisten sollten bei einem gewalttätigen Menschen auch jene Seiten aufspüren wollen, an denen dieser verletzlich ist. Sie sollten sich nicht wundern, dass jeder Täter auch Opfer ist. In vielen Wahrheiten schlummert die Lüge. Wer nichts sagt, gibt auch etwas kund, denn nur das Ganze ist eben das Wahre.

14. Mörderische Persönlichkeiten

Eine der faszinierendsten und erschreckendsten Kriminalgeschichten ist wohl jene des Kriminalfalls Udo Proksch. Udo Proksch, alias Serge Kirchhofer, wurde am 29. Mai 1934 in Rostock an der Ostsee mit dem Namen Rudolf Proksch geboren (Details dazu sind im Buch „Der Fall Lucona“ von Hans Pretterebner zu finden). Dieser Name war ihm zu gewöhnlich, sodass er sich „Udo" rufen ließ. Die Eltern, Rudolf und Anna Proksch, lebten in Salzburg. In der Nazi-Ära war Rudolf Proksch Nationalsozialist gewesen und sandte seinen Sohn Udo Proksch an die Nazi-Elite-Schule, die Nationalpolitische Erziehungsanstalt, die auch Napola genannt wurde. Dort fühlte sich Udo Proksch nicht wohl, aber er gab an, dort gelernt zu haben, sich durchzusetzen: „Ich musste stark werden, um zurückprügeln zu können." Nach dem Besuch der Napola wechselte Udo Proksch in eine Salzburger Landeshauptschule, die ihm aber wenig Freude bereitete. Nach Absolvierung der Pflichtschule lernte er auf einem Bauerhof die Praxis der Schweinezucht. Sein Vater brachte ihn in Anif (einem Ort in Salzburg) bei einem Gastwirt unter. Dort arbeitete er als Knecht und blieb immerhin zwei Jahre lang bei diesem Gastwirt.

Udo Proksch entdeckte dann nach einigen Wanderjahren sein Talent als Künstler. Er schrieb sich als Gastschüler in die Salzburger Kunstgewerbeschule ein und wechselte später nach Wien an die Akademie für Angewandte Kunst. Dort lernte er den Jungunternehmer Wilhelm Angerer kennen, der einen begabten Jungdesigner für seine Plastik-Brillenfassungsproduktion suchte, denn er wollte seine Brillen mit einem neuen modischen und absatzfördernden Design versehen. Udo Proksch und Wilhelm Angerer freundeten sich an, Udo führte den Jungunternehmer in die Kreise der ihm bekannten Künstler ein und Wilhelm Angerer organisierte dafür rauschende Feste und ließ großzügige Spesengelder fließen. Die Werbeaktivitäten von Udo Proksch hatten Erfolg. Da er auch über gute Kontakte zu den damaligen Größen der Ski-Nationalmannschaft wie Toni Sailer und Ernst Hinterseer hatte, wurde seine Idee der Carrera-Skibrille ein Verkaufshit.

Udo Proksch wuchs im Laufe der Zeit zu einer bedeutenden Persönlichkeit der österreichischen Society heran. Er wurde zum Freund der Mächtigen und galt international als verrückter, aber liebenswerter Partylöwe (nachzulesen im Buch „Der Fall Lucona" von Hans Pretterebner). Er hatte Kontakt zu höchst prominenten Persönlichkeiten. In der „roten Loge" von Wien waren Männer wie Bruno Kreisky, Hannes Androsch, Leopold Gratz oder Karl Blecha Gäste. Udo Proksch hatte im Jahre 1972 den „Club 45" als schlichten Geselligkeitsverein bei der Vereinsbehörde angemeldet. Österreicher haben eine Neigung zur „Vereinsmeierei". Einen Geselligkeitsverein anzumelden bedeutete der Tiefstapelei die „Krone" aufzusetzen, besonders dadurch, dass Udo Proksch ja ganz gezielt politische Aktivitäten, Lobbyismus und Manipulation betrieb.

Udo Proksch hatte aber auch international die besten Kontakte, Mitglieder der Kennedy-Familie oder des Bush-Clans waren ihm ebenso bekannt wie der sowjetische Ministerpräsident Nikita Chruschtschow, König Hussein von Jordanien, der Ex-Staatschef von Uganda Idi Amin, der libysche Revolutionsführer Muammar al-Gaddafi und die philippinische Diktatorsgattin Imelda Marcos.

Dieser schillernden Seite des kreativen Udo Proksch stand offensichtlich schon immer eine düstere Seite entgegen. Von der Öffentlichkeit wurde er recht unterschiedlich wahrgenommen: Die einen hielten ihn für einen seriösen Geschäftsmann, der erfolgreich seine Ideen umsetzte und dessen Bedeutung für die österreichische Wirtschaft gar nicht hoch genug eingeschätzt werden konnte, die anderen hielten ihn für einen Scharlatan, einen Waffenschieber und einen eiskalten Gauner und Betrüger. Diese gegensätzlichen Einschätzungen der Persönlichkeit von Udo Proksch wurden initiiert durch den Kriminalfall „Lucona“ breit in den Medien und der Öffentlichkeit diskutiert. Ich lernte diesen Mann zu einem Zeitpunkt kennen, an dem es noch ruhiger um ihn war. Es war jene Zeit der Anfangsphase des Konflikts um das gesunkene Schiff „Lucona“, in der noch niemand realistisch einschätzen konnte, ob es sich bei dem Schiffsuntergang der Lucona um ein Unglück oder um eine vorsätzlich geplante Tat handelte.

Udo Proksch beschäftigte ab dem Jahr 1977 die damals existierende Bundesländerversicherung mit einem spektakulären Versicherungsfall. Er war für den angeblichen Transport einer Uranaufbereitungsanlage nach Asien im Auftrag einer Schweizer Firma verantwortlich. Diese Anlage wurde im Hafen von Chioggia, Italien, auf das panamesische Frachtschiff Lucona verladen. Die Lucona war ein 75 Meter langes und 11 Meter breites, 1.200 Bruttoregistertonnen starkes Frachtschiff. Das Schiff stach am 6. Jänner 1977 in See und sank 18 Tage später an der tiefsten Stelle im Indischen Ozean. Sechs Matrosen kamen dabei ums Leben, sechs weitere Menschen wurden Stunden später gerettet.

Einige Tage nach dem Untergang des Schiffes forderte ein Anwalt im Namen der Schweizer Firma von der Bundesländerversicherung eine Akontozahlung von mehr als 100 Millionen Schilling. Aufgrund dieser Forderung begann die Versicherungsgesellschaft den Fall zu prüfen. Insgesamt wurden 240 Millionen Schilling, heute sind das in etwa 15,4 Millionen Euro, Schadenersatz gefordert. Die Prüfung des Schadensfalles brachte erste Bedenken.

Nach dem Eintreffen der Schadensmeldung bei der Versicherung begann ein erbitterter Zivilrechtsstreit. Die Verantwortlichen der Bundesländerversicherung hatten lange Zeit Bedenken, eine polizeiliche Anzeige zu erstatten. Ich habe in bester Erinnerung, dass der legendäre Versicherungsbetrugsreferent Paul Herrnstadt von der

Versicherung kontaktiert wurde und man sich ausführlich mit ihm beriet, wie nun vorzugehen sei. Die Bearbeitung des Falls wurde durch die Zusammenarbeit des Journalisten Pretterebner und des Salzburger Kriminalisten und Gruppeninspektor Werner Mayer initiiert und dank der Knochenarbeit der Kollegen zur Aufklärung vorbereitet. Werner Mayer und Hans Pretterebner hatten zu einem Zeitpunkt das richtige Gespür, dass etwas an der Sache „faul" war. Beide kannten einander und beschlossen die ersten Schritte der Ermittlung zu setzen. Den Hauptanteil der Arbeit leisteten dann Kollegen der Kriminalabteilung Niederösterreich.

Im Jahr 1985 zog sich der Kreis der Verdächtigen schon enger um den Society-König Udo Proksch. Meine Begegnung mit ihm fand auch in diesem Jahr statt. Damals war ich noch Betrugsreferent im Sicherheitsbüro und hatte nur ein recht kleines Zimmer. Udo Proksch fühlte sich damals zusehend von der Vorgangsweise von Hans Pretterebner „belästigt" und sprach diesbezüglich im Sicherheitsbüro vor. Offensichtlich dachte er, Angriff sei die beste Verteidigung. Er versuchte die Aktionen von Hans Pretterebner als Erpressung und Nötigung darzustellen und meinte auf diesem Weg die Staatsanwaltschaft für sich gewinnen zu können. Ich nahm seine Schilderungen als Anzeige auf und konnte mir dadurch erstmals ein Bild von seiner Persönlichkeit machen. Ich muss gestehen, dass es schwierig war, sich seinem Bann zu entziehen. Er hatte ganz eindeutig etwas Faszinierendes an sich und nahm sein Gegenüber rasch für sich ein. Mich schützte nur die Erfahrung, die ich mittlerweile in diesem Referat mit Betrügern gemacht hatte. Durch diese Schulung blieb ich hellwach und aufmerksam und konnte mir mit einem gewissen Abstand einen Eindruck von seinem Wirken auf andere machen.

Die etwa dreistündige Einvernahme mit Udo Proksch

bleibt mir unvergesslich. Allein sein Auftreten war auffällig, mit seiner quirligen und bestimmenden Art füllte er den Raum komplett aus. In ungebügeltem Hemd und einer verbeulten Hose machte er seinem Ärger über Hans Pretterebner Luft. Er wirkte wie ein biederer Geschäftsmann, der durch die seiner Meinung nach ganz brutale Vorgangsweise von Hans Pretterebner in die Enge getrieben wurde, und verlangte von der Polizei Maßnahmen gegen den Journalisten. Wir, meine Schriftführerin und ich, nahmen alle Informationen auf, hörten ihm aufmerksam zu und sandten der Staatsanwaltschaft ein Konvolut an Unterlagen zur strafrechtlichen Beurteilung. Nach dem Gespräch mit Proksch war uns beiden klar, dass wir es mit einem ausgefuchsten Mann zu tun hatten, der unserer Erfahrung nach durchaus das Potenzial hatte, ein Betrüger zu sein. Alle Indizien, die wir bisher als Hinweise für betrügerische Aktivitäten ausmachen konnten, trafen auf Udo Proksch zu: Er baute beispielsweise Zeitdruck auf (indem er zu spät zur Einvernahme kam; erklärte, dass er wenig Zeit habe, weil er mittags den Innenminister treffe, usw.), prahlte mit den vielen besonderen Beziehungen und Kontakten, über die er verfügte, und erzählte dazwischen launige Geschichten, um an den heiklen Punkten, die ihn selbst betrafen, vorbeizureden. Er spielte seine Rolle ausgezeichnet, aber er konnte uns nicht täuschen.

Das Jahr 1985 erwies sich für Udo Proksch als ein sehr schlechtes. Die Anzeige, die er gegen Hans Pretterebner eingebracht hatte, beeindruckte die Staatsanwaltschaft in keiner Weise. Im Gegenteil, er und sein Kompagnon Hans Peter Daimler wurden noch in diesem Jahr verhaftet. Die „Suppe der Verdachtsmomente“ erwies sich aber, wie auch der damalige Justizminister Ofner vermutete, als „zu dünn“. Es gelang Udo Proksch mithilfe seines mächtigen Freundes Leopold Gratz, der als Außenminister tätig war, über den rumänischen Geheimdienst (falsche) Entlastungspapiere zu organisieren, deren Vorlage zunächst zu einer baldigen Enthaftung der beiden Verdächtigen führte.

Im Jahr 1987 veröffentlichte der Journalist Hans Pretterebner sein bereits erwähntes Buch „Der Fall Lucona" und es schlug wie eine Bombe ein. Die Enthüllungen kosteten in der Folge Leopold Gratz, der inzwischen zum Präsidenten des Nationalrates bestellt worden war, dem zweiten engen Freund von Udo Proksch, dem Innenminister Karl Blecha, sowie einem weiteren engen Mittelsmann, einem damaligen Gerichtspräsidenten, die Ämter.

Das Wrack der Lucona wurde im Rahmen des Prozesses, der 1990 begann, an der tiefsten Stelle im Ozean, bei 4195 Tiefenmetern, gefunden. Ein ferngesteuerter Tauchroboter erstellte Videoaufnahmen, aus denen mittels Analyse geschlossen werden konnte, dass wahrscheinlich mit ca. 200 Kilogramm militärischem Sprengstoff eine Explosion ausgelöst worden war, die zum Sinken der Lucona geführt hatte. Nach 57 Prozesstagen endete der Prozess, der als Zivilstreit begonnen hatte, schließlich als spektakulärer Kriminalfall mit der Verurteilung von Udo Proksch wegen sechsfachen Mordes und Betruges zu einer Haftstrafe von zwanzig Jahren. Dieses Urteil wurde vom Obersten Gerichtshof später sogar zu einer lebenslangen Haftstrafe verschärft. Am 27. Juni 2001 starb Udo Proksch nach einer Herzoperation.

Diese Kriminalgeschichte und die vorangegangenen Verhältnisse könnten auch zu Österreich in den Jahren 2000 bis 2010 passen. Was hat sich in diesem Land zum Besseren geändert? Diese Frage kann kaum positiv beantwortet werden. Organisierte Kriminalität, Wirtschaftskriminalität und Korruption wuchern in Österreich mehr denn je. Der Fall Lucona war spektakulär und symptomatisch für eine Wende zum Nepotismus und Materialismus in diesem Land.

Damit, dass ein Serienmörder aus Österreich in zwei Kontinenten, nämlich in Europa und in den Vereinigten Staaten von Amerika, aktiv wird, hätte man vermutlich eher nicht gerechnet. Genau genommen war das schlichtweg unvorstellbar. In den 1990er-Jahren passierte allerdings das für uns „Denkunmögliche“. Ich möchte auf die Fakten des nun folgenden Kriminalfalles nur soweit wie notwendig eingehen, da es in dieser Schilderung vor allem um meine persönlichen Kontakte zu Jack Unterweger, als Basis für die Analyse, gehen soll.

Zum Sachverhalt sei lediglich so viel gesagt: Zwischen September 1990 und Juli 1991 verschwanden insgesamt elf Prostituierte in Vorarlberg, der Steiermark, in Wien, in der Republik Tschechien sowie im Raum Los Angeles. Wir hatten zur Zeit des Geschehens keine Ahnung davon, dass zwischen diesen Mordfällen ein Zusammenhang bestehen könnte. Zuerst wurde die Leiche der Wiener Prostituierten Silvia Z. aufgefunden. Kurze Zeit später verschwanden drei weitere Frauen, die ebenso als Prostituierte in Wien tätig gewesen waren. Sabine M. wurde am 16. April 1991 von einem unbekannten Mann in einem Personenkraftwagen von ihrem Standplatz mitgenommen. Regina P. verschwand am 28. April 1991, sie wurde ebenfalls von einem Kunden in dessen Fahrzeug mitgenommen und kehrte nicht mehr zurück. Am 23. Mai 1991 kehrte Karin E. nicht mehr zurück, sie war ebenfalls mit einem Kunden mitgefahren.

Zu dieser Zeit passierte das Unglaubliche: Jack Unterweger, ein wegen Mordes verurteilter Mann, der vorzeitig aus der Haft entlassen worden war und als Musterbeispiel gelungener Resozialisierung galt, kam in der Funktion eines Reporters des Österreichischen Rundfunks

ORF ins Sicherheitsbüro, um mit mir ein Interview zum Thema „Die Angst der Prostituierten in Wien" aufzunehmen. Wir sprachen also über die vier abgängigen Frauen. Ich kann mich noch genau an diese Begegnung erinnern. Jack Unterweger hatte, das muss man ihm ehrlicherweise zugestehen, eine angenehme, nicht aufdringliche Art. Die Handhabung seiner Ausrüstung, sein Habitus sowie seine Sprache wirkten sachlich und professionell, so wie wir es von vielen Interviews mit Reportern gewohnt waren. An seinem Erscheinungsbild, seiner Gestik und seinen Fragen war nichts, das irgendwie als unangenehm, störend oder aufdringlich empfunden werden konnte. Manchmal hat man ja als Polizist bei der Begegnung mit einem unbekannten Menschen sofort ein ungutes Gefühl, das einen warnt und bewusst oder unbewusst zum Achtgeben zwingt. Dieses Gefühl fehlte mir bei Jack Unterweger völlig.

Als ich zu Hause meiner Gattin und meinen Töchtern von diesem Interview erzählte und den Namen erwähnte, wurde ich aufgeklärt. Die Damen wussten über die persönliche Geschichte von Jack Unterweger Bescheid, erklärten mir, dass er mehrfach als Literat aufgetreten war und Bücher geschrieben hatte. Sie informierten mich auch über den strafrechtlichen Hintergrund von Jack Unterweger. Wenig später traf die Information eines pensionierten Kriminalbeamten aus Salzburg im Sicherheitsbüro ein, der uns mitteilte, dass er vor Jahren gegen Jack Unterweger wegen zweier Mordfälle ermittelt hatte und der Modus Operandi ähnlich war wie bei den inzwischen aufgefundenen Leichen zweier Prostituierter. Alle Opfer waren mit einem eigenen Kleidungsstück, das sie vor ihrem Tod getragen hatten, erdrosselt worden. Nun wurde ich hellhörig.

Jack Unterweger meldete sich nochmals im Sicherheitsbüro und teilte mir mit, dass er in die Vereinigten Staaten fahren werde, um für eine Geschichte für den ORF in Los Angeles zu recherchieren. Er wollte einen Bericht über die sozial schwachen Schichten, die Prostitution und die Polizei verfassen. Wir hatten zu dieser Zeit noch immer keinen konkreten Verdacht gegen Jack Unterweger, aber sein Verhalten kam mir nun schon auffällig vor. Ich fragte ihn, ob er uns diesen Bericht über die Polizei in Los Angeles zur Verfügung stellen könnte, und war gespannt, wie er reagieren würde. Völlig zuvorkommend erklärte er sich bereit, das natürlich zu machen. Von einem befreundeten Professor der Kriminologie aus den USA wusste ich, dass es dort etwa 17.000 verschiedene Polizeieinrichtungen gibt, die sehr unterschiedlich agierten. Mir war im Übrigen nicht klar, wie Jack Unterweger einen Bericht verfassen wollte, da er anscheinend, soweit ich das mitbekommen hatte, die englische Sprache nicht besonders gut beherrschte. Nach seiner Rückkehr kam er tatsächlich wieder zu mir und brachte einige Bilder mit, die Los Angeles, die Graffitis, die Polizei und die Straßenzüge in Los Angeles zeigten. Mittlerweile waren mein Stellvertreter und ich schon sehr aufmerksam geworden und ersuchten unser Observationsteam Jack Unterweger zu folgen und seinen Lebenswandel zu beobachten. Die Kollegen des Observationsteams verloren aber im Laufe des Tages seine Spur und so erfuhren wir wieder nicht sehr viel über seinen Tagesablauf.

Der nächste Schritt war jener, Jack Unterweger aufgrund der Information des Salzburger Kriminalbeamten zur Einvernahme vorzuladen. Dabei versuchte ich auf den Mordfall an der jungen Deutschen einzugehen, für den er eine lebenslange Haftstrafe ausgefasst hatte, aus der er dann wegen seines vorbildlichen Verhaltens vorzeitig entlassen worden war.

Die Einvernahme gestaltete sich nun ganz anders als bei den beiden ersten Zusammentreffen zwischen Jack Unterweger und mir. Er wollte sich an gar nichts mehr erinnern, wich jeder einzelnen Frage aus, behauptete immer wieder, dass er sich an keine konkreten Details mehr erinnern könne, und war nur noch bockig, stur und in keiner Weise kooperativ. Die Einvernahme brachte inhaltlich also gar nichts, sie brachte lediglich sein „wahres Gesicht" zu Vorschein, nämlich unangenehmen Fragen auszuweichen und nichts auszusagen. Dieses Verhalten war derart auffällig, dass ich wieder die Observationsgruppe auf ihn ansetzte. Da wir noch immer keine konkreten Verdachtsmomente hatten, wurde diese Observation limitiert. Maßnahmen der Observation sind teuer, da sie personal- und materialaufwendig sind. Ich wollte ein Bewegungsprofil erstellen, in dem ersichtlich ist, was Jack Unterweger tut, wo er hinfährt, wen er trifft, wie er seine Zeit verbringt, ob er zu Prostituierten geht etc. Da Observationskräfte immer sehr gefragt sind, war nur ein zeitlich beschränkter Einsatz (über mehrere Tage) möglich.

Aus der angeordneten Observation konnten wir keine Schlüsse auf konkrete Auffälligkeiten ziehen, aber Jack Unterweger fühlte sich unter Druck gesetzt. Das war der Auslöser dafür, dass er mit seiner damaligen Freundin Bianca Wien fluchtartig verließ, sich in die Schweiz absetzte und von dort nach Florida flüchtete.

Mittlerweile waren die Ermittlungen auf Hochtouren und eine Sonderkommission wurde eingesetzt, die den Tatzusammenhang zu allen Morden in Europa und den Vereinigten Staaten herstellen konnte. Jack Unterweger konnte in Florida festgenommen werden und wurde dann nach Österreich ausgeliefert.

Das Strafverfahren wurde am Landesgericht für Strafsachen in Graz durchgeführt, da die Wiener Staatsanwaltschaft die „Suppe für zu dünn“ hielt. Die Grazer Staatsanwaltschaft war anderer Meinung und hielt den Tatverdacht, den wir seitens der Polizei bereits als gegeben annahmen, für ausreichend. Im Zuge des Strafverfahrens hatte ich meine letzte Begegnung mit Jack Unterweger. Ich musste in der Hauptverhandlung als Zeuge aussagen und war inzwischen über die Tatsache informiert, dass es ein sogenanntes „Polizei-Groupie-Verhalten“ von Serientätern gibt. Diese Erkenntnis hatte das FBI der österreichischen Polizei mitgeteilt, denn sie empfanden das Verlangen Unterwegers, den Kontakt zur Polizei in Form eines Interviews und eines Gespräches zu suchen, als klaren Hinweis auf ein solches „Groupie“-Verhalten.

Genau diese Erkenntnis gab ich dem Gericht als Zeuge wieder. Ich schilderte die beiden freiwilligen Besuche von Jack Unterweger, die Freundlichkeit, die er während dieser Besuche an den Tag gelegt hatte, und wie sehr diese im Gegensatz zu seiner Vorladung als Verdächtiger stand, wo er in keiner Weise bereit gewesen war, mit uns zu sprechen und irgendetwas Sachdienliches auszusagen. Nicht einmal zu dem Mord, der ihm vor Jahren nachgewiesen worden war und für den er bereits verurteilt war, wollte er den Hergang schildern. Unterweger gestand die ihm vorgeworfenen neuen Taten nie. Nach der Urteilsverkündung in Graz brachte er sich aber mit der gleichen Knotentechnik, die er an mehreren seiner Opfer angewendet hatte, um.

Proksch und Unterweger: Suggestion und Wahrnehmung

Udo Proksch und Jack Unterweger gehören sicher zu den auffälligsten und „schillerndsten" Verbrecherpersonen, die Österreich hervorgebracht hat. Der eine, Herr Proksch, war schon sehr bekannt und bei vielen beliebt, bevor er zum Gesetzesbrecher wurde. Herr Unterweger verdankt seine Bekanntschaft eigentlich seinem ersten Mord.

Verurteilt zu lebenslanger Haft begann Jack Unterweger sich im Gefängnis schriftstellerisch zu betätigen und wurde nach 16 Jahren aus der Haft entlassen, nachdem sich eine Reihe namhafter Intellektueller für ihn eingesetzt hatte. Er galt als Musterbeispiel gelungener Resozialisierung, wurde nach seiner Entlassung in gebildeten Kreisen herumgereicht, begann fürs Radio zu arbeiten und war auch einmal Gast in einer Club 2-Sendung. Er schrieb mehrere Folgen der Gute-Nacht-Sendung für Kinder „Das Traummännlein" und der ORF beauftragte ihn sogar, für die Sendung „Journal Panorama" im Prostituiertenmilieu zu recherchieren. An diesen beiden Fällen kann man sehr gut studieren, wie extrem unsicher unsere Methoden der Mencheneinschätzung sind, wie sehr unsere Beurteilung von Menschen getragen ist von unseren Wünschen, ideologischen Vorstellungen, von Suggestion und Autosuggestion. Unsere Wahrnehmung ist nie objektiv, aber selbst unsere subjektiven Eindrücke sind sehr variabel, hängen von unseren momentanen, ständig wechselnden Stimmungen, von unseren Erwartungen, vom Kontext und vielen anderen Faktoren ab. Obwohl geübte und studierte Professionisten, wie forensische Psychiater, das alles wissen (müssten), sind sie vor Irrtümern nicht gefeit. Ich kritisiere das nicht oder mache mich gar darüber lustig. Ich kritisiere und nehme schmunzelnd zur

Kenntnis, dass auf dem Büchermarkt Ratgeber wie „Menschen lesen, ein FBI-Agent erklärt, wie man Körpersprache entschlüsselt“ oder „Ich sehe was, was du nicht sagst“ kursieren. Diese Bücher werden stark gepusht und beworben, unterstützt auch durch Krimiserien, die gegenwärtig bei vielen TV-Sendern laufen. Teilweise sind die Bücherautoren jene, die solche Serien entwerfen oder beraten. So war es auch bei der beliebten US-Serie „Lie to me“, die der berühmte Psychologe und populärwissenschaftliche Erfolgsautor Paul Ekman quasi erfunden hat. Selbstverständlich kann man das Handwerk der „Menschendurchschauung“ erlernen, aber nicht, indem man rasch zwei, drei Bücher studiert.

Die charismatischen Menschenverführer Proksch und Unterweger – bei Zweitem kann ich nicht einmal nachvollziehen, dass er geistreich und charmant war, wie manche behaupten, von Ersterem ist das glaubhaft belegt – haben viele in ihren Bann gezogen und trotz aller belastender Beweise gibt es heute noch einige Freunde, die von der Unschuld der beiden felsenfest überzeugt sind. Was wäre gewesen, hätten diese Freunde vorher oben genannte Bücher gelesen? Wären sie nicht so getäuscht worden? Das Lesen hätte ihnen nicht geholfen, da bin ich mir sicher.

Die vorzeitige, bedingte Entlassung Jack Unterwegers aus der Haft wurde vom ehemaligen Chef der Justizanstalt Stein, Karl Schreiner, befürwortet. Dieser galt als sehr liberal und war Resozialisierungsmaßnahmen gegenüber äußerst aufgeschlossen. Er hatte Großartiges für den modernen Strafvollzug geleistet. Reiche Erfahrung mit Menschen kann man dem Mann wahrlich nicht absprechen, Bücher hat er vermutlich auch genug gelesen. Er hatte sich dennoch diesmal geirrt. Ein fataler Irrtum. Begutachtet wurde Unterweger von einer damals recht unerfahrenen, jungen Anstaltspsychologin. Sie führte mit ihm ein rund einstündiges Gespräch und sagte in einem Interview, sie sei davon angetan gewesen, dass der Häftling so viel für seine Bildung getan hätte. Unterweger hatte seine Schulausbildung im Gefängnis abgeschlossen und einiges publiziert. „Er habe sein Verbrechen intellektuell verarbeitet", meinte sie.

Sie war eine ausgebildete Person und hatte sich geirrt. Zu der Vorstellung der Begutachterin, dass das intellektuelle Verarbeiten der eigenen Gewalttaten die Neigung zu neuerlicher Gewaltanwendung stark minimiert, ist zu bemerken, dass Bildung, Ausbildung, speziell Spracherwerb tatsächlich die Gewaltbereitschaft von Menschen deutlich mindern können. Die Überlegungen der Psychologin waren also nicht falsch. Im konkreten Fall aber hatte die extreme Form der Gewaltausübung tiefe, pathologische Wurzeln.

Zwei Fehler sind dennoch auffällig: Das Gespräch der Psychologin mit Unterweger war mit einer Stunde viel zu kurz angesetzt. Wahrscheinlich hätte man länger und öfter mit ihm sprechen müssen, um möglicherweise tieferen Einblick in seine Psyche zu erlangen. Zweitens hatte Herr Schreiner der ihm hierarchisch untergebenen Psychologin seinen Wunsch, Unterweger möge entlassen werden, ans Herz gelegt. Konnte eine sachliche, unabhängige Beurteilung unter diesen Umständen erfolgen?

In meinem Kommentar zum Kapitel „Der Exhibitionist" habe ich über den Risikofaktor Hierarchie geschrieben. Hier liegt ein klassischer Fall vor, auch wenn Herr Schreiner sich eine Entlassung wünschte, hätte er die Begutachterin nicht davon in Kenntnis setzen sollen.

Beim zweiten Prozess gegen Jack Unterweger in Graz war dann der Psychiater Reinhard Haller als Gutachter bestellt worden. In einer Spiegel-TV-Sendung (VOX) sagte dieser, dass unter den forensischen Psychiatern schon bei

Unterwegers Entlassung aus Stein eher die Meinung vorgeherrscht habe, bei diesem handle es sich tatsächlich um einen Menschen mit abnormem Charakter. Die Mehrheit der Fachleute hätte sich wahrscheinlich gegen eine Entlassung ausgesprochen und alle seien gespannt gewesen, wie diese Sache weitergehen würde. Eine sichere Prognose abzugeben wagte damals allerdings niemand. Es ist auch unmöglich. Das oben zitierte Interview erfolgte nach dem zweiten Prozess – nachher ist man bekannterweise immer klüger.

Wie stark der Einfluss des Vorwissens bei der Beurteilung von Menschen ist, zeigt auch die Tatsache, dass Max Edelbacher bei seiner ersten Begegnung mit Unterweger von diesem einen sehr guten und angenehmen Eindruck hatte. Erst daheim erfuhr er von seiner Familie die Kriminalgeschichte dieses Mannes. Bei seinem zweiten Treffen kam ihm dessen „Verhalten schon auffällig vor". Hatte sich Unterwegers Verhalten geändert oder war es nur die geänderte Erwartungshaltung des Kriminalisten? Wir wissen es nicht. Und wenn Max Edelbacher schon vor seiner ersten Begegnung mit Unterweger über dessen Gefängnisaufenthalt in Kenntnis gesetzt worden wäre, hätte er dann bereits einen anderen Eindruck gehabt?

Reinhard Haller berichtet, dass er später, während des Prozesses in Graz, sehr ausführliche Gespräche mit dem Angeklagten geführt habe. Dabei sei ihm aufgefallen, dass die Intensität und Ausdauer Unterwegers, ihm, dem Psychiater, und sich selbst etwas vorzuspielen oder zu suggerieren, mit Fortdauer des Gespräches gelegentlich deutlich abnahmen. Je länger und ausführlicher die Konversation geführt wird, je breiter die Themen angelegt sind, desto logisch schwieriger und psychisch belastender wird es, eine Scheinwelt, die auf widersprüchlichen Unwahrheiten beruht, aufrechtzuerhalten. In sehr langen, teils intimen Unterhaltungen vergisst der Täter fast, dass er es bei seinem Gegenüber eigentlich mit einem „Gegner“ zu tun hat. Im Grunde sind wir Menschen soziale Wesen und am liebsten würden wir fast alles – auch unsere Geheimnisse – mit anderen teilen.

Die sehr langen Unterredungen stifteten tatsächlich Vertrauen. Unterweger soll einmal gesagt haben, dass noch niemals jemand mit ihm so lange gesprochen habe. Während dieses Gespräches, so erzählt Reinhard Haller weiter, wären Gewitterwolken aufgezogen und im Zimmer sei es ziemlich dunkel geworden. Eine eigenartig düstere Stimmung habe sich ausgebreitet. Von dieser Stimmung offensichtlich bewegt soll Unterweger gesagt haben: „Ich will Ihnen jetzt was sagen, das Ganze wäre so schön aufgegangen, aber es ist eine einzige ganz blöde Faser, die das ganze Gebäude zum Einsturz brachte.“ Für Reinhard Haller war dies eigentlich ein Geständnis gewesen. Unterweger wurde unter anderem durch einen DNA-Test überführt. In seinem Auto war ein Haar gefunden worden, welches mit 99-prozentiger Wahrscheinlichkeit mit den Haaren einer ermordeten Prostituierten übereinstimmte.

Unter den Intellektuellen, die sich seinerzeit für Jack Unterweger stark gemacht hatten, gab es welche, die wenig informiert waren. Manche beeindruckte seine „Läuterung“ durch kreatives, künstlerisches Schaffen. Manche hatten sich einfach im Vertrauen auf Freunde dem Appell für eine Entlassung angeschlossen. Manche waren geleitet von dem Wunsch, einem Verbrecher, der eine fürchterliche Kindheit hatte durchleben müssen, zu helfen. Unterweger hatte nachweislich einige Lügen in seine ohnehin triste Lebensgeschichte eingebaut, um besonderes Mitleid zu erregen. Manche waren auch aus ideologischen Gründen der Meinung, dass fast alle Menschen resozialisierbar sind. Die meisten von ihnen hatten sicherlich wenig bis gar keinen Kontakt zu Unterweger gehabt. Man kann also gar nicht behaupten, dass diese Menschen einen *sehr subjektiven* Eindruck von Unterweger hatten, sie hatten wahrscheinlich gar keinen.

Udo Proksch unterschied sich in mehrfacher Hinsicht von Unterweger. Er kam nicht aus der tiefsten Unterschicht und sein Verbrechen war ursprünglich ein Wirtschaftsdelikt. Geplant war ein Versicherungsbetrug. Die Toten kamen hinzu, vielleicht völlig ungewollt, vielleicht hat Proksch die Toten auch bloß „in Kauf genommen". Es wäre möglich, dass er ein Mörder wider Willen war. Seine Beziehungen, sein Blendwerk hat er *vor* dem „großen Coup" Lucona aufgebaut. Wenn forensische Psychiater Jack Unterweger eine tiefe pathologische Störung attestieren, so war Udo Proksch *bloß* ein narzisstisch überformter Charakter, wie es vielleicht viele gibt. Narzisstische Personen zeichnen sich meist durch geringes Einfühlungsvermögen, Überempfindlichkeit gegenüber Kritik und gelegentlichen Größenwahn aus. Ihr Selbstwertgefühl ist äußerst instabil, es wird durch Inszenierungen kompensiert, denn niemand soll etwas davon merken. Narzisstische Charaktere sind nicht selten, aber selten werden sie so berühmt wie Udo Proksch.

Seine Gewaltfantasien verheimlichte er nicht, sie wurden von ihm aus- und angesprochen. Er zeigte sich schießwütig, fuhr mit Panzern herum und wollte eine Art „Agressions-Austobungsgsplatz" gründen, auf dem Männer ihren „unausrottbaren Todestrieb" ausleben könnten. Viele Menschen, die mit ihm verbunden und von ihm geblendet waren, waren aber auch von ihm abhängig. Das scheint mir ein wichtiger Punkt zu sein. Wenn Liebe blind macht, trifft das auf Abhängigkeit auch zu. Hier fängt die Autosuggestion an, man übertreibt die angenehmen, lustigen, originellen und auch hilfreichen Seiten desjenigen, ohne den man nicht mehr kann, und man verdrängt die aggressiven, ausbeuterischen, gefährlichen Charakterzüge. Der Netzwerkforscher Harald Katzmair betont, dass der Kitt von Netzwerken, seien es kriminelle oder am Rande der Legalität befindliche, immer das gemeinsame Geheimnis ist. Jeder weiß vom anderen etwas, das der Öffentlichkeit verborgen bleiben muss. Das ist das sprichwörtliche „Pfand in der Hand".

Nachdem Udo Proksch jahrelange Übung im Umgang mit höheren Kreisen hatte, trat er gegenüber der Polizei großspurig auf. Ein Detail ist mir bei Edelbachers Schilderung aufgefallen. Proksch kam mit „ungebügeltem Hemd und verbeulter Hose". Er war gesellschaftlich schon so hoch gestiegen, dass er mit Understatement arbeiten konnte. Er brauchte nicht mehr mit Äußerlichkeiten anzugeben. Ganz anders war es bei Jack Unterweger. Aus elenden Verhältnissen kommend, versuchte er mit einem weißen Ford Mustang und einem weißen Seidenanzug zu beeindrucken.

Gerade an der Rezeption dieser beiden Personen kann man Suggestion und Autosuggestion festmachen. Proksch und Unterweger machten sich und der Welt etwas vor. Viele glaubten dieser Welt des Scheins. Hinzu kam aber auch noch, dass die beiden sich auch selbst etwas vormachten. Es ist nicht möglich festzustellen, welche Teile ihrer Scheinwelt *für sie selbst* bewusstseinsfähig waren. Was haben sie selbst geglaubt und was wollten sie (sich) nur glauben machen? Was war subjektiv und was objektiv? Und welches Subjekt ist berechtigt festzustellen, was objektiv sei? Ist die Ansicht des Beschuldigten subjektiv und die der Richterin oder der Gutachterin objektiv? Der Philosoph Hegel sagte einst: „Objektiv und subjektiv sind bequeme Ausdrücke, deren man sich mit Geläufigkeit bedient und bei deren Gebrauch gleichwohl sehr leicht Verwirrung entsteht."

Subjektiv nennen wir etwa, wenn *ein* Mensch sich etwas *einbildet.* „Das ist ja nur deine subjektive Meinung", sagt man dann. Wäre das nun objektiv, was viele oder alle Menschen sich *einbilden*? Wie kann der ORF zum Beispiel *objektiv* sein, wenn *Subjekte* Programm machen? Subjekte können sich nur auf ihre Wahrnehmung verlassen und die ist eben unverlässlich. Dabei muss man bedenken, dass unsere Wahrnehmung niemals ein reales Abbild der uns umgebenden Wirklichkeit ist. Unsere Wahrnehmung ist immer eine *Konstruktion* unseres Geistes oder Hirns. Man kann es nennen, wie man will. Übrigens herrschte unter den Denkern aller Jahrhunderte Einigkeit darüber, dass die Wahrnehmung unserer Welt extrem unverlässlich ist. Man wusste das, seit man sich mit Sinnestäuschungen, Träumen, Wachträumen, Irrtümern, Mythen und „falschem Glauben" beschäftigte. Wir „schaffen" oder konstruieren die Wirklichkeit, an die wir dann glauben, unsere Wahrnehmung ist eben eine Konstruktion!

Unsere Sinnesorgane liefern Reize: Lichtreize im Auge, akustische im Ohr, Geschmacksreize im Mund, Sensationen in unserer Nase und Tastreize an unserem fast größten Organ, nämlich unserer Haut. Diese Reize werden über Nervenbahnen ins Hirn geleitet und dabei gehen schon eine Menge an Daten verloren. Im Hirn wird zuerst selektiert: Was ist wichtig ist und was unwichtig? Deshalb erinnert sich kaum jemand an die Details eines Autounfalls, weil man eben nicht weiß, wann man extra aufpassen muss. Auf psychische Mechanismen gehe ich nun gar nicht ein. Jedenfalls wird höchstens ein Tausendstel aller Reize, die uns überfluten, *bewusst* verarbeitet. Das ist übrigens gut so, denn wer alles sieht, sieht gar nichts. Durch die Auswahl und das Weglassen bestimmter Wahrnehmungsinhalte geben wir überhaupt erst Bedeutung. Die Verarbeitung bedeutet aber auch, dass wir ständig Unvollständiges erganzen, Dinge sehen und hören, die gar nicht da sind, und Signale je nach Kontext, also Umgebung oder inhaltlichem Zusammenhang, deuten oder umdeuten. Diese Phänomene betreffen alle unsere Sinnesorgane. Jeder kennt die amüsante Erscheinung: Wenn wir unsere rechte Hand in sehr kaltes Wasser und unsere linke Hand in sehr warmes Wasser tauchen und anschließend in lauwarmes Wasser, dann empfindet die eine Hand das lauwarme Wasser als kalt, die andere als warm. Im Selbstversuch habe ich festgestellt, dass dies aber nicht funktioniert, wenn man die Empfindung der Hände *gleichzeitig* „testet". Dann empfindet man das lauwarme Wasser an beiden Händen gleich.

Die oben beschriebenen Phänomene der Kontextualisierung, Vervollständigung und Ergänzung lassen sich aber am besten am Gesichtssinn demonstrieren. Dazu helfen vier Bilder.

Ähnlich dem Experiment mit dem Fühlen von kaltem und warmem Wasser verläuft der Versuch mit dem Abschätzen von Grauwerten (Bild 1). Die beiden kleinen Flächen in dem hellgrauen und in dem fast schwarzen Feld

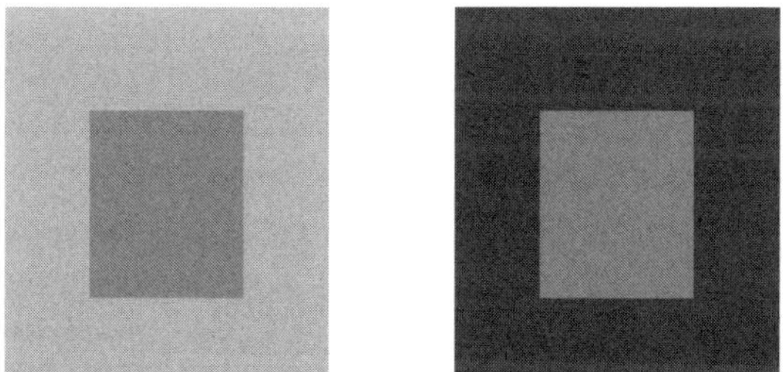

Bild 1

sind gleich hell, haben den gleichen Grauwert. Dennoch ist es für uns fast unmöglich, sie als gleich hell zu empfinden. Der Fleck im hellgrauen Umfeld erscheint uns wesentlich dunkler als die rechte Fläche in der Anthrazitumgebung. Überprüfen kann man das, indem man die Umgebung mit Papier abdeckt und nur die kleinen Rechtecke ansieht. Man kann sich etwa eine kleine Schablone ausschneiden. Dann erscheinen die Flächen annähernd gleich. Ich schreibe annähernd, weil vielleicht durch den Druck Ungenauigkeiten entstanden sind. Dass wir die Flächen in ihrer Umgebung *nicht* als gleich wahrnehmen, wir also einer Täuschung unterliegen, ist die „Arbeit unseres Hirns".

Dieses Phänomen trifft faktisch auf alle unsere Wahrnehmungen zu: Lautstärken, Geschwindigkeiten, Helligkeiten, Berührungen bzw. Schläge. Aber selbst in sozialen Belangen kontextualisieren wir. Wenn wir einen Mann mit Rapid-Schal und grünen Schuhen in der Oper sehen, nehmen wir an, er sei verrückt oder habe sich geirrt und die Staatsoper mit dem Hanappi-Stadion verwechselt. Es könnte aber sein, dass der Mann Fußball- *und* Opernliebhaber ist und keine Zeit hatte, sich umzuziehen. Hätten wir ihn im eleganten Zweireiher auf der Tribüne Ost beim Derby beobachtet, hätten wir ebenso abfällig über ihn gedacht.

Ein zweites Phänomen unserer Wahrnehmung ist die Fähigkeit, Bruchstücke zu einem Ganzen zusammenzufügen, zu ergänzen und Lücken zu füllen. Vor allem geben wir dabei *Bedeutung*, das ist eine weitere Konstruktionsleistung unseres Geistes (Bild 2). Ich denke, jeder Mensch wird in der folgenden Abbildung eine liegende (nackte) Frau sehen, obwohl das nur ein paar unzusammenhängende Striche sind. Kinder sagen vielleicht „Krixikraxi" dazu und dennoch sehen wir eindeutig eine Gestalt, bes-

Bild 2

ser: Wir *wollen* eine sehen. Ein witziger Richter, den ich bei einem Seminar fragte, wieso er denn eine nackte Frau sehe, antwortete mir: „Weil ich kein Gewand sehe." Aber manche Menschen sehen die Frau nackt, weil in vielen Darstellungen Frauen in ähnlicher Position nackt gezeigt werden. Hier spielt unsere Erfahrung eine wichtige Rolle, wir sehen, was wir schon kennen.

Was wir *nicht* kennen, nehmen wir oft gar nicht wahr, da oder wenn es für uns keine Bedeutung hat – außer wenn es uns Angst macht. Man nennt dies *selektive Wahrnehmung*. Meine Kinder hören oft nicht, was ich ihnen sage, obwohl sie nicht taub sind. Selektieren bzw. Ausschneiden ist die Kehrseite des Vervollständigens. Hinzufügen und Weglassen sind integrale Momente der Wahrnehmung, Konstruktion ihre wesentliche Tätigkeit.

Es ist jetzt schon ersichtlich, wie unverlässlich vieles ist, was Menschen in Verhören zu Protokoll geben. Sie müssen gar nicht lügen, um Falsches zu sagen. Sie lassen weg und fügen hinzu. Das nächste Bild zeigt sehr anschaulich, dass wir nicht nur hinzufügen und ergänzen, manchmal sehen wir sogar, was *gar nicht* da ist (Bild 3).

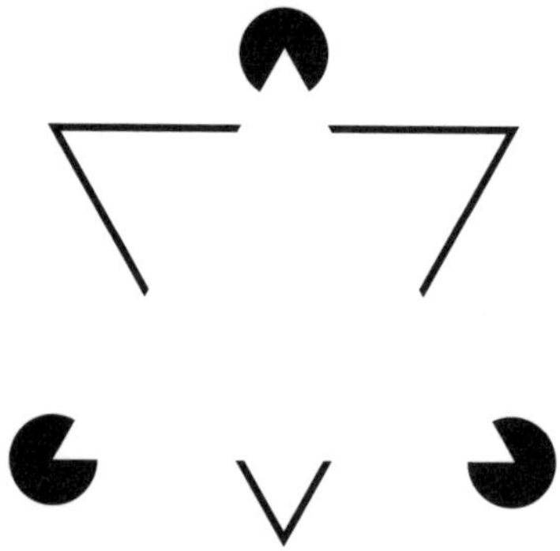

Bild 3

Fast jeder sieht im obigen Bild Kreise, Dreiecke und manchmal einen Stern. In Wirklichkeit sind weder vollständige Kreise noch ein einziges Dreieck, sondern nur Kreissegmente auf dem Bild. Das Dreieck, welches man am stärksten wahrnimmt, ist jenes, das gar nicht vorhanden ist: das weiße Dreieck. Unser Hirn konstruiert eine räumliche Anordnung der geometrischen Figuren. Wir denken, dass ein weißes Dreieck Teile eines schwarzen Dreiecks und Teile von drei sich daneben befindlichen Scheiben abdeckt. Nur diese Konstruktion ermöglicht es, dass wir zwei Dreiecke und drei Scheiben sehen.

Bild 4 zeigt noch einmal sehr anschaulich, wie wir je nach dem Kontext der Umgebung bestimmten Gestalten Bedeutung geben. Wenn man die Reihe der Zeichen von oben nach unten betrachtet, ist die mittlere Figur *eindeutig* die Zahl dreizehn. Betrachtet man die Reihe von links nach rechts, dann ist das Zeichen im Zentrum *eindeutig* der Buchstabe B. Wie kann das sein? Stellen Sie sich nun vor, Zeuge A beteuert die Zahl 13 gesehen zu haben. Ebenso glaubwürdig erscheint ein anderer, der behauptet

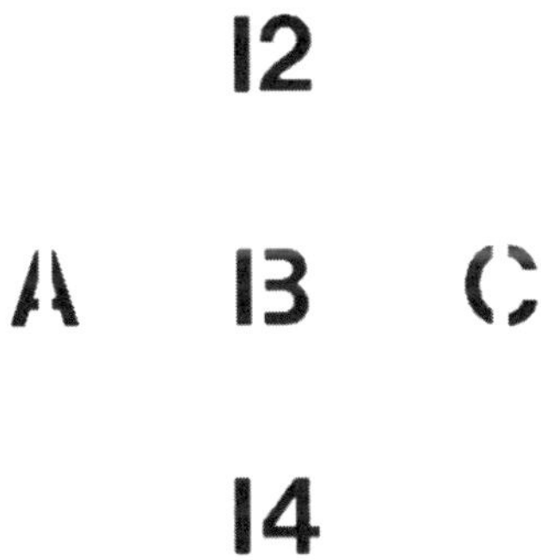

Bild 4

den Buchstaben B gesehen zu haben. Wem soll man glauben, wenn von zwei sich widersprechenden Angaben dennoch beide richtig sind?

Skepsis, Vorsicht und das Wissen um die vielfältigen Tücken, die in der menschlichen Wahrnehmung lauern, sind die probaten Mittel, um keine *groben* Fehler bei Befragungen oder bei der Einschätzung von Menschen zu begehen. Vor allem auch Misstrauen der eigenen Wahrnehmung gegenüber – was höre ich, was sehe ich, was glaube ich, welche Urteile fälle ich? – sollte zur Grundhaltung jedes wahrheitssuchenden Menschen werden.

RÜCK- UND AUSBLICK: ZWISCHEN KORRUPTION UND VISION

Ein Phänomen, das man nicht gerne in der eigenen Organisation sieht und über das man in der Regel auch nicht gerne spricht, trifft leider alle Polizeiorganisationen der Welt. Daher muss sich auch die Polizei in Österreich mit dieser höchst unangenehmen Erscheinung der Korruption auseinandersetzen.

Im Sicherheitsbüro gab es einen zuständigen Polizeijuristen, der die Amtsdelikte zu bearbeiten hatte. Das bedeutete für diesen Referenten viel Arbeit, denn die Bundespolizeidirektion in Wien beschäftigte in den Siebziger-, Achtziger- und Neunzigerjahren über 9.500 Bedienstete, von denen mehr als 6.500 exekutiv tätig waren. Unser damaliger Referent war ein ausgezeichneter Jurist, der die Fälle penibel bearbeitete. Ich bewunderte seine juristischen Kenntnisse und seine hohe Einsatzbereitschaft. Unter den Begriff „Amtsdelikte" fielen nicht nur Korruption, sondern auch der Missbrauch der Amtsgewalt, Körperverletzungen durch Polizeibeamte und dergleichen. Es handelte sich also um eine breite Palette des Tätigkeitsbereichs und der Zuständigkeit. Für die Zeiten der Abwesenheit des Referenten für Amtsdelikte musste jeweils für eine Vertretung gesorgt werden und irgendwann „erwischte" es auch mich.

Für mich gab es nie etwas Schlimmeres als einen korrupten Polizisten. Ich kann noch ein relatives „Verständnis" für Polizeigewalt aufbringen, bei Einsätzen ist leider oft die direkte Anwendung von Gewalt gegen das Einsatzziel notwendig, vor allem um andere Personen zu schützen, und dabei kann es schon manchmal zu Überreaktionen kommen. Gegenüber einem aggressiven Täter ist es manchmal technisch schwierig, kontrolliert „amtszuhandeln“. Kein Verständnis habe ich aber für den böswilligen Einsatz von Polizeigewalt und schon gar nicht für korrupte Maschinerien. In der Literatur zum Thema Korruption unterscheidet man im englischsprachigen Raum die „Big Corruption“ von der „Little Corruption“. „Große Korruption“ passiert dort, wo viel zu vergeben ist, beispielsweise in der Politik, bei Wahlen, in der Bauwirtschaft oder im Vergabewesen. Im polizeilichen Bereich spricht man eher von „Kleinen Korruptionen“. Womit oder wie kann ein durchschnittlicher Polizist schon bestochen werden?

Natürlich kam es immer wieder vor, dass alkoholisierte Lenker eines Fahrzeuges von der Polizei angehalten wurden und diese dann versucht haben, der Polizei Geld anzubieten, um ungeschoren davonzukommen. Wir hatten zahlreiche Bestechungsfälle im Verkehrsamt zu bearbeiten, wo damals die Versicherungsvertreter den Anmeldeformularen für Kraftfahrzeuge kleinere Geldnoten hinzufügten, um den Arbeitsvorgang zu beschleunigen. Es gab auch Fälle, in denen Polizisten (damals waren fast nur Männer beschäftigt) Geld annahmen, um über geringfügige Verwaltungsübertretungen hinwegzusehen. Es gab sogar Polizisten, die ihre Uniformjacke auszogen und die Dienste von Prostituierten kostenlos in Anspruch nahmen. Viele dieser unschönen, kleinen „Korruptionsfälle“ mussten zu dieser Zeit im Sicherheitsbüro bearbeitet werden. Dazu kamen noch jene von Polizeigewalt, wo stets zu prüfen war, inwieweit diese absichtlich und böswillig erfolgte oder im Zuge eines polizeilichen Zugriffes passiert waren.

Es gab auch immer wieder Gerüchte über „Große Polizeikorruptionsfälle“. So sollen Polizeipräsidenten oder andere Führungspersönlichkeiten Geld für die Vergabe von niedrigen Autonummern auf Kennzeichen genommen haben. Was im Volksmund seinen „Umlauf“ machte und ein gängiges Gerücht in der Wiener Bevölkerung wurde, konnte offiziell nie nachgewiesen werden. Einmal war eine Zeitung mutig genug, diesbezüglich einen Leitartikel zu verfassen, aber gemäß der österreichischen Manier wurde auch dieses Gerücht immer todgeschwiegen. Ein gängiges Sprichwort lautet: „In Wien beginnt der Balkan.“ Ich glaube, daran hat sich bis heute nichts geändert, Bestechung, „Freunderlwirtschaft“ und Lobbyismus, wie es auf „Neudeutsch“ genannt wird, gibt es heute scheinbar noch häufiger als in den früheren Jahrzehnten.

Eine der ersten Einvernahmen, die ich bezüglich vermuteter Korruption von Polizisten durchführen musste, ereignete sich zur Weihnachtszeit. Eine alte Frau war in ihrer Wohnung in Wien verstorben. Die Nachbarn machten sich Sorgen, da sie die Frau länger nicht gesehen hatten, verständigten Polizei, Rettung und Feuerwehr. Die Wohnung wurde gewaltsam geöffnet, denn die Angehörigen dieser Frau konnten nicht erreicht werden. Sie wurde tot in ihrer Wohnung gefunden. Die Nachbarn wussten, dass die Frau für ihre Enkelkinder bereits Weihnachtsgeschenke vorbereitet hatte, die verpackt in der Küche lagen. Nach dem Einschreiten von Polizei, Feuerwehr und Rettung fehlten diese Geschenke. Mir fiel die Aufgabe zu, zu klären, wer den Diebstahl begangen hatte. Ich lud die einzelnen Einsatzkräfte vor und in einer kontradiktorischen Befragung wurde abgeklärt, wer als Täter infrage kommen konnte. Es wurden die Kollegen der Feuerwehr, der Rettung und der Polizei nach ihren Einsatzzeiten und Arbeitsabläufen in ein Zeit-Bewegungsdiagramm eingeordnet, sodass nachvollzogen werden konnte, wer zuletzt die

Wohnung der Toten verlassen hatte. Es waren die beiden Polizisten. Die Aufklärung der Straftat an sich war gar nicht so schwierig, da ich eben dieses Zeitdiagramm anfertigte und die Einsatzzeiten objektiviert werden konnten. Die Tatsache, dass zwei junge Polizisten – auch in diesem Fall waren es Männer – den Diebstahl begangen hatten, stimmte mich allerdings sehr traurig.

Ein zweiter Fall, den ich als Vorstand des Sicherheitsbüros erleben musste, betraf Kriminalbeamte des eigenen Hauses, die selbst in einen „Drogenskandal" verwickelt waren. Die vier Kriminalbeamten führten am Abend eine Suchtgiftstreife durch, danach kehrten sie in ihre Büros im Sicherheitsbüro zurück, bestellten eine türkische Animierdame, nahmen Suchtgift ein und wollten sich mit der Dame „amüsieren". Einer der vier Polizisten nahm so viel Suchtgift zu sich, dass er eine Vergiftung erlitt und ins Spital gebracht werden musste, wo die Ärzte drei Tage lang sein Blut waschen mussten, um ihn von der Vergiftung zu befreien und sein Leben zu retten. Das war ein Vorfall, der unser Haus in seinen Grundfesten erschütterte. Die Verärgerung der Führungsspitze war verständlich. Es ist wirklich deprimierend, dass Tausende Polizisten und Polizistinnen gute Arbeit leisten und dann das ganze System wegen solch eines Vorfalles in Verruf gerät.

Es ist nun etwa achtzig Jahre her, dass die österreichische Polizei als „weltbeste Polizei" bezeichnet wurde. Wie bereits erzählt, legten Hans Gross aus Graz und Hans Schober aus Wien die Grundlagen dafür. Der heutige Zustand der Polizei zeigt, dass wir uns davon weiter entfernt haben, als es uns lieb sein sollte. Obwohl 2005 die große österreichische Polizeireform umgesetzt wurde, ist die Polizei dadurch nicht besser geworden. Viele, die beide Systeme kennen, regen daher eine Verbesserung der derzeitigen Situation an und es gibt auch zahlreiche Überlegungen, die Vision einer „Neuen Kriminalpolizei" zu verwirklichen.

Die Reform aus dem Jahr 2005 brachte eine Zentralisierung und Militarisierung der Polizei. Sie wurde mit Uniformen ausgestattet, die jenen aus der Monarchie ähnlich sehen, sie haben einen hohen steifen Kragen, wirken streng und sind in Dunkelblau gehalten. Diese Uniformen drücken symbolisch eher eine Bürgerferne statt einer Bürgernähe aus. Ein australischer Kollege, den ich in Gimborn, dem Zentrum der International Police Association, traf, wunderte sich, dass sich die Polizisten in Wien in den Polizeiinspektionen „verstecken". In Australien so wie überhaupt in den angelsächsischen Ländern versucht man ein offenes, transparentes Verhältnis zwischen der Polizei und den Bürgern aufzubauen. Nicht so in Österreich, natürlich muss man hier aber auch dazu sagen, mildert die Mentalität der Österreicher vieles. Denn was an sich streng militärisch angedacht wurde, ist durch die gemütlichere und menschlichere Dimension des Österreichers nicht so schlimm, wie es an sich geplant war. So entschärft diese Mentalität zum Beispiel jegliche zentralistische Tendenz, die durch die Übernahme des Gendarmeriemodells als gesamtösterreichisches Polizeimodell seit 2005 tatsächlich existiert.

Im kriminalpolizeilichen Bereich wurde diese zentralistische, militärische Tendenz dadurch verstärkt, dass alle erfahrenen Kollegen in Pension getrieben bzw. geschickt wurden. Statt bei steigendem Arbeitsanfall auf diese erfahrenen Kräfte zurückzugreifen, hat man ihnen den Abgang in die Pension mit dem Angebot der „Hacklerregelung" versüßt. Nun steht man mit vielen jungen Polizisten und Polizistinnen da, soll einer ziemlich angespannten Situation Herr werden, was infolge der sowohl quantitativ als auch qualitativ hohen Anforderungen relativ schwierig ist. Die jungen Kollegen und Kolleginnen können diese nicht in dem Maß erfüllen, wie es erwartet oder erhofft wurde und wird. Erstens sind sie insgesamt einfach weniger, zweitens verfügen sie nicht über jene Erfahrung, die den „Alten" einiges erleichtert hat, drittens gibt es nicht mehr die Deckung von „Oben", die man früher erfuhr, und viertens spielt die politische Weisung eine enorme Rolle.

Die Aufklärungsquote sowie die Kriminalitätsbelastung sprechen eine eindeutige Sprache. Österreich befindet sich, was die Sicherheitslage betrifft, im Vergleich zum Rest von Europa im unteren Drittel. Balkanstaaten, wie Slowenien, Kroatien oder Serbien, verfügen über modernere Technologien in der Forensik als die österreichische Polizei. Bei einem schwierigen Fall von Wirtschaftskriminalität wurden drei Millionen Unterlagen sichergestellt, weil die Sonderkommission nicht mehr in der Lage war, Wesentliches von Unwesentlichem zu unterscheiden. Der Anteil an Spezialisten wurde derart gesenkt, dass keine Chance darauf besteht, schwierige, herausfordernde Fälle effizient und ökonomisch anzugehen. Zudem wurde auch die Ausbildung junger Kriminalbeamter eingestellt. Ich habe vor einigen Monaten junge Kollegen getroffen, die ausschließlich auf das Wissen der älteren Kollegen angewiesen sind, weil sie selbst keine entsprechende Schulung erhalten.

Alles schreit förmlich nach einer neuen Revision der Kriminalpolizei. Wie sollte diese gestaltet sein? Die Gesellschaft in Österreich hat sich grundlegend geändert. Von 8,3 Millionen Einwohnern wurden 1,2 Millionen nicht in Österreich geboren. Die Sprachenvielfalt stellt daher eine der größten Herausforderungen für gelungene Ermittlungen dar. Eine Polizei ist nur so gut, wie sie der Gesellschaft, in der sie agiert, entspricht. Das bedeutet, dass man in der Polizei entsprechend der ethnischen Struktur der Gesellschaft Polizisten und Polizistinnen beschäftigen sollte, die dieser Vielfalt gerecht werden.

Auch die wissenschaftliche Entwicklung schreitet fort. Die Polizei muss auf den Stand gebracht werden, der dem Stand des Wissens entspricht, der international gegeben ist, also quasi „State of the Art" ist. Vor allem in der technischen Entwicklung spielt sich so viel ab, dass auf diesem Gebiet die Polizei ständigen Lern- und Verbesserungsbedarf hat und natürlich auch in den Sachaufwand investiert werden muss. Es ist eine Schande, dass in einem Land wie Österreich weder das Institut für gerichtliche Medizin dem internationalen Standard entspricht noch die Labors der Forensik, der Kriminaltechnik. Hier wird definitiv am falschen Ort gespart.

Man sollte sich aber auch auf die Leistungen besinnen, die die österreichische Schule der Kriminalistik so bedeutend werden ließen. Das waren zum einen die Grazer Schule der Kriminalistik, die Univ. Professor Hans Gross weltweit als Erster ins Leben gerufen hat, und zweitens Hans Schober, der Wiener Polizeipräsident, dem es gelungen ist, die Interpol in Wien 1923 zu gründen, eine Organisation, die der Wiener Polizei einen großartigen Weltruf verpasste. Was war der Kern dieser Erfolge? Die beiden Herren haben vor allem auf den menschlichen Faktor gesetzt. All die technischen Entwicklungen können nur dann erfolgreich eingesetzt werden, wenn man entsprechende menschliche Ressourcen zur Verfügung hat. Dazu gehört zum Beispiel die Fähigkeit, mit anderen zu sprechen und ihnen zuzuhören. Diese beiden Faktoren wurden in den vergangenen Jahren besonders vernachlässigt.

Polizei und Kriminelle – ewige Gegenspieler

„Die Polizei kann nicht das probate Mittel gegen das Übel sein, sonst gäbe es schon längst keine Verbrechen mehr." Dieses Roda Roda zugeschriebene Zitat gibt die Richtung vor, in welche ich meine Visionen von einer Gesellschaft ohne oder mit geringer Kriminalität entwickeln werde.

Es ist das Verbrechen, das die Entwicklung der Polizei vor sich hertreibt. Nicht die Polizei, die das Verbrechen eindämmt. In seinem Essay „Abschweifung über produktive Arbeit" hat Karl Marx darauf hingewiesen. Ich zitierte diesen in meinem Beitrag über die organisierte Kriminalität.

Je besser und je größer der Polizeiapparat ist, desto zahlreicher und raffinierter die Kriminaldelikte. Das ist die schlichte Wahrheit. Man braucht nur in die USA oder nach Großbritannien zu blicken: Starke Polizei, lange Gefängnisstrafen und hohe Kriminalitätsrate.

Ist ein anderer Weg möglich? Ich habe in einigen Beiträgen auf den Zusammenhang von Kriminalitätsrate und sozialer Ungerechtigkeit hingewiesen. Das fing bei den Außenseitern, Vagabunden, Schindern und Wilderern an und endet heute bei den sozial und ethnisch Geächteten. Richard Wilkinson und Kate Picket haben in ihrem Buch „Gleichheit ist Glück" diesen engen Zusammenhang anhand von Ergebnissen jahrelanger Untersuchungen in mehr als 20 Ländern wissenschaftlich belegt. Selbst innerhalb der USA erbringen Vergleiche der einzelnen Bundesstaaten den gleichen Befund. Je geringer die Einkommens- und Vermögensunterschiede in einem Land sind, desto glücklicher und gesünder sind alle, auch die Reichen. Und sie alle leben länger. Die Kriminalitätsrate – Eigentumsdelikte und Gewaltdelikte – ist deutlich geringer und auch ein resozialisierender, kurzer Strafvollzug wirkt sich positiv aus. Gefängnis oder gar Todesstrafe sind keine Abschreckung, auch das ist in der Wissenschaft längst bekannt.

„Den Grad der Kultur einer Gesellschaft kann man ermessen, wenn man ihre Gefängnisse betritt", schreibt Fjodor Dostojewski. Die Rückfallquote ist in jenen Ländern am geringsten, in denen der Strafvollzug durch Humanität, Therapie, Resozialisierung und Kürze gekennzeichnet ist.

Wer Kriminalität nachhaltig beseitigen will, weiß nun, was zu tun ist.

DANKSAGUNG

Vielleicht liest der ein oder andere dieses Buch mit Neugierde, nicht nur weil ihn die Fälle und Analysen, die daraus abgeleitet werden, interessieren, sondern weil Befragung und Verhör eine Form der menschlichen Begegnung sind, die wir alle erleben und aus den Mustern von Aktion und Reaktion abstimmen, wie wir miteinander umgehen. Die menschliche Begegnung bleibt die wichtigste Dimension in unserem Leben, trotz des enormen Einflusses der Technik auf unsere Kommunikationsmöglichkeiten. Das trifft auf das berufliche ebenso wie auf das private Leben zu.

Die Möglichkeit, dieses Buch verfassen zu können, basierte allein auf den Erfahrungen, die mir die Tätigkeit bei der Polizei, vor allem bei der Kriminalpolizei, eröffnete. Lehrmeister wie Paul Herrnstadt, Otto Kornek, Franz Priehsnitz, Walter Oppenheim und viele andere Kollegen haben mir das spannende Feld der Einvernahme eröffnet.

Mit Georg Herrnstadt zusammenzutreffen und mit ihm gemeinsam dieses Buch schreiben zu können, machte mir besondere Freude. Es bringt all die Erfahrungen, Gespräche und Erinnerungen an eine großartige, interessante Zeitspanne zurück. Als Polizist ist man von den eigenen Erfahrungen derart beengt, (dadurch, dass man meist nur mit Negativem zu tun hat, tendiert man zu einer eher pessimistischen, kritischen Grundhaltung. Man verliert die Lockerheit und Gelöstheit eines eher künstlerischen, philosophischen Denkens und Handelns) dass es ein wohltuender Prozess der Diskussion wurde, mit Georg Herrnstadt mein Erleben in seinen Reaktionen und gedanklichen Auseinandersetzungen zu diskutieren und in diese Auseinandersetzung zu bringen. Danke, lieber Georg.